전략가의 마인드

천재들의 전략지능

노명화

공군사관학교를 졸업하고 KAIST에서 공학 석사, 고려대학교에서 경영학 박사를 받았다. 공군의 교육장교로서 30년간 복무하면서 공군대학 교관, 공군전투발전단 지식관리팀장, 국방부 교육정책 담당으로 임무를 수행했다. 또한 국방대학교 리더십 전공 교수로 재직하면서 한국인사관리학회, 한국인적자원개발학회, 한국군사회복지학회 등의 부회장으로서, 그리고 대한리더십학회 제12대 학회장으로도 활동했다. 최근에는 미국 플로리다 주립대학(FSU)의 방문교수로 활동했다.

국방부, 국가정보원, 소방학교, 경찰대학, 환경인력개발원, 노사발전재단 등에서 리더십, 위기관리 리더십, 자기계발 성공전략 등의 강의를 지원했다. 또한 삼성, KT, SK 등의 임원진 교육에도 참여했다.

주요 관심분야는 전략적 리더십, 전쟁과 리더십, 위기관리 리더십, 리더의 통찰, 창의성, 성공 전략 등이며, 국방조직의 변화와 혁신에도 관심을 기울이고 있다. 조직과 리더십 분야 이론의 현장 활용성을 중시하여 국방부, 방위사업청, 병무청, 문화체육관광부, 보건복지부 등 정부 정책과 관련하여 다수의 연구를 수행하였으며, 학술논문도 다수 저술했다.

전략가의 마인드
천재들의 전략지능

2021년 9월 10일 초판 인쇄
2021년 9월 15일 초판 발행

지은이 노명화 | 교정교열 정난진 | 펴낸이 이찬규
펴낸곳 북코리아 | 등록번호 제03-01240호
주소 13209 경기도 성남시 중원구 사기막골로 45번길 14, 우림2차 A동 1007호
전화 02-704-7840 | 팩스 02-704-7848
이메일 sunhaksa@korea.com | 홈페이지 www.북코리아.kr
ISBN 978-89-6324-810-3 (03320)
값 17,000원

전략가의 마인드

천재들의 전략지능

노명화 지음

북코리아

시작하면서

문제의 테러리스트들을 끈질기게 추적한 끝에 그들의 아지트를 찾아냈고 이제 곧 작전을 수행하려 한다. 혹시나 있을 만일의 사태에 대비하여 테러리스트들의 작은 움직임도 곤충 드론에 의해 실시간으로 중계하고 있다.

처음의 작전 계획은 대테러 요원들을 투입하여 이들을 생포하려 했으나, 자살테러에 쓰이는 폭발물이 있어 작전은 폭격으로 변경된다. 그러나 멀리 드론에서 미사일을 발사하기 직전 갑자기 어린 소녀가 근처에서 빵을 팔기 시작한다.

그대로 폭격했을 때 소녀의 생명이 위험하다. 테러리스트들은 다음 테러를 향해 움직이려 한다. 더 이상 지체할 시간이 없다.

현장의 대테러 담당 지휘관은 즉각적인 폭격을 지시한다. 그러나 드론 조종사는 어린 소녀를 희생시킬 수 없다면서 현장 지휘관의 명령을 거부한다. 드론 조종사에게는 민간인 희생이 발생할 수 있을 때 발사를 보류할 수 있는 권한이 있다.

테러범들의 테러로 희생될 수많은 생명이냐, 어린 소녀의 생명이냐를 선택해야 하는 딜레마에 빠진다. 현장 지휘관과 드론 조종사, 그리고 관련된 장관들 모두 각자의 입장에서 고민한다.

현장 지휘관은 폭발피해를 전문으로 계산하는 요원에게 소녀의 위험률이 낮아지는 지점을 다시 찾게 하고, 재선정된 최적 지점으로 미사일이 발사된다. 건물은 폭파되고 테러리스트가 살아있음을 확인한 뒤 한번 더 미사일이 발사된다. 임무는 완수되고 소녀는 안타깝게도 결국 숨을 거둔다.

영화 이야기지만 21세기의 군사작전은 이렇게 수행된다. 실제로 미군은 드론을 이용하여 이란의 군부 최고 실력자를 제거했다. 사실 이 작전은 아군의 피해를 최소화하고, 핀 포인트 공격으로 전투 효과를 극대화하면서 참여자들의 전쟁 스트레스를 최소화하는 전형적인 21세기 작전의 모습이다.

그럼에도 이 작전에 참여했던 사람들 모두는 엄청난 압박에 사로잡혀 있었다. 작전을 지휘하는 현장지휘관의 책임감, 드론 조종사의 소녀를 살리고 싶은 연민과 한편으로 명령에 따라야 하는 의무감 사이의 갈등, 고위관료들 역시 소녀의 생명이냐 테러범들의 폭탄테러로 희생될 수많은 생명이냐를 골라야 하는 선택의 중압감이 작동하는 상황이다.

샌들 교수의 『정의란 무엇인가』라는 책에서 나오는 고민이 전쟁에 참여하는 사람들에게는 이처럼 늘 드리워져 있다. 그리고 이런 압박감은 군사부문에 한정된 것만도 아니다. 비즈니스를 하는 경영자도 군사작전을 수행하는 지휘관 못지않게 수많은 딜레마 상황에서 고민하고 있다. 새로운 시장을 개척할 것인가, 기존 시장에서 철수를 해야 할 것인가, 나아가 신제품 개발의 문제, 임직원의 승진, 중요 사업을 누구에게 맡길 것인가 등의 고민에서도 이런 딜레마는 존재한다. 어떻게 하면 이런 문제들을 현명하게 다룰 수 있을까?

다양한 해법이 있겠지만 이렇게 골치 아픈 문제일수록 분석과 계산만으로는 한계가 있다. 옳고 그름도 명확하지 않은 문제들이 대부분이다. 전문가들은 이럴 때 전략적 통찰이 필요하다고들 하지만, 전략가 수준에서의 바람직한 판단과 결정에 도움을 주는 연구가 많은 것도 아니다.

전략적 통찰은 고위 리더들이 갖추어야 할 핵심역량으로 조직의 생존과 번영, 그리고 승리를 위해 반드시 필요한 요소임에도 일부 리더의 결정과 판단, 전략적 사고, 그리고 직관과 통찰 등의 연구에서 부분적으로 다루어지는 정도다.

여러 이유가 있겠지만 리더의 결정과 판단이라는 고차원적 문제를 다루는 것이 아마도 금단의 영역이기 때문이라는 생각도 든다. 경영자나 최고위층의 판단을 일부 한정된 분야만 연구하는 전문가들이 그들의 선택에 대해 옳고 그름을 판단하는 것이 적절한가의 고민이 있었을 것이다. 또 다른 이유는 결정을 위한 과학적이고 분명한 방법들이 마련되고 있는 현실에서, 직관 혹은 통찰이라는 모호하고도 불분명한 것을 연구한다는 것이 그리 쉽지 않았을 수도 있다. '직관'과 '통찰'이라는 것은 어디까지나 철학과 심리의 영역으로, 경영이라는 합리와 과학의 영역에서는 금기시한 측면도 있었다.

그러나 전략적 통찰의 중요성은 학술적 영역에서의 무관심에도 불구하고 실제 현장에서는 관심이 매우 높다. 필자가 우리나라 굴지의 대기업과 중소기업 임원진들, 그리고 고위공무원들을 대상으로 강의할 때마다 느낀 점은 그들이 이 부문에 상당히 목말라 있었다는 것이다.

전문적인 분석가들과 뛰어난 참모들, 그리고 진화하는 의사결정시스템 등을 통해 논리적이고 합리적인 문제해결 방안들이 지원되고 있는 상황에서도 현명한 결정에 대한 그들의 고민은 여전하다. 복잡하고 긴박한 결정의 현장에서 모든 것을 고려해서 신속하고도 정확한 결정을 내려야 하기 때문이기도 하지만, 결정으로 인해 초래되는 결과에 대한 막중한 책임감 때문이기도 하다.

그럼에도 경영자들 대부분은 결정의 순간이 되면 직관적으로 일을 처리한다. 물론 그들의 직관적 판단에는 전문적인 경험과 지식이 개입되고 있으니 큰 문제 없이 조직을 성공적으로 이끌고 있다. 그렇지만 마음 한편으로는 불안감을 떨쳐버리기 쉽지 않다. 깊은 사색과 번민에도 불구하고 결정의 순간에는 '왜 그럴까? 이러다 잘못되는 것은 아닌가?' 걱정이 앞선다. 늘 '장고 끝에 악수 둔다'는 표현으로 위안을 삼지만 과연 그 결정은 올바른 것이었는지 고민하지 않을 수 없다.

곁에서 지켜보는 사람도 걱정이고 정작 본인도 걱정이다. 왜냐하면 그들의 결정이 조직과 그 구성원들의 운명을 좌우하기 때문이다. 이토록 힘든 과업이 바로 리더의 일이다. 의사결정이라는 것은 리더만이 가지는 특별한 과업이다. 부하들이 대신하거나 그들에게 위임해줄 수 있는 일이 절대 아니다. 조직은 리더에게 판단과 결정의 임무를 부여함으로써 조직 구성원들을 힘들고 어려운 결정이라는 책임으로부터 해방시키고, 부하들로 하여금 리더의 결정에 따라 성실히 임무를 수행케 한다. 이것이 조직에서 리더와 부하를 구분할 수 있는 가장 근원적이고 본질적인 기준이 된다.

다른 사람의 운명을 결정하는 일은 절대 녹록한 일이 아니다. 조직과 그 구성원의 운명을 결정하는 일은 수많은 고뇌와 번민이 뒤따른다. 충무공께서도 말 못할 결정의 고충들로 인해 몸져누우신 적이 한두 번이 아니었음을 우리는 『난중일기』를 통해 알 수 있다. 오늘날 우리의 리더와 경영자들도 결정의 번민으로 날을 지새고 있다. 수많은 전문가들,

복잡한 경영관리시스템, 그리고 인공지능의 도움으로 경영자들의 짐을 덜어주고 있지만, 그렇다고 리더가 구성원의 운명을 책임지는 결정의 굴레로부터 자유로울 순 없다.

그러므로 훌륭한 결정이 경영자의 능력이 되도록 전략적 사고, 지혜, 직관과 통찰 등과 같이 경영자의 결정에 관여하는 모든 것에 대한 연구와 교육이 필요하다.

우리의 모든 경영자와 리더들에게 결정 능력을 향상시키는 길을 찾을 수만 있다면, 좀 더 현실적이고 체계적인 교육을 제공할 수 있을 것이다. 이는 우리 조직이 영원히 생존과 번영을 구가하기 위한 근원적이고도 사활적인 과제이기 때문이다.

＊＊＊

이 책은 군 지휘관, 경영자, 기업 임원, 고위공무원들을 생각하면서 서술되었다. 아울러 남들보다 세상을 좀 더 현명하게 살아가고자 하는 전략가들이 읽을 만한 책으로 만들려고도 했다.

이른바 똑똑하다는 사람들이 한때 큰 성취를 이루었다가 한순간에 몰락하는 모습을 흔히 본다. 머리를 쓰는 것은 그 누구에게도 지지 않을 만큼 탁월한 능력을 발휘하던 사람들이 어찌하여 한 치 앞의 미래도 생각하지 못한 것일까? 매우 안타까운 일이다. 한때 성공한 사람들 가운데 "머리만 쓸 줄 알았지, 철학이나 품성이 뒤따르지 못했다"라는 후문도 들리곤 한다.

그렇다! 성공이란 능력(여기서의 능력은 지적 능력뿐 아니라 체육 분야, 예술 분야 등 사회 여러 영역에서 필요한 능력을 말한다)만으로 되는 것은 아니며, 설사 뛰어난 능력으로 성공을 거두었더라도 품성과 그의 가치관이 모두에게 받아들여질 수 없는 것이라면 그 성공은 오래가지 못한다.

전쟁과 전략 영역에서도 마찬가지다. 생사가 달린 대결장에서 이기기 위해 모든 역량을 총동원하는 곳이 바로 전쟁터다. 수 싸움을 위한 지적 역량을 총동원해야 하며, 반드시 이기고자 하는 결연한 의지도 있어야 한다. 그리고 왜 전쟁을 해야 하는지, 그 전쟁에서 무엇을 얻을지도 분명해야 한다.

그동안 전략은 지적 영역에 한정하여 다루어져왔다. 엄청난 양의 전략에 관한 책들이 이를 증명해주고 있다. 그러나 전쟁을 기획하는 전략가와 현장에서 이를 수행하는 야전 지휘관이 단순히 지적 능력만으로 전쟁에 임한다는 것은 많은 점에서 부족하다. 이 책은 그 부족한 부분을 찾고자 한다. 이기기 위해서는 지적 능력뿐 아니라 그가 지닌 철학과 가치관 그리고 품성의 결합을 통한 시너지가 발현되어야 한다. 그래서 이 책은 다음과 같은 순서로 서술되었다.

제1부는 전략가의 고민을 기술한 영역으로, 전략가라고 하는 사람들의 자기 고백과 같다. 그들은 최고경영자, 전략가들이지만 실제로 전략에 대해 얼마나 알고 있을까? 그리고 그들이 판단하고 결정하는 것은 늘 옳을까? 이런 차원에서 전략가의 한계를 지적하고 있다. 제1부는 학술적인 서술을 많이 포함했다. 제2부를 위한 기초라고 생각하면 좋을 것이다.

제2부는 전략가의 마음과 통찰이라는 주제로 구성했다. 전략을 고려할 때 필요한 생각의 도구들, 전략가가 지녀야 할 지혜는 무엇인지를 기술했다. 그리고 실제 현장에서 발휘해야 할 전략가의 통찰은 어떤 점

에 주안점을 두어야 제대로 발휘되는지를 철학, 지성, 품성의 영역으로 나누어 언급했다. 제2부는 사례들을 통해 이해를 돕고자 했다. 특별히 능력을 발휘하여 탁월한 성취를 거둔 경영자, 전략가들의 사례를 필요한 부분마다 포함했다. 제1부를 읽을 때보다는 피로감이 다소 적으리라 생각된다.

책의 완성을 위해 많은 사람의 도움이 있었다. 그들에게 진심으로 감사를 드린다. 초기 탈고를 꼼꼼히 해주신 안보과정의 이준호 대령은 글의 방향과 개념들에 대한 조언도 아끼지 않았다. 사례들을 보완해준 석사과정 학생 육군의 전정화 소령, 김태우 대위, 해군의 장은지 소령, 공군의 김경일 소령, 해병대 장기원 대위, 그리고 책의 그림과 최종 교정을 맡아준 장설영 대위에게 감사를 표한다. 특별히 추천의 글을 써주신 전 공군참모총장 김은기 장군님, 전 육군참모총장 김용우 장군님, 그리고 전 국방대학교 최병순 교수님께 감사를 드린다.

이 책의 착상은 국방대학교의 안보과정 강의에서 시작되었다. 이후 여러 기업의 강연 등을 통해 보완되었고, 이후 국방부의 연구과제 참여와 재단법인 미래인력연구원에서 수행된 류성룡 리더십 연구에서 더욱 발전하게 되었다. 마지막으로 이 책이 나오기까지 많은 관심과 지원을 아끼지 않으신 북코리아 이찬규 대표님께 감사를 드린다.

누가 전략가인가?

전쟁사를 보면 알렉산더, 한니발, 이순신, 나폴레옹, 롬멜, 맥아더 등은 야전 지휘관으로 탁월한 전략을 수행했던 사람들이다. 신출귀몰하는 승리의 명장으로 지금까지도 군인들에게 추앙의 대상이다. 반면 손자, 클라우제비츠, 조미니, 리델 하트 등은 지휘관보다는 책사로서, 전략의 연구자로서 이름을 떨친 인물들이다. 그들이 정리한 전략의 내용들은 전략가를 꿈꾸는 모든 이들의 감탄을 자아낸다.

이들 모두는 전략가들이다. 전략을 수립하는 사람, 그리고 이를 현장에서 실행에 옮기는 사람은 모두가 전략가다.

기업의 대표와 조직의 장은 그가 속한 조직의 생존과 번영을 위해 전략을 고민하고 실행하는 사람들이다. 이들을 위해 참모로서, 전문가로서 전략을 만드는 사람들도 있다. 누가 전략가인가? 둘 다 전략가다.

지위가 높은 사람만 전략가인가? 비록 직급은 낮을지라도 조직에서 하는 일의 중요도가 높은 임무를 수행하는 사람들은 조직의 전략 자산이고, 이들은 임무를 수행할 때 조직의 전략을 이해해야 하며, 전략적 마인드를 지녀야 한다.

전략은 큰 조직에 속한 사람들만의 것인가? 아니다. 전략은 더 나은 미래를 계획하고 오늘을 준비하는 모든 사람들이 알아야 한다. 그러므로 그들도 전략가다.

따라서 우리는 모두 전략가다.

차례

제2부 전략가의 마음과 통찰

제1부 전략가의 고민

클라우제비츠의 고민

클라우제비츠는『전쟁론』을 집필하면서 어떻게 하면 프로이센의 장교들을 군사적 천재로 만들 수 있을지를 진지하게 고민했다.

그래서 그는 나폴레옹에 대해 처절하리만큼 분석하고 파헤쳤다. 적장! 아니 더 나아가 적의 최고 권력자를 군사적 천재로 언급할 만큼 클라우제비츠에게 나폴레옹은 말 그대로 신 자체였다. 프랑스에 그런 천재가 있다는 것이 한없이 부러웠을 것이다. 그런 군사적 천재인 나폴레옹 같은 사람이 프로이센에는 왜 없을까, 프리드리히 대제가 만들어놓은 프로이센의 영광은 어디로 갔는가에 대한 고민과 함께 말이다.

그는 프로이센이 예나-아우슈테트 전투를 통해서 프랑스의 속국으로 전락하는 것을 두 눈으로 목격했다. 그리고 그 과정에서 프로이센의 정신이 사라진 지 오래되었다는 것도 절감했다. 프로이센의 군사적 전통은 영혼이 없는 껍데기에 불과했다. 실제로 프로이센의 군 내부는 곪을 대로 곪아 있었다.

전투에서의 필요보다 공연 같은 보여주기 위한 행사로 전락한 열병·분열식(혹자는 200~250열의 횡대 형태로 황제궁 한가운데의 분수대를 돌았다고 한다), 암구호를 황제로부터 직접 전달받았던 군 지휘부, 형식적인 부대훈련, 병영 내 만연한 구타와 제반 문제에도 오로지 출세와 진급만을 생각하는 장교단, 무책임한 지휘부 등이 프로이센군 내부에 만연했다. 그럼에도 프리드리히 대제 이후 전통이라면서 군복을 입고 허세만 떨던 황제들, 이 모든 것이 프로이센이 나폴레옹에게 무참히 패한 이유다.

군주의 국가가 아닌 시민의 나라에 대한 열망이 전 유럽으로 확산된 거대한 조류는 프랑스의 위성국으로 전락한 프로이센도 예외는 아니었다. 일부 프로이센의 지성들까지도 프랑스의 시민혁명 정신을 받아들이고 있었다. 한때 프로이센의 거장 베토벤이 나폴레옹을 위해 교향곡을 만들기까지 한 이유가 대표적이다. 물론 베토벤은 나폴레옹이 황제가 된 것에 분개하여 이 곡의 제목을 바꾸었다는 얘기도 있지만 말이다.

군주에 대한 충성심으로 가득 찬 클라우제비츠와 프로이센의 일부 장교들은 이러한 모습에 분개한다. 그들은 옛 프로이센 정신의 부활, 게르만 민족의 우수성, 프로이센의 독립을 위해 프랑스의 식민 치하에서 조용하고도 진지한 노력을 기울인다. 군제개혁이 바로 그것이다. 클라우제비츠도 프랑스 위성국으로 전락한 프로이센의 국방대학의 총장으로서 장교단 교육에 심혈을 기울였다.

그의 임무는 프로이센 장교단을 나폴레옹 같은 군사적 천재들이 넘치는 집단으로 만드는 일이었다. 클라우제비츠는 프로이센 장교단에게 필요한 군사적 천재의 자질을 지성과 용기로 보았다. 군사적 천재는 허울만 군복 입은 자가 아니라 실전 경험이 많은 자, 군사 지식에 정통한 자로 보았다.

아울러 군사적 천재의 용기는 죽음에 대한 용기뿐 아니라 결정에 책임을 지는 용기가 중요하다고 생각하여 그는 장교단 교육에 헌신했다.

마침내 절치부심 프로이센의 부활을 꿈꾸었던 그의 열정은 몰트케에 의해 구현된다. 몰트케는 '철혈재상'이라 일컫는 비스마르크와 함께 독일을 통일하고 이어서 오스트리아와 프랑스를 굴복시킨다. 한 전략가의 고민이 역사의 물줄기를 바꾸었다.

1. 전략의 이해와 한계

(1) 전략에 대한 통념

만일 인간이 자기에게 운명적으로 지워진 것보다
더 많이 고통을 당했다면 그것은 신들 때문이 아니라
자기 마음속의 장님 때문이다.
재앙으로 인도하는 것은 운명이 아니라 잘못된 전략 때문이다.
- 바바라 투시맨 -

전략 이해의 출발

전략은 참으로 매력적이다. 이는 비단 필자만의 생각은 아닐 것이다. 이 책을 집어 든 독자나 대부분의 평범한 사람들도 한 번쯤은 전략에 관심을 가져봤을 것이다. 사람들이 이토록 전략에 적지 않은 관심을 보이는 이유는 아마도 누구나 원하는 바를 성취하고자 할 때 머리를 쓰는 방법과 어떻게 행동해야 하는가를 알려주기 때문일 것이다.

그러나 참으로 매력적인 전략이지만, 이를 제대로 알고 활용하는 것은 생각처럼 그리 쉬운 일은 아니다. 처음 접하는 사람들에게 전략은 그 개념과 내용이 난해하다. 일부 사람들은 몇몇 전략의 원칙들과 상당히 많은 내용을 알고 있음에도 이를 현실에 어떻게 적용할지에 대해 곤란을 겪는다고 토로하곤 한다.

한편으론 이기고 지는 대결의 장에서 승자와 패자로 나뉘는 냉엄한 현실을 부담스러워하는 사람들도 있다. 그럼에도 우리는 전략을 멀리할 수 없다. 그 이유를 헤밍웨이의 진솔한 고백에서 답을 찾는다. 그는 인간 경쟁의 가장 근원적이고 끔찍한 전쟁에 대해 이렇게 언급했다.

> 우리가 그렇게도 전쟁이 싫고, 우리를 그런 끔찍한 전쟁터로 내몬 위정자들의 결정이 그렇게도 원망스럽지만, 그럼에도 전쟁에서 패했을 때가 더 끔찍한 지옥이기 때문에 반드시 승리해야 한다.[1]

그의 절규가 바로 우리가 전략을 필요로 하는 이유다. 우리는 전략을 활용하여 반드시 이기고 또 살아남아야 한다. 이처럼 모든 생명체는 어떻게든 살아남으려는 생존본능을 지니고 있다. 그게 그들의 숙명이다.

만일 어떤 존재가 삶에 대한 애착이 없다면 그는 상당한 수준의 초월적 존재라는 것인데, 그런 생명체가 있기나 할까? 제아무리 성인군자라도 싸움에 관심이 많고, 또 이기고 지는 데 적잖이 훈수를 두거나 직접 개입도 한다. 『논어』와 『맹자』도 전략서라고 말하기도 하며, 소크라테스도 젊었을 때는 현역 군인으로, 나이가 들어서는 예비군으로 국가의 부름에 기꺼이 참여했다. 아리스토텔레스는 유럽 최초의 정복자 알렉산더의 스승이기도 했다.

인간은 생존에 대한 본능뿐 아니라 남들과의 경쟁이기에 꼭 이기려는 심사도 지니고 있다. 절대로 지고는 못 배기는 심보 때문에 무슨 수를 써서라도 이기려고 기를 쓴다. 바로 이때 전략!!! 그것이 우리에게 이기는 방법을 알려준다.

이렇듯 전략은 생존을 위해서 필요하고 이기기 위해서도 필요하며, 또 세상을 현명하게 살아가는 데도 필요하다.

그런데 언급했듯이 전략이라는 것이 그리 만만한 것은 아니다. 이렇게도 우리의 삶에 꼭 필요하지만, 적잖이 어려운 전략을 좀 더 쉽게 이해할 수는 없을까. 세상에 쉬운 게 어디 있겠는가. 더욱이 전략이라는 것이 뛰어난 지성들의 대결장에서 고려되는 수 싸움이니 어려울 수밖에 없다고 생각되기도 한다.

그러나 세상이 어디 뛰어난 자들, 그들만의 것인가? 세상이 그리 호락호락하지만은 않다. 역사를 찬찬히 읽어보면 똑똑한 자들, 힘센 자들만이 승리하는 것도 아니었다. 분석가들은 역사 속에서 어떻게 약자가 강자를 이겼으며, 승자들의 비결이 무엇인지를 끊임없이 밝혀왔다. 그러나 갖가지 현학적인 설명과 골치 아픈 해석들로 인해 전략은 우리에겐 여전히 어려운 주제다.

그래도 우리는 이 냉엄한 현실에서 살아남아야 하고 또 경쟁자와의 싸움에서도 결코 패배자가 될 수는 없다. 승자가 되기 위해서, 아니 지지 않기 위해서라도 어떻게든 전략을 알아야 한다. 그러면 선구자들은 전략에 대해 어떻게 이해했는지를 우선 살펴보자.

이른바 장군들만의 전유물로 여겨지던 전략이라는 용어[2]는 『손자병법』에서 그 모습을 보였으나, 구체적인 전략이라는 정의는 클라우제비츠Carl von Clausewitz에 이르러서야 소개된다. 클라우제비츠는 전략을 "전쟁 목적 달성을 위한 수단으로서의 전투 운용에 관한 술(術)"로 정의했다. 이후 앙드레 보프르André Beaufre는 "국가정책 목적을 달성하는 데 가장 효과적으로 기여하는 힘의 작용술"이라 했으며, 에드워드 얼Edward M. Earle 은 "현재 또는 잠재적인 적에 대해 중대한 이익을 효과적으로 증진시키고 확보하기 위해 국가의 모든 자원을 통제하는 기술"이라 했다. 또한 콜린스John M. Collins는 "전·평시를 막론하고 국가이익과 국가목표를 달성하기 위해 국가의 모든 힘을 결합시키는 기술"이라고 정의했다.[3]

한편 조미니Antoine-Henri Jomini는 전략과 전술을 구분하여 "전략이란 전구 내의 병력을 적절하게 지휘하는 기술"로 정의하고, 전술은 "전장 또는 전투에서 부대의 상이한 기동과 공격대형"이라고 했다. 리델 하트Basil Henry Liddell Hart는 "정치적 목표를 달성하기 위해 군사적 수단을 배분하고 운용하는 술"로 정의했으며, 소련의 군사이론가 스베친Александр Андреевич Свечин은 전략이란 "군이 전쟁을 위한 준비를 취합하고 전쟁 목표를 달성하기 위해 작전들을 조합하는 기술"이라고 정의했다.[4]

이들의 주장을 종합하면 "전략은 전술과 구분되고, 전쟁에서 달성해야 할 목표가 분명하게 제시되어야 하며, 이 목표를 달성하기 위해 군대 또는 군사적 수단을 활용하는 기술"로 요약된다.

근래에는 전략이라는 용어가 모든 분야로 확대된 느낌이다. 국가 차원에서도 전략이라는 용어가 자주 등장하고 있으며, 비즈니스 영역에서는 경영전략, 전략경영이라는 분과로 세분화되어 활용되고 있는 상황이다.

국가전략이 "국가의 목표를 구현하기 위해 정치, 경제, 외교 및 군사적 제 역량을 종합운영하는 방안"이라면, 군사전략은 "국가목표를 달성하기 위해 군사력을 건설하고 운용하는 방책"이라고 할 수 있다.[5]

기업도 불확실한 산업환경에서 살아남기 위해서, 또 경쟁자와의 치열한 다툼에서 승리하기 위해 전략에 관심을 갖는다. 비즈니스 영역에서의 전략에 대한 이해는 군사분야에서의 이해와 크게 다르지 않다. 즉 비즈니스 분야에서의 전략은 "조직의 목표를 달성하기 위해 환경을 고려한 통일되고 포괄적인 계획이며, 조직이 가진 가용자원을 효율적으로 배분하는 과정"으로 이해하고 있으며, 장기적인 조직의 비전과 핵심가치와 상호 연계성을 강조하고 있다.[6]

전략가들이 생각하는 전략

앞서 언급했듯이 전략의 정수는 군사전략에 있다. 군사전략은 목숨을 걸고 투쟁하는 군대와 지휘관들의 승리방법에 관한 것이다. 이기는 방법에 관한 내용은 군사전략의 고전에서 찾을 수 있다.

『손자병법』의 우직지계와 부전승 전략, 클라우제비츠가 쓴 『전쟁론』의 핵심 개념인 마찰과 안개, 우연과 불확실성, 그리고 이를 극복해내는 군사적 천재와 그의 혜안(꾸데이, coup d'oeil)에 관한 내용, 리델 하트가 『전략론』에서 제시한 간접접근전략 등에서도 성공과 승리에 관한 분명한 메시지를 찾을 수 있다.[7] 이들의 주장을 좀 더 살펴보자.

『손자병법』의 핵심은 이기는 방법과 지지 않는 방법에 관한 것이다. 이기기 위해서는 적의 허점을 나의 강점으로 공격하라는 것, 싸우기 전에 먼저 이겨놓고 싸우라는 것, 그리고 싸우지 않고 이기는 것에 대한 내용은 전쟁뿐 아니라 사회생활에서도 활용할 수 있는 훌륭한 격언들이다.

클라우제비츠는 "모든 전쟁계획은 전투현장에서는 무의미하며 전장의 불확실성을 극복해내는 장군의 뛰어난 통찰과 직관인 군사적 천재성만이 절대적으로 요구된다"라고 했다. 지휘관이 맞닥뜨리는 전장은 경영자들이 직면하는 경영의 현장, 그리고 인생의 여정에서 겪게 되는 수많은 질곡과 매한가지다. 모두가 전장의 속성인 마찰과 안개, 그리고 불

개미의 공격본능과 침팬지의 전략지능

개미는 전쟁을 가장 즐기는 종이다. 개미는 기회가 주어질 때마다 쉬지 않고 공격행위를 하고 영토를 정복하고 또 이웃한 집단을 전멸시킨다. 만일 개미가 핵무기를 가지고 있다면 아마도 지구는 1주일 내로 종말을 맞을 것이다.

개미가 벌이는 전쟁에는 명확한 목적이 있다. 식량 확보와 영토 확장이다. 어떤 식민지가 다른 식민지를 이기면 승자가 패자의 식량을 모두 탈취해가고 패자는 전멸당하거나 쫓겨난다. 개미가 벌이는 전쟁에는 전략이라는 개념이 들어설 여지가 없다. 처음부터 무자비한 무력을 통한 소모전이이어진다. 협상의 여지도 전혀 없다.

반면 침팬지의 경우는 다르다. 그들이 벌이는 전쟁에는 전략지능이 작동한다. 침팬지도 이웃 집단을 공격한다. 그런데 이런 공격적인 행동은 특정 상황에서만 일어난다. 이는 공격행위가 단순한 공격본능의 발현이라기보다는 전략적인 행동의 결과임을 암시한다.

그들은 분쟁에 대비하여 각각의 임무와 역할이 배정되어 있다. 방어적으로 행동하면서도 서로에게 싸움에 나서라고 호출하기도 하고, 신속하게 자기들이 있어야 할 자리로 이동하기도 한다. 분쟁의 소지가 높은 영토를 중심으로 순찰 활동도 한다.

그리고 힘이 센 공동체가 힘이 약한 공동체를 약탈하는 이유는 폭력의 비용 편익 분석을 하고 편익이 비용보다 높다는 판단이 나오면 공격을 감행한다. 극단적인 폭력보다 더 두드러진 것은 그들의 계산적인 태도였다.

소규모 정찰대는 자기들보다 규모가 큰 집단 혹은 수컷이 많은 집단을 만날 경우 달아난다. 심지어 자기 영토 안에서조차 그렇다. 반면에 덩치가 큰 집단은 자기 영역을 벗어난 구역에서라도 소규모 정찰대를 만나면 추격하거나 공격한다.

유인원은 힘의 균형을 계산하는 데 매우 기민하다. 자기들이 약할 때는 재빨리 달아나며 싸움을 피하려 하지만, 수적으로 우월할 때는 곧장 싸움을 건다.

먼저 공격을 감행한 쪽에서 사망자가 나오는 경우는 거의 없다. 중요한 것은 전투에서 발휘되는 힘이 아니라 두 집단이 맞닥뜨렸을 때 상대적인 크기와 수컷의 구성 비율이었다. 폭력에 대한 이런 실용적인 태도가 침팬지의 전쟁 행동을 좌우했다.

적들을 압도하는 과정에서 다른 구성원들을 동원하는 것이야말로 특별히 지능적인 행동이었다.

출처: 로렌스 프리드먼, 이경식 옮김, 『전략의 역사』, 비즈니스북스, 2014.

확실성의 특성들을 지니고 있다. 그리고 이를 헤쳐나가기 위한 군사적 천재성과 용기는 우리 모두에게 필요한 덕목이다. 그 통찰을 클라우제비츠의 『전쟁론』에서 얻을 수 있다.

리델 하트는 20세기 최고의 군사전략가이자 평론가다. 그의 '간접접근전략'은 클라우제비츠와 손자의 장점을 현명하게 채택했다. '우회(迂廻)'에 관한 손자의 격언을 그는 새로운 용어인 '간접접근전략'으로 재탄생시켰다. 역사는 적의 중심을 직접적으로 공격하지 않고, '최소저항선'과 '최소예상선'을 택함으로써 승리한 것이 대부분이라는 그의 분석은 전략을 고민하는 모든 이들이 늘 명심해야 할 명언이다.

이와 같이 과거 군사전략가들이 제시한 승리의 메시지는 오늘날 경영전략 분야에서 환경 분석과 이를 토대로 한 비즈니스 전략 분야에 큰 통찰을 주고 있다.

챈들러Alfred D. Chandler와 앤드루스Kenneth Andrews에 의해 정착된 SWOT 분석기법(Strength 강점, Weakness 약점, Opportunity 기회, Threat 위협)은 전략 연구의 토대를 제공한 것으로, 조직이 가진 강점과 약점을 주변의 환경에서 오는 기회와 위기에 어떻게 대응할 것인가에 대한 고민이 전략의 핵심이라고 제시했다. 이는 전략을 구상하는 모든 경영자와 전략가들에게는 가장 기초가 되는 지식이다.

이후 마일스와 스노Miles & Snow 등은 환경과 능력의 상호 비교에 의해 조직이 선택할 수 있는 전략들을 설명하고 있다. 네 가지 전략 유형은 공격형, 방어형, 분석형, 반응형이다. 또한 "단순히 환경에 적합한 전략을 선택하는 것에서 벗어나 결정 주체의 의지에 달려 있다"라는 차일드John Child의 전략적 선택의 개념도 의지와 관련된다.

경영전략 분야의 구루라 할 수 있는 마이클 포터Michael E. Porter의 저서 『경쟁우위』의 핵심 내용은 차별화가 성공의 키워드라는 것이다. 경쟁우위와 경쟁전략은 동일한 산업에서 기업들이 어떻게 하면 경쟁기업을 상대로 싸워가는가에 대한 비책으로 차별화 전략, 비용우위 등의 개념을 제시하고 있다. 여기서 차별화 전략은 동일한 방식과 자원으로 경쟁하는 것이 아니라 남과 다른 방식과 자원으로 승부를 거는 방법을 말한다.

바니Jay B. Barney 교수는 자원기반 관점에 입각한 '핵심역량' 개념을 제시하고 있다. 핵심역량의 근본은 차별화 전략의 연장선에서 남이 따라하기 어려운 것, 베끼기 곤란한 것, 그리고 가치 있는 나만의 강점을 부각시키고 내가 가진 강점으로 승부를 거는 것을 말한다. 남들도 다 갖고 있는 것은 가치 있는 것이라 할 수 없으며, 가장 가치 있는 자원은 남들이 가질 수 없는 나만의 고유한 것이라는 철학이 이 이론의 핵심이다.

클레이튼 크리스텐슨Clayton M. Christensen 교수는 '파괴적 혁신전략'의 개념을 제시했다. 그는 경쟁을 위해서는 싸움터를 바꾸는 것이 가장 확실한 방법이라고 말한다. 즉, 내게 유리한 싸움터를 고르는 일, 새로운 블루오션을 찾아가는 일, 남이 일구어놓은 텃밭에서 자기의 몫을 애써 찾는 것보다는 더 넓은 세상에 나아가 주인 없는 땅과 바다를 내 것으로 만드는 것을 말한다. 그것은 새로운 시장의 개척이고, 완전히 새로운 개념의 신상품이다. 그리고 이것이 기존의 시장을 선점한 경쟁자의 지배적 위치를 파괴할 정도로 강력한 힘을 갖는다. 그의 주장은 바로 '게임 체인저'가 되라는 것이다.

정리해보면 전략이 고려되기 시작한 초기에는 환경을 분석하고 적과 나를 비교하여 전략을 짜는 것이 핵심이었으나, 이후 전략은 상대와의 경쟁에 집중하며 경쟁우위에 관심을 갖게 된다. 그러다가 경쟁우위를 갖는 것은 능력을 확보하는 것이라는 데 주목하면서 '핵심역량'이라는 개념이 등장한다. 이후 전략은 게임 체인저가 되기 위한 방법을 고민하게 된다.

이렇듯 전략의 주요 관점은 시간의 흐름에 따라 패러다임이 변화해 왔다. 이를 그림으로 표현하면 다음과 같다.

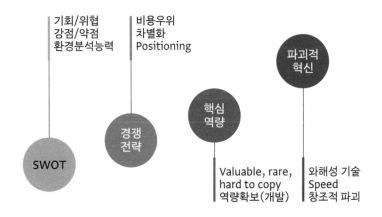

<그림 1> 경영전략의 변천 과정

이렇듯 많은 사람들이 자신들의 관점에서 전략을 논하고 있지만, 무엇보다 중요한 것은 전략이란 현장에서 활용될 수 있어야 한다는 점을 잊어서는 안 된다.[8] 현장에서 작동되지 않는 전략은 한낱 공염불에 지나지 않는다. 그렇다고 전략을 고민하는 것 자체가 무의미한 것이라는 뜻은 아니다. 치밀한 계산과 분석이 없는 무모한 도전에서 승리를 기대하기는 더욱 난망하다. 이는 우리가 두 가지 관점 모두를 함께 고려해야 한다는 것을 의미한다.

나폴레옹의 참모였던 조미니는 "나폴레옹은 전쟁을 하기 전에 모든 것을 치밀하게 구상하고 전쟁에 임했다"라고 했다. 그런 모습을 옆에서 늘 지켜보았기에 조미니는 전쟁을 냉철하게 분석하고 기획할 수 있는 능력이 승리의 원동력임을 확신했다.

그리하여 그는 전략을 수립할 때 상황분석과 적과 나에 대한 능력 비교 그리고 그에 적절한 대응방법을 만드는 절차와 프로세스를 제시했다. 이른바 경영학 분야에서 전략 구상의 시초였던 SWOT 분석기법은 그로부터 출발했다고 볼 수 있다. 물론 그 연원을 따져보면 『손자병법』에서도 기원을 찾을 수 있다. 오늘날 전략 구상에서 이 방법은 여전히 유용하게 활용된다.

반면, 나폴레옹의 적이었던 클라우제비츠는 지휘관의 전체적인 전쟁 기획도 중요하지만 무엇보다 전투현장에서 발휘되는 각 상황과 국면에서의 대처능력에 더 관심을 두었다. 클라우제비츠는 전쟁의 승패는 "개별 전투 결과의 합이다"라고 말할 정도로 현장 지휘관의 지휘능력, 그중에서도 상황에 적절한 직관적 판단의 중요성을 강조했다.

둘 중 어느 것이 옳은 것인가를 묻는다면, 어느 하나도 소홀히 여길 수 없을 만큼 둘 다 중요하다고 대답할 수밖에 없다. 왜냐하면 전략은 전쟁의 처음과 끝을 모두 살피고 치밀한 계산 끝에 실행에 옮겨져야 하며, 현장에서 이를 구현하려는 지휘관과 부대원들의 실행능력이 적절히 발휘되어야 하기 때문이다.

치밀한 분석과 전략 구상도 필요하고 현장 지휘관의 직관적 판단과 결정도 중요하다. 전략에 대한 선각자들의 고민이 이 시점 전략을 생각하는 우리에게 던져주는 메시지가 적지 않다.

전략은 혼자만의 몫이 아니다

전략은 어느 한 사람에 의해서 구상되거나, 소수의 몇몇 사람에 의해 구현되지는 않는다. 최고의 전략가로 우리에게 알려진 제갈공명을 생각해 보자. 『삼국지』에는 제갈공명이 혼자 모든 수를 계산하여 전략을 구상하는 내용이 많이 나온다. 저 유명한 적벽대전에서 후퇴하는 조조를 요소요소에 장비와 관우를 배치하여 놀라게 한 혜안이나, 호로곡 전투에서 "죽은 공명이 산 중달을 이겼다"라는 내용이 나올 정도로 모든 것을 고려한 공명은 말 그대로 전략가의 이상형이다. 그의 뛰어난 활약으로 인해 우리는 전략은 전략가의 몫이며, 뛰어난 전략가일수록 혼자서 모든 것을 다 고려해야 한다고 생각하게 되었다.

그러나 이는 어디까지나 공명의 이야기이며, 『삼국지』에 나오는 조조의 책사 사마의만 해도 전략의 많은 부분을 여러 장수와 함께 고민했다. 그리고 최종 승자는 중달 사마의다. 전략은 혼자 만드는 것이 아니라 이를 구상하고 실행하기까지 조직 내 모든 구성원의 생각이 반영되고, 또 다양한 부분과 긴밀한 연결고리를 거쳐 만들어져야 한다.

결단코 전략가 혼자 구상하고, 어느 한 부문만의 노력으로는 전략이 바라는 바대로 구현되지 않는다. 그러므로 전략을 고민할 때는 이러한 구조와 메커니즘을 이해할 필요가 있다.

루트왁Edward Nicolae Luttwak은 특히나 국가 간 전쟁이 벌어지는 경우 전략은 다음과 같이 몇 단계로 전개된다고 주장했다.[9] 그는 전쟁 수행을 위해서 제일 먼저 고려해야 할 것은 국가 지도부 차원의 대전략이 설정되어야 한다고 했다. 이는 국가 지도부가 국가이익을 고려하여 전쟁의 이유와 목적을 설정하는 단계다. 군사전략은 국가 지도부에서 결정한 대전략을 군사적 차원에서 어떻게 연결할 것인가의 문제다. 이는 국가가 보유한 전쟁 수행 능력 중 군사 능력을 고려해야 한다. 그리고 이러한 군사전략은 작전전략으로 구체화되어야 한다.

위글리Russell F Weigley는 군사전략은 "특정한 전역을 계획·조직·지시하는 전투의 전술적 영역과 최고 단계의 전략적 영역을 절충하는 역할을 한다"라고 했다. 작전전략은 작전계획과 전술적 행동으로 보완된다. 이러한 일련의 위계와 상호 간 긴밀한 관계없이 전쟁에 임하면 본말이 전도되고, 전투에서는 이겨도 전쟁에서는 지게 되는 경우를 종종 접하게 된다.

특히나 대전략 수립과 그 수행단계에서 중요 과제는 전쟁 혹은 국가 안전보장을 위해 군사력, 외교, 동맹관계, 경제력, 기타 국가자원을 동원하는 것이다. 이는 최종적인 단계에서의 의미를 가진다. 즉, 국가목표와 국익을 고려하는 정치적 프로세스이며, 정치지도자들의 고민과 모든 노력이 투입되어야 한다.

정치적 리더는 명쾌한 국가목표 제시, 국민에게 국익을 설명하며 지지와 협력을 이끌어내고, 기술개발 지원, 전술 단계에서 역시 관심을 보이고, 유능한 군사지도자를 지원하고 또 적절하게 위임하면서 국가경영 자원을 동원할 수 있어야 한다.[10]

따라서 전략이란 국가의 최고 정치 리더십에서부터 전쟁 수행의 하부 단계까지 국가이익과 전쟁의 목적, 군사적 역량의 배분과 활용 등에서 모든 참여자가 리더십을 발휘해야 한다.

이러한 관점은 일정 규모를 갖춘 기업에서도 적용된다. 즉 국가의 전략 수립이나 전략실행 과정과 크게 다르지 않다. 기업 전체를 고려한 기업 전략, 기업의 특정 사업 부문에서의 사업 전략, 그리고 이를 구체화하기 위한 각 부문별 전략 등으로 구분한다.

즉, 수직적으로는 조직의 전략층에서부터 실행층까지 연계되고, 수평적으로는 조직의 각 부문이 서로 긴밀한 협조관계를 가지고 전략을 수립하는 데 참여하며, 이렇게 만들어진 전략을 모두가 함께 각 부문에서 열성적으로 실행한다.

그러므로 전략은 경영자나 전략담당자 혼자만의 노력으로는 한계가 있으며, 일부 특정 구성원이나 특정 부서에서 결정하는 것에서 나아가 모두의 지혜와 노력을 이끌어내고 동참시키는 과정이 필요하다.

이순신은 병사를 거느리는 재능과 전술 능력,
그리고 그의 충성심과 용기를 볼 때
실존했다는 것 자체가 기적이라고 생각될 정도의 군인이다.
- 시바 료타로 -

(2) 전략의 철학, 변증법적 이중성

> 전략은 두 개의 대립하는 의지가 무력을 사용해서
> 분쟁을 해결하려는 변증법의 예술이다.
> - 앙드레 보프르 -

전략, 철학의 대상이 되다

철학이란 특정 대상과 현상에 대한 근본 원리와 삶의 본질 따위를 연구하는 학문 분야다.[11] 특히나 복잡한 현상의 근본적인 질서와 규칙을 찾아 이를 설명하는 것이 철학의 주된 역할이다. 그러므로 철학은 인간의 지성이 고도로 활용되는 영역이다. 고대로부터 철학자들은 자연현상뿐만 아니라 인간 자체에도 관심을 가졌다. 인간의 이성, 감정, 그리고 윤리와 도덕의 문제 등이다. 서양철학의 연구대상인 로고스Logos, 파토스Pathos, 에토스Ethos는 동양 철학자들이 그토록 관심을 가졌던 지·정·의와 맥을 같이할 정도로, 동서양의 철학자들은 인간 탐구에 몰두했다.

한편 전략은 전쟁의 복잡하고 역동적인 현상을 이해하고, 그 안에 내재된 질서와 규칙을 발견하고 의도적으로 개입하여 승리하기 위한 것으로 고도의 지적 능력이 발휘되어야 한다.[12]

이러한 관점에서 볼 때 전략은 인간이 지성을 발휘하여 적과의 투쟁에서 승리하려는 과정, 치열한 환경에서 살아남을 수 있는 법칙들을 찾아내려는 노력이 수반되는 것이므로 철학의 대상이 분명하다.

전쟁터는 적과 아군의 의도와 능력, 복잡한 전투상황이 혼재되어 있으므로 클라우제비츠는 이 전쟁터를 안개와 마찰, 불확실성이 늘 있는 곳이라 했다.[13] 이렇게 복잡하고 불확실한 대결장에서 나의 뜻대로 살아남고 승리하기 위해서는 철학의 그 어떤 영역보다 냉철한 지성이 요구된다.

그러나 전쟁터는 심장이 멎고, 피가 머리끝까지 끓어오르며, 삶도 던져버리고 싶은 극심한 피로와 좌절감이 엄습하는 곳이다. '냉철함'이라는 말은 단지 수사에 지나지 않는다. 지성을 최고로 발휘해야 하나 요동치는 감정의 지배를 받는 상황이다. 말 그대로 전쟁터는 감정이 극한으로 치닫고, 피가 끓어오르며, 심장이 요동치는 곳이다.

각 나라의 전쟁 지도부는 존망의 기로에 처한 국가를 위해 헌신하라는 고귀한 가치로 젊은이들에게 참전을 유도한다. 이에 젊은이들은 국가를 위해 하나뿐인 목숨을 바쳐 그들의 애국심과 충성심을 표현한다. 젊은 청년들이 국가를 위한 자기희생의 이데올로기에 매료되는 것은 당연하다. 그러므로 국가는 이들이 분연히 일어나 자발적으로 총을 들고 전장으로 앞장서 나아갈 수 있도록 전쟁 참여의 명분을 제공해야 한다. 전쟁은 당위성과 명분의 싸움이다. 왜 싸워야 하는지, 왜 이겨야 하는지에 대한 분명한 논리와 명분이 없다면 전쟁은 공허한 살육장에 불과하다. 이런 상황에서는 승리가 무의미하다.

클라우제비츠는 이처럼 냉철한 지성, 끓어오르는 감성, 그리고 애국심 등을 반영하여 전쟁의 본질과 속성에 서양철학의 세 가지 관점을 적용하면서 전쟁 수행의 세 가지 주체의 관계를 삼위일체로 보았다.[14]

그에 의하면 전쟁은 정부, 군 지휘관, 그리고 국민이 함께 힘을 합쳐 싸우는 총력전의 형태를 이룬다고 보았다. 구체적으로 보면 다음과 같다. 즉 정부는 국가의 이익을 고려하여 전쟁을 다루고, 노련한 군 지휘관을 임명하여 그로 하여금 전쟁을 수행토록 하게 하며 국민들은 적에 대

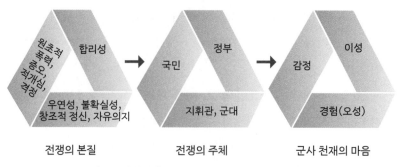

| 전쟁의 본질 | 전쟁의 주체 | 군사 천재의 마음 |

<그림 2> 서양철학에 기초한 클라우제비츠의 삼위일체

한 분노와 국가에 대한 충성심으로 전쟁을 수행한다고 했다.

달리 부언하자면 정부는 냉철한 이성으로 전쟁의 타산을 따져야 하고, 군 지휘관은 전쟁을 승리로 이끌 만큼 경험이 풍부해야 하며, 국민들은 적에 대한 적개심에 불타올라야 하며, 전쟁 참여에 대한 의지를 높여야 한다.

클라우제비츠의 이 삼위일체설은 전쟁을 이해하기 위해 서양철학의 주된 관심의 대상인 로고스, 파토스, 에토스와 칸트가 대륙의 합리주의와 해양의 경험론을 결합하려는 시도를 종합하여 확장한 것이라 볼수 있다. 즉, 전쟁의 본질은 이들 세 영역에 존재하는 전쟁의 주체들에의해 수행되며, 이는 다시 군사적 천재의 마음과 맥을 같이한다.

사실 전쟁의 주체로서 국민에 대한 관심은 나폴레옹 이전의 전쟁에서는 별로 고려되지 않았다. 왜냐하면 전쟁은 군주와 장군들의 몫이며고용된 군인들, 즉 용병에 의해 전쟁이 수행되었기 때문이다. 용병들에게 전쟁은 일터이며 생업의 현장이다. 물론 죽음을 담보로 한 것이었지만 말이다. 그러니 당연히 고용된 용병들을 관리하기 위해 엄격한 군율이 필요했고, 싸우는 시늉만 하는 군인들을 죽음의 전쟁터로 내몰기 위한 비인간적인 여러 방법이 고안되었다.

그런데 나폴레옹은 프랑스 시민혁명의 정신을 기치로 국민 군대를 만들었다. 나폴레옹은 국민들에게 프랑스라는 나라는 이제 국민과 시민의 것이니 전쟁에서도 주체적으로 참여해야 한다는 생각을 심어주었다.

이렇게 하여 프랑스는 과거 군주들이 전문적 군인들을 고용하여 전쟁을 수행하는 방식에서 벗어나 시민정신에 고취된 다수의 백성을 전쟁에 참여토록 유도한 것이다. 대다수 절대왕정 국가의 군주와 군인들에게는 군복 입은 프랑스 국민의 모습이 충격 그 자체였을 것이다. 이제 프랑스는 막대한 돈을 들이지 않아도 엄청난 병력을 동원하는 것이 가능했으며, 동원된 병사들의 사기는 하늘을 찔렀고, 국가를 위해 자신의 목숨을 초개와 같이 바치는 충성심은 다른 나라의 용병에게서는 찾아보기 힘든 모습이었다.

클라우제비츠도 충격이었을 것이다. 그는 나폴레옹을 통해 전쟁을 하는 데 있어서 국민들의 참여와 지지가 절대적이라는 것을 실감했다. 전쟁의 삼위일체라는 개념은 이렇게 하여 탄생했다.

전략의 이중성

전쟁사학자 유발 하라리Yuval Noah Harari는 그의 책 『극한의 경험』에서 전쟁을 관념론과 유물론의 대결로 보고 있다. 그는 전쟁터를 정신과 육체의 대결장, 개인과 권위의 관계, 그리고 지성과 경험이 충돌하는 곳으로 기술했다. 그는 인간은 전쟁을 통해 보다 근원적인 자기의 모습을 찾는다고 보았다. 전쟁 경험은 인간과 세상에 대해 더 많은 것을 이해할 수 있는 열쇠이고, 인간 영혼의 심연과 내면을 직접적으로 만날 수 있는 기회이며, 일상에 가려진 내밀한 진실을 깨닫는 기회라고 보았다.[15]

그는 낭만주의 시대 수많은 젊은이가 자발적으로 전쟁터로 나가게 된 이유 중 하나를 거기서 찾았다. 그때는 전쟁을 보는 시각이 철학적이다 못해 지나치게 낭만적이었다. 이런 시각 때문인지는 몰라도 당시 전쟁을 배경으로 수많은 문학 작품이 출현했다. 그러나 전쟁은 역시 끔찍한 지옥일 수밖에 없다는 각성도 있었다.

이와 같은 이중성은 전략을 고민하는 데 있어서도 마찬가지다. 전략가들은 전략을 수립할 때 이성적 냉철함과 격정적 감정이 함께 작동된다는 상황을 반드시 이해하여야 한다. 그러므로 전쟁을 수행하는 지휘관도 극한의 감정 속에서 냉철함을 잃지 않아야 한다.[16]

전장 상황은 시간과 장소, 그리고 상대에 따라 끊임없이 변화한다. 상대는 나의 행동에 따라 반응하고, 나 역시 상대의 주체적 결정에 따라 대응해야 하는 곳이 전쟁터다. 모든 상황은 수시로 변하고, 변화하는 상황에 따라 끊임없이 대응해야 하는 역동성을 보인다.[17]

이중성은 책상과 현장에서도 나타난다. 통상적으로 고위급 지휘관과 참모는 육체적인 위험과 현장에 대한 책임으로부터 다소 떨어진 집무실에서 전쟁을 지휘한다. 그래야 상황을 더욱 객관적으로 평가하고 냉철한 결정을 한다. 위험과 책임의 영향을 받으면 평소처럼 폭넓은 관점을 가지지 못하고 결단 능력을 잃게 된다.

이럴때 필요한 것이 용기다. 용기는 계급이 낮건 높건 상관없이 필요한 덕목이다. 또한 현장이든 책상이든 모두에게 공통으로 필요한 덕목이다. 물론 고위층으로 올라갈수록 현장에서 용기를 발휘할 기회는 줄어든다. 그러니 진정 이들에게 필요한 용기는 말단의 현장 리더에게 필요한 육체적 용기가 아니라 책임에 대한 정신적 용기이다.

하지만 용기를 발휘하는 것이 상황의 본질을 떠나 위험을 무릅쓰거나 확률의 법칙을 무시하는 것은 결단코 아니다. 오히려 빠른 속도로 모든 상황에 대해 깊이 계산한 것을 확신을 갖고 결행하는 것이 용기이다. 이성과 통찰력이 용기에 의해 뒷받침되도록 지휘관은 사고의 범위를 넓혀야 한다.[18]

이중성은 이상주의와 현실주의에서도 나타난다. 경영학자인 노나카는 뛰어난 전략적 리더는 이상주의와 현실주의를 겸비해야 한다고 주장한다. 책상에서의 이상적 전쟁계획이 현장에서의 다양한 변수에 의해 영향을 받을 것이라는 점을 결코 잊어서는 안 된다는 의미다.[19]

전쟁은 수립된 전략의 일사불란한 실행을 요구하기도 하지만 전장 상황에 따라 예하 지휘관들의 자율에 맡겨야 할 때도 있다. 현장을 고려치 못한 전략가의 독선은 몰락을 가져오는 단초를 제공하기도 한다.

전략의 변증법

또한 전략을 단순히 '승리를 위한 책략'이라는 관점에서만 조명하지 않고 전략의 본질적인 면에 관심을 가진 학자들이 있었다.

전략은 상대적이다. 전략이 수행되는 전쟁터는 나의 이성과 적의 이성, 나의 의지와 적의 의지의 대결장이다. 상대의 격한 감정적 행동에도 대응해야 한다. 때로는 냉철하게 또 때로는 더한 격정적 분노로 대응해야 할 때도 있다. 이러한 측면을 변증법적 관점으로 이해한 사람들이 있었다.

변증법은 정·반의 갈등 구조 속에서 더 나은 합을 찾아가는 과정이다. 프랑스의 퇴역 장성인 앙드레 보프르는 전략을 그렇게 보았다. 그는 전략을 "두 개의 대립하는 의지가 무력을 사용해서 분쟁을 해결하려는 변증법의 예술"이라고 정의했다. 전략은 각기 다른 여러 형태의 힘들과 이들을 조합한 것 사이에서 효과를 극대화할 수 있는 방안을 선택하는 것을 과제로 삼는다. 그는 "성공은 물리적인 힘이 아닌 다른 수단들로써 쟁취할 수 있다"라고 했다.[20] 이 말은 타격 목표로 적의 부대와 중요 기간 시설 등 물리적인 목표보다는 적의 싸우려는 의지에 목표를 두어야 한다는 의미다.

노나카 역시 전략을 변증법적 과정이라 주장했다. 그는 헤겔을 인용하면서 "전략은 끊임없이 '정반합'의 프로세스로 생성·발전한다"라고 역설했다. 그는 특별히 마오쩌둥에게 관심을 보였다. 그가 마오쩌둥에게 주목한 점은 자원의 질과 양 모두 압도적으로 열세에 있었음에도 장제스의 국민정부군에 승리한 점을 보았기 때문이다. 마오쩌둥은 이른바 게릴라전으로 거대한 정규군을 이겼다.

게릴라전의 본질은 절대 지지 않지만 또한 절대 이길 수도 없다는 모순에 있다. 정규전과 게릴라전의 이항대립, 즉 '정과 반을 지향하는 전략적으로 조직화된 게릴라전'이 합이다. 이는 베트남 전쟁에서 다시 한번 입증되었다. 열세인 베트콩은 엄청난 물량의 미군에 맞서 개별 전투에서는 변변한 성과가 없었음에도 전쟁에서 승리하게 되었다.

그는 전략을 시간, 공간, 힘의 장을 창조하는 과정이라고 이해한다. 전쟁은 특정 시간과 공간에서 충돌하는 힘의 대결장이다. 여기서 전략은 끊임없는 대결 속에서 상황과 맥락을 역동적으로 변환시키고 새로운 상황을 만들어 내는 것이며, 아군과 적의 관계를 역전시키는 프로세스로 보았다.[21]

노나카는 경영학자이면서도 기존의 전략가들과는 다른 차원으로 전략을 이해했다. 그는 전략의 본질에 집중했다. 전략을 실행하는 인간의 생각과 행동에 집중했다.

다시 말해 전략을 통찰하는 것도 실행하는 것도 인간이라고 보았다. 계산과 분석을 통한 전략은 냉정하고도 객관적인 것을 추구하지만, 이는 비현실적이고도 방관자적인 훈수에 불과하다고 지적한다. 왜냐하면 전쟁을 수행하는 리더는 전장 한복판에서 판단해야 하기 때문에 인간적인 고뇌와 약점에 노출될 수밖에 없기 때문이다. 예를 들면 단순히 부대의 진퇴 문제, 장비와 화력의 운영, 그리고 인사 문제 등 생각할 것이 많다. 인사 문제만 하더라도 누구를 쓰고, 누구는 배제하고, 누구를 제거할 것인가 등의 판단을 하는 것은 정말 고민스러운 일이 아닐 수 없다.

　　전시 국가지도자의 수완은 상황을 판단할 수 있는 능력뿐 아니라 유능한 장군이나 부하의 성격을 판단할 수 있는 능력도 필요하다. 결국 사람에 대한 감성과 직관이 작동된다.

　　왜냐하면 전략은 그 속성상 싸움의 현장에서 발휘되는 지휘관의 직관과 통찰에 답이 있기 때문이다. 전략의 성공은 현장 지휘관의 실행에 있다. 계획도 중요하지만 그 계획을 성공적으로 만들어가는 과정이 중요한 것임도 잊어서는 안 된다.[22]

> 전략은 시간, 공간, 힘의 장을 창조하는 과정이며,
> 아군과 적의 관계를 역전시키는 프로세스다.
> - 노나카 이쿠지로 -

(3) 전략의 한계

일을 꾸미는 것은 사람이나
이루는 것은 하늘의 뜻이니
억지로 될 일이 아니로다.
- 제갈공명, 호로곡 전투에서 -

차원이 다른 싸움

아무리 뛰어나도 '부처님 손바닥 안'이라는 말이 있듯이 뛰어봐야 벼룩인 경우가 있다. 치밀하게 세운 전략이 현장에서 무용지물이 되는 경우도 종종 있으며, 수많은 진법과 다양한 비책이 활용되었음에도 속수무책으로 당하는 경우도 있다. 우리는 전략이 전부가 아닌 경우를 드물지 않게 본다.

어쩌면 만병통치약처럼 모든 상황에 적용될 수 있는 승리 비법은 존재하지 않는지도 모른다. 그저 상황에 따라 적용의 융통성을 인정할 수밖에 없다. 시대에 따라 지배적인 사상이 생겨났다가 사라지듯이 전략에도 한때 유행하는 논리가 다른 모든 것을 무용지물로 만들다가 또 어느 시기가 되면 다른 논리가 지배적인 사상으로 등장한다. 그러므로 전략에 대한 과신은 금물이다.

손오공이 아무리 뛰어났어도 부처님 손바닥 안이라는 표현에서 보듯이, 수준의 차이를 넘어 완전히 다른 차원의 경쟁이 존재한다. 어른과 아이의 싸움 수준을 넘어서는 경쟁이다. 이는 2차원에서 평면만 생각하는 사람과 3차원의 공간을 두루 살필 줄 아는 사람의 투쟁이며, 3차원에 있는 자와 시간을 다루는 능력을 가진 4차원의 존재와의 싸움이다. 바둑으로 동네 형을 이기려고 바보 형제 둘이서 산에 들어가 면벽 수련을 수년간 했어도 고수를 절대로 이기기 어렵다는 얘기다.

인간이 물고기를 잡는 방법인 그물이나 낚시를 사용하는 것도 마찬가지 사례다. '물속'이라는 세계와 '뭍'이라는 차원이 다른 세계의 투쟁에서 인간은 물속 포식자들이 먹잇감들을 공격할 때 이용하는 방법이 아니라 뭍의 유리함과 물고기들이 속수무책으로 당하는 방법을 고안해 냈다.

물고기들이 포식자들을 피하는 능력을 발휘하지 못하도록 고안된 인간의 낚시 방법은 차원을 달리한 접근이다. 똑똑한 물고기들도 더 뛰어난 인간의 능력엔 속수무책으로 당할 수밖에 없다. 물론 물속에서는 인간도 물고기를 당해낼 재간이 없다. 서로 다른 계의 싸움에서 인간계에 속한 우리는 선계에 속한 신선들을 당해낼 생각을 하지 못한다.

권력과 힘의 차이도 여기에 해당한다. 어떤 한 탁월한 지방공무원이 대한민국의 통일 전략을 구상했다 하더라도 한 나라의 운명을 일개 지방공무원이 좌우할 수는 없는 일이다. 국가지도자 선에서만 다루어야 할 일들이 있다. 비록 우리가 보기에 조직의 최고 권력자가 부족한 모습을 보인다 해도 그는 국가의 운명을 결정하는 사람이다. 그리고 그의 결정에 따라 우리의 운명도 정해진다. 수준이 다르며 비교의 상대가 아니다.

그래서 체급이 존재하는지도 모른다. 플라이급과 헤비급의 경쟁은 불공정 경쟁이라 한다. 비슷한 수준, 해볼 만한 상대와 경쟁해야지, 감당이 안 되는 상대에게는 이길 수 있는 확실한 묘책이 아니고서는 감히 도전하지 않는 것이 좋다.

물고기는 왜 낚시를 못 피하나, 구석기 때부터 쭉…

인류는 구석기 시대부터 물고기를 주요 식량으로 삼았다. 수 오코너 오스트레일리아 고고학자 등은 2011년 동남아 동티모르의 동굴에서 4만 2,000년 전 주민들이 먼바다로 나가 물고기를 잡던 유적을 발굴했다고 밝혔다. 발굴된 것 가운데는 세계 최초의 낚싯바늘도 있었다. 조개껍데기로 만든 이 낚싯바늘은 2만 3000~1만 6000년 전의 것으로 농어과 물고기 어획량이 급증한 시기와 일치했다.

그런데 13~16세기 남태평양 쿡제도 원주민이 여울멸을 낚기 위해 사용한 진주조개 껍데기로 만든 낚싯바늘과 20세기 같은 제도에서 발굴한 금속 낚싯바늘을 보면 동티모르 것과 형태가 거의 같다. 이처럼 수백 년 동안, 또는 기본적으로 수만 년 동안 낚싯바늘이 비슷한 모습을 유지한 것은 어부가 게을러서가 아니라 그걸로도 물고기가 늘 잘 잡혔기 때문이다. 낚시, 그물, 함정 어구는 인류의 오랜 물고기 사냥 도구다. 물고기는 왜 이런 어구 피하는 법을 배우지 못했을까.

쿡제도에서 발굴된 진주조개로 만든 낚싯바늘(a, b), 20세기 초 금속 낚싯바늘(C), 같은 곳의 20세기 후반 금속 바늘(d, e)과 조개껍데기 바늘(f).

그 이유를 "포식자-피식자 사이의 관계를 전복시키는 독특한 특성"이 있는 사람의 어구에서 찾은 연구 결과가 나왔다. 마크 미칸 오스트레일리아 해양학자 등 국제 연구진은 과학저널『생태학과 진화 최전선』최근호에 실린 논문에서 "사람의 어법은 물고기가 포식자를 감지·인식하고 학습해서 회피하지 못하게 한다"라며 "사람은 (물고기에게) 보이지 않는 포식자”라고 주장했다. 물고기는 멍청하거나 원시적이어서 사람에게 쉽사리 붙잡히는 게 아니다.

동물행동학자 조너선 밸컴은 자신의 책『물고기는 알고 있다』(양병찬 옮김/에이도스)에서 “물고기는 우리가 생각하는 것보다 훨씬 똑똑하며, 상상을 초월할 정도로 인간과 닮았다”라고 밝힌 바 있다.

연구자들은 “사람의 어법이 물고기가 진화를 거치며 터득한 포식자 피하는 법을 무력화시켰다”라고 밝혔다. 크기로 포식자를 알아보는 법, 포식자 감지 능력, 포식자 학습법은 어구에 적용되지 않는다. 그 결과 물속에서는 똑똑한 물고기이지만 사람의 어구에 속수무책으로 당할 수밖에 없다.

먼저, 바다에서 포식자를 피하는 첫째 금언은 “큰 녀석을 조심하라”이다. 물속에서 죽은 생물은 가라앉는다. 포식자는 먹이를 잃지 않기 위해 통째로 삼키는 습성을 갖게 됐다. 통째로 삼키려면 입과 몸집이 커야 한다. 자기보다 큰 상대를 피하는 것은 피식자의 중요한 회피법이다. 닥치는 대로 먹어 몸을 빨리 키우는 쪽이 유리하다. 그러나 낚시는 크지 않은 데다 미끼로 위장까지 하여 물고기의 첫 번째 방어를 간단히 허문다.

감각을 통해 포식자를 감지하는 것도 중요하다. 포식 물고기는 먹이를 정확히 타격하기 위해 양안시를 갖췄고 눈이 얼굴 앞쪽에 모여있다. 초식 어종의 눈이 양옆에 자리 잡아 광각으로 포식자를 경계하는 것과 대조를 이룬다. 물이 흐리거나 복잡한 지형에서는 후각이 중요하다. 포식자의 냄새나 부상한 동료가 풍기는 냄새는 유력한 ‘경계 단서’다.

포식자의 배설물 냄새는 그들의 소굴이라는 표식이다. 이런 냄새가 나면 먹이 찾기나 짝짓기 활동을 멈추고 은신하는 게 상책이다. 그러나 사람은 이런 단서를 전혀 드러내지 않는 숨어 있는 포식자다. 그물, 낚시, 함정은 원격으로 설치된다. 그물은 물고기 눈에 거의 보이지 않는다. 함정은 피난처를 흉내 낸다. 아무런 냄새도 소리도 내지 않는다. 어떤 포식자도 이렇게 접근하지 않는다.

경험을 통해 포식자의 습성을 배우고 그 내용을 동료에게 전파하는 것은 물고기가 천적을 피하는 유력한 수단이다. 대개 경험 없고 작은 어린 물고기가 포식자의 밥이 되는 것은 이런 이유에서다. 문제는 위험을 배우려면 공격에서 살아남아야 하는데, 상업 어구는 탈출이 거의 불가능할 정도로 효율적이다. 저인망 등에서 빠져나오더라도 사망률이 워낙 높아 학습이 전파되기 힘들다. 잡은 물고기를 다시 놓아주는 '캐치 앤 릴리스' 낚시를 하는 작은 호수 정도가 유일한 예외다.

학습이 역효과를 낳기도 한다. 미국 랍스터의 90% 이상은 붙잡히기 전한 번 이상 함정에 들어왔다가 무사히 나간 개체인 것으로 밝혀졌다. 함정어구가 규제 크기 이하의 생물에게 '안전하다'라는 학습을 한 셈이다.

연구자들은 "인간은 물고기가 포식 위험에 대응해 진화시킨 모든 방어수단을 무력화한 유일한 포식자"라고 했다.

출처: 한겨레신문(2018.12.3), 조홍섭 기자

전략을 삼키는 거대한 힘

시대와 대중이 만들어내는 거대한 조류 역시 전략을 무용지물로 만드는 것 중 하나다. 자기가 태어났던 조그만 개울에서 새 생명의 탄생을 위해 폭포를 거슬러 오르는 연어들을 보면서 우리는 감탄한다. 멋진 장관으로 느껴지지만 한편으론 처절한 삶의 투쟁이다. 이 모습에 우리도 세상과 타협하지 않고 거대한 흐름에 맞서 싸우려는 의지를 다시 추스르곤 한다.

그러나 우리의 현실도 냉엄하다. 아무리 뛰어난 장수를 가진 국가도 결국은 훨씬 더 많은 연합군에 의해 무력화되었다. 한니발이 그랬고, 나폴레옹이 그랬으며, 도요토미 히데요시가 그랬으며, 독일이 그러했다. 수의 우세는 절대적이다. 흔히 몇 안 되는 전쟁사만 접한 사람들은 이렇게 생각할지 모른다. '소수가 다수를 이기는 것이 전략'이라고….

그러나 분명히 말할 수 있는 것은, 이런 사례들은 정말 탁월하게 능력을 발휘한 군사적 천재들의 사례이고 극히 드문 사례들이다.

현실은 계백장군이 이끈 황산벌의 5천 결사대가 나당 연합군 5만을 당해내지 못했으며, 스파르타왕 레오니다스가 이끄는 300의 전사들도 페르시아 크세르크스의 100만 대군을 막아내지 못했다. 백약이 무효하며, 제아무리 용을 써도 안 되는 상황이 있다. 이럴 때는 그저 상황을 받아들이고 피해를 최소화하는 데 역점을 두어야 할 것이다. 무모한 도전은 한낱 하룻강아지의 만용에 지나지 않는다. 1%의 이길 가능성으로 전쟁을 시작하는 것보다는 99%의 승률이 있을 때 전쟁을 시작하는 것이 현명하다.

뛰어난 논리를 잠재우는 것이 또 있다. 이른바 '패러다임' 또는 '프레임'이라고 하는 것이다. 한때 국방개혁의 화두가 '문민화'였다. 국방부에서 근무하는 군인들과 행정을 담당하는 군인들, 그리고 지원부대에 있는 군인들을 민간인력으로 대체하고 군인들은 전투 분야에 집중하게 하는 정책이다. 이 정책은 "군복 입은 자 전투 위치로"라는 캐치프레이즈로 추진되었다.

그런데 단순한 이 한 문장이 반대되는 모든 논리를 함몰시켰다. 반대 논리들은 다음과 같다. 군을 잘 아는 군인들이 정책을 담당해야 한다는 것. 왜 군인은 전투현장에만 있어야 하는가? 후방에서 또는 국방정책을 위해 책상에서 순환 근무도 해야 하는 것 아닌가? 실제로 대부분의 나라에서 시행되는 제도다. 또 군인도 똑똑해야 싸워 이길 수 있기에 공부도 많이 시켜야 한다는 등 나름의 이해되는 엄청난 양의 반박 논리와 반대의견들이 속절없이 무너져갔다. 이 단순한 문장은 거대한 프레임을 형성했고, 모든 반대 논리를 무력화시켰다.

시대의 화두, 캐치프레이즈는 이런 힘이 있다. 이것이 바로 프레임을 만들며, 그 당시 생각의 지배적인 패러다임을 형성한다. 그리고 이러한 패러다임과 프레임이 지배하면 논리는 무용지물이 된다. 프레임은 프레임으로 승부해야 한다.

마지막으로 전략에 매몰되지 말아야 하는 이유가 하나 더 있다. 한번 수립된 전략은 고정적인 데 반해 적의 행동과 상황은 수시로 변화한다.

전략은 구상되고 수립된 후 공식적인 채널을 통해 지휘부에서 실행제대로 전달된다. 그리고 이 전략은 야전과 필드에서 완성된다. 그런데 전략이 전달되는 과정에서, 그리고 실행되는 과정에서 제대로 작동되지 않는 경우가 허다하다.

전략이 구현되는 단계에서 책상에서의 구상을 그대로 수행하기 어렵게 만드는 안개와 마찰적 요소들이 작동한다. 전장 환경은 수시로 변화하고, 적들의 저항이나 예기치 못한 행동, 그리고 아군의 능력과 의지 부족으로 본래의 계획대로 전략이 수행되지 않는 경우가 허다하다.

그러므로 전략은 계획 못지않게 실행의 과정에서 융통성이 발휘되어야 한다.

전략이 능사가 아니다

그러므로 전략가는 모든 답이 전략에 있다는 환상을 거두어야 한다. 인류 역사를 통해 우리가 체득한 진리는 인간이 만든 것 중에는 그 어느 것도 완벽한 것이 없다는 것이다. 탁월한 전략 역시 그것이 지닌 한계가 분명히 있다. 우수한 전략들이 다소 완성도가 떨어지는 전략을 구사하는 상대에게 속수무책으로 당하는 경우도 허다하다.

앞서 언급했듯이 전략이라는 매력에 빠져 현실을 도외시해서는 안 된다. 원칙이라는 것도 승리를 보장할 수 있을 때나 필요한 것이지 지적 허영에 사로잡혀 본말이 전도되는 경우도 왕왕 있다.

일본 바둑의 경우가 대표적이다. 일본 바둑은 '정석의 아름다움'에 심취되어 승부보다는 탐미주의에 빠지게 되어 결국은 왕좌를 이웃나라에게 넘겨주게 되었다. 바둑은 실력을 통해 승부를 다투는 게임이다. 아웃파이팅든 인파이팅이든 중요한 것은 이기는 것에 초점을 두어야 했다. 무림의 고수들이 만든 비책과 술법도 지파의 파벌을 유지하는 것으로 흘러가는 순간 다른 지파에게 제압당했으며, 권법과 술이 상대를 쓰러뜨리기 위함에서 개별 동작과 자세에 지나치게 몰입하여 심미주의로 빠지는 순간 승리를 위한 본래의 기능과 목적을 상실한다. 아름다움보다는 결과와 실리에 집중해야 한다.

최근에 중국의 무술고수와 태권도 사범의 대결에서 중국의 무림고수가 패했다는 소식을 접했다. 중국 소림사 무술은 자세와 동작이 미려하기 그지없다. 그 멋진 소림 무술이 한국의 태권도를 무시하고 달려들었다가 KO패를 당했다. 무술이 본래의 기능에서 벗어나 예술과 운동으로 전락했을 때 나타나는 모습이다. 예술적 표현으로 전락한 느낌이다.

그러나 이는 소림무술만의 얘기가 아니다. 다른 많은 나라의 무술에도 해당하는 얘기다. 각 나라에서 널리 알려진 무술들, 예를 들면 무에타이, 가라테, 쿵후, 유도, 권투, 레슬링 등 널리 공인된 격투기들보다 전투현장에서 활용되는 특공무술이 실전에서는 훨씬 더 효과적이고 강력한 것과 마찬가지일 것이다. 결국은 전투력이다.

전략도 이와 다르지 않다. 이기기 위함이지 책 속에 나열된 수많은 전략의 원칙과 전쟁사와 관련된 지식들에 함몰되어서는 안 된다. 전략의 치밀함과 상부에서 유능한 지휘관과 참모들에 의해 구상되고 명령계통을 통해 하달된 전략목표나 작전 계획은 엄청난 권위로 인해 하부 제대 지휘관의 융통성을 허락하지 않는다.

미드웨이 해전에서 일본이 속수무책으로 당한 이유도 여기에 있다. 진주만 기습의 영웅인 야마모토 제독은 미드웨이 해전 당시 현장 지휘관이던 나구모 주이치 제독을 못 미더워했다. 이유는 나구모 제독이 능력보다 연공서열로 진급하여 항공모함 지휘관으로 임명되었으나 항모와 항공기 운영에 대해선 잘 몰랐기 때문이라 한다. 그러니 야마모토 제독은 미드웨이 작전의 세부적인 사항까지 챙겼고 나구모 제독도 상황판단에 대한 확신이 없었다. 나구모 제독은 지휘에 대한 자신감도 없었으니 야마모토 제독의 명령을 그대로 따를 수밖에 없었다고 한다.

공자왈 맹자왈보다는 현장성이 우선이다. 기민함과 임기응변이 신중한 전략을 무력화시키는 경우도 허다하다. 물론 그렇다고 모든 전략이 무용지물이라는 뜻은 아니다. 전사를 통해 군사적 천재들의 기막힌 전략이 전쟁을 승리로 이끈 사례는 셀 수 없이 많기 때문이다.

"누구나 그럴싸한 계획을 갖고 있다. 쳐맞기 전까지는."
- 마이크 타이슨 -

일본 바둑은 왜 몰락했을까

일본 바둑의 황금기에 오타케 히데오(大竹英雄)라는 기사가 있었다. 그는 기타니 도장의 수석 사범으로 다케미야 마사키, 조치훈 등 수많은 정상급 기사들에게 일본 바둑의 정수를 심어주었다. 그는 '미학(美學)'이라는 두 글자로 특히 유명했다. "바둑을 질지언정 추한 수는 두지 않는다." 이게 그의 엄숙한 바둑 철학이었다. 그는 일본 미학의 열렬한 신봉자였고 전도사였다.

'한국류'라는 말은 처음엔 그리 좋은 뜻으로 쓰이지 않았다. 1980년대 일본 바둑잡지에서 먼저 등장한 이 단어는 '세련되지 못하지만 치열하고 실전적인 수법'이라는 뉘앙스를 품고 있었다. 당시 한국기사들은 몸싸움을 좋아하고 상대에게 돌을 밀착시키는 격렬한 수를 즐겼다.

일본 미학의 눈으로 볼 때는 승부 호흡이 급한 덜 익은 수법이었다. 그러다 한국이 서서히 기세를 올리면서 한국류를 보는 눈도 변하기 시작했다.

1993년 2회 응씨배 결승전에서 한국의 서봉수 9단과 일본의 오타케 히데오 9단이 맞붙게 된 것은 흥미로운 사건이었다. 오타케가 일본 미학의 대표라면 서봉수는 잡초의 생명력으로 무장한 한국류의 대표였다. 이 둘의 대결은 2 대 2까지 팽팽하게 이어졌고, 결국 최종 5국까지 갔다. 이 판에서 서봉수는 능률과 모양에 능한 오타케의 수법에 말려들어 일찌감치 비몽사몽이 됐고 화타가 와도 살릴 수 없는 절망적 상황을 맞게 됐다. 그러나 이때부터 서봉수의 괴력이 나타나기 시작했다. 그건 바둑이 아니었다. 권투선수 홍수환이 세계타이틀매치에서 비세에 몰리자 두 팔을 풍차처럼 돌리며 싸우던 모습이 떠올랐다. 승부는 서봉수의 대역전승으로 끝났다. 이 승부는 단지 서봉수 개인의 승리가 아니었다.

잘 가꿔진 국화 같은 일본 미학이 퇴조하고 야생화 같은 한국류가 세계 바둑의 전면에 등장하는 분기점이 됐다.

바둑은 전쟁을 모방했다. 따라서 승리하려면 병사에 해당하는 돌 하나

하나의 능률을 최대한 끌어올려야 한다. 일본은 이미 수백 년 전 바로 이 '능률'에 착안하여 바둑을 한 단계 높여놨다. 그러나 오랜 세월 능률을 숭상하다 보니 능률적인 것은 아름답고 비능률적인 것은 추한 것이 됐다. 일본 미학은 점차 탐미적인 경향을 띠며 틀에 얽매이게 됐다. '두점머리'나 '빈삼각' 같은 금기도 자꾸 늘어났다. 바둑은 전쟁과 같은데 금기가 많아지면 불리하다. 스스로의 손발을 묶는 결과를 가져온다. 일본 미학은 일본 바둑을 세계 최고로 끌어올린 일등공신이었으나 결국 일본 바둑을 몰락으로 몰고 간 주인공이 됐다. 일본 바둑이 향기는 있었다. 낭만적으로 중앙을 경영하는 다케미야의 우주류 등은 이해하기도 쉬웠다.

하지만 일본 바둑이 왜 몰락했느냐 질문을 받으면 나는 애석하게도 이 '향기'를 떠올리게 된다. 승부는 낭만적이지 않다. AI의 바둑을 보면 돌을 밀착시킨다든지 옆구리를 자주 붙여간다든지 하는 한국류의 잔상이 심심치 않게 목격된다. 한국류가 나름 승부의 핵심을 짚었다는 것을 보여준다.

세상사가 그렇듯 바둑에도 정답은 없다. '삼삼'처럼 어제는 시시한 존재였으나 오늘은 고수들이 가장 선호하는 특상품이 되기도 한다. 일본 바둑도 AI 이후 빠르게 변하고 있다.

출처: 중앙일보(2020.3.25), 박치문의 검은 돌 흰 돌

2. 인간 마음의 이해와 한계

(1) 인간 마음의 구조

거친 자연환경에서 살아남기 위해
정말로 필요한 도구는 마음이다.
- 베어 그릴스 -

마음의 재료

전략은 인간의 영역이며, 전략을 고민하는 과정은 마음이 작동하는 과정이다. 그러므로 우리는 마음의 실체에 대해 알아볼 필요가 있다. 인간의 마음이란 무엇인가? 그 마음을 일으키는 동인은 무엇이며, 또 어떻게 작동되는가? 이에 대한 답을 얻기 전에 마음에 대한 사전적 정의를 살펴보니 뉘앙스에 약간의 차이가 있다.

우리나라 사람들은 마음을 정의하길 "다른 사람이나 사물에 대하여 갖는 감정이나 의지, 생각 따위를 느끼거나 일으키는 작용이나 태도"라고 한다. 한편 옥스퍼드 사전에 의하면 마음은 '마인드mind'로 해석되며, 서구인들은 이 마인드를 사물에 대한 판단능력으로서의 정신, 생각,

사고방식으로 이해한다. 둘의 차이를 보면 우리나라 사람들이 생각하는 마음은 가슴heart에 있고 그래서 감성의 영역에 초점을 둔 반면, 서양은 마음이 머리에서 발현되는 이성의 영역에 강조를 둔 듯하다. 반면 인간의 심리에 대해 전문적으로 연구하는 심리학 분야에서는 마음을 인간의 '의식'으로 해석한다. 결국 종합하면 사람이 가슴으로 느끼고, 머리로 생각하며, 느끼고, 생각하며, 결정하는 모든 것이 마음이며, 마음의 작용으로 말과 태도와 행동으로 나타나는 것이다.

앞 장 '전략의 철학' 부분에서 우리는 인간의 마음이 오랫동안 지(知)·정(情)·의(意), 즉 로고스, 파토스, 에토스의 세 축으로 탐구되어 왔다는 것을 확인했다. 특히 고대 서양을 보면 이 세 가지 관심 영역이 지극히 현실적인 관점에서 주목을 받았다. 아리스토텔레스는 수사학이 사람을 설득하는 기술이므로 인간 마음에 대한 이해가 필수적임을 강조했다.[23]

그러므로 타인을 설득하는 데 필요한 능력인 웅변술, 즉 수사학은 리더가 되려는 모든 자가 반드시 갖추어야 할 능력이었다. 수사학은 본질적으로 연설을 듣고자 하는 청중의 마음에 대한 이해가 있어야 했다. 그러기 위해서는 어떤 이들에게는 가슴으로 공감시키고, 또 어떤 이들에게는 논리로 설득하며, 또 어떤 이들에게는 명분을 제시함으로써 그들의 마음을 사로잡을 수 있었다. 최근에는 인간의 마음에서 비롯된 판단과 결정에 관한 연구에서도 이 세 가지 축을 활용하고 있다.

이렇듯 인간 마음은 다양한 요소가 결합하여 나타난다. 즉, 마음은 이성과 감정 그리고 가치관 등이 결합하여 형성된다. 대상과 현상을 인식하는 것도 인간 마음의 결과이며, 인식된 정보를 통해 판단과 결심을 할 때도 이성, 감정, 가치관의 상호작용으로 발현된다.

이제 우리 마음의 작용과정을 좀 더 구체적으로 살펴보자. 우리 인간은 생각할 때 몇 가지 재료를 사용한다. 그것은 눈으로 보이는 것이 아니며, 우리의 머릿속에 관념적으로 존재한다. 바로 우리의 지식과 경험, 그리고 가치와 감정이다. 사람들은 이 네 가지 재료를 사용하여 느끼고, 생각하고, 판단한다.

활용의 경중은 있을지라도 이들을 함께 활용할 때 제대로 된 요리, 즉 생각이나 판단에 이를 수 있다.

이 재료들은 사람들이 태어날 때부터 가지고 있던 것들도 있지만 대부분은 성장하면서 축적되고 발전하여 우리의 자산이 된다. 이 자산들을 얼마나 잘 활용하느냐에 따라 인간의 삶이 달라진다.

그러면 마음을 만드는 재료들에 대해 하나씩 살펴보기로 하자. 먼저 지식과 경험이다.

지식과 경험은 인간이 지성을 발휘하기 위해 활용하는 기본적인 재료들이다. 합리적이고도 객관적인 판단을 가능케 하는 것이 이들로부터 비롯된다. 지식은 학습을 통해 형성된다. 스스로 하는 학습이든, 타인을 통해 하든 우리는 학습을 통해 지식을 축적한다.

지식의 축적은 인간만이 가지는 강점이다. 사회적 삶을 통해 다양한 원천으로부터 축적된 지식은 인간이 직접적인 경험을 통해 얻는 것보다 더 많은 것을 얻을 수 있게 해준다. 그리고 이렇게 얻은 지식을 통해 내일을 예측할 수 있으며, 다른 영역에서의 적용도 가능하다.

그러므로 지식은 개인에게는 경쟁력의 원천이다. 지식을 통해 인간은 각 개인과 공동체의 삶을 발전시킨다. 개인의 지식은 공동체의 것으로 환원되는 과정을 통해 검증되고 객관화되어 모두가 활용할 수 있는 자원이 되고, 이를 통해 우리 삶의 문제들을 해결한다.

물론 지식이라고 늘 객관적이지는 않다. 때로는 사람에 따라 다르게 해석되고 이용되기도 한다. 똑같은 책을 봐도 이해의 정도가 다르며, 해석을 전혀 다르게 하기도 한다. 철학자 폴라니Michael Polanyi는 인간의 머릿속에 들어있는 지식을 '암묵지'와 '형식지'로 구분했다. 그는 형식지는 글이나 말로 표현된 지식으로 책과 매뉴얼 등을 통해 획득될 수 있는 반면, 암묵지는 경험을 통해 형성되는 것으로 쉽게 표현할 수 없는 성격의 것이라 했다.[24]

또한 폴라니는 암묵지는 특정한 분명히 실재하는 상황 속에서 '현재 바로 여기에서 만들어지는' 체험적이고, 그래서 주관적이며 직접적으로 눈으로 보고 느낄 수 있는 경향을 가지는 반면, 형식지는 '그때 거기서 발생한' 사건에 관한 것이므로 이에 대한 이해를 위해 합리적, 논리적, 객관적 경향을 띠고 있음을 지적한다.[25]

인간의 인식과정에서 암묵지의 중요성을 강조한 폴라니는 "인간은 자신의 경험을 구성하는 과정에서도 지식을 습득할 수 있다"라고 주장하면서 이렇게 얻어진 지식은 표현하기 어렵다고 했다. 우리도 아는 바와 같이 대부분의 사람은 "그가 말로 표현할 수 있는 것 이상으로 많은 것을 안다"라고 생각한다. 그리고 이는 대체로 사실이다. 왜냐하면 일부 사람들의 경우 대체로 사기꾼일 경우가 많은데, 그들은 실제로 아는 것보다 더 많이 아는 것처럼 행세할 수 있는 능력이 있기 때문이다.

물론 폴라니의 이런 시각은 전통적인 인식론자들의 입장에서 보면 반론의 여지가 있다. 즉, 지식은 객관화된 합리적 사고과정을 통해 형성된다고 주장하는 것이 그들의 시각이기 때문이다. 그러나 폴라니는 인간은 참여, 실천 등을 통해 몸속에 체화시킴으로써 지식이 형성된다는 점도 분명히 보았다.

즉, 우리가 어떤 것을 '안다'라는 것은 합리적 사고과정으로 형성된 지식과 체화된 지식을 암묵적으로 상호 결합시킴으로써 우리의 머릿속에 또 다른 지식을 창조하는 것으로 보았다.

암묵지에는 우리가 일하는 방식과 관련된 요소들이 있다. 즉 과업을 수행하면서 축적된 지식뿐 아니라 우리의 머리 한구석에서는 또 다른 요소들이 추가로 만들어진다. 즉 도식화, 패러다임, 관점, 신념, 견해 등이 우리가 접하는 세계를 인식하고 규정한다.

기술적으로는 노하우, 기술, 재능 등이 생기며, 암묵적으로는 일에 대한 이미지나 그 일의 결과로 나타나는 미래에 대한 모습 등이 그려진다. 그리고 그렇게 체화된 지식은 우리의 뇌리에 오래도록 강하게 자리 잡는다. 사람이 특정 상황에서 얻은 개인적인 경험을 통해 얻은 암묵지는 다른 누군가의 조언이 아무리 객관적이고 타당할지라도 이를 무력화시킬 만큼 강력하다.

누구에게나 경험은 그 사람의 인생에 분명한 메시지를 남긴다. 어떤 지식의 설명보다 강하게 뇌리에 박힌다. 그래서 많은 사람이 학업을 통한 지식과 함께 어릴 때부터 다양한 경험을 쌓으라고 조언했나 보다. 군사지휘관에게는 전쟁에 대한 경험, 경영자들에게는 비즈니스에 대한 경험, 그리고 각 영역에서 성공과 실패에 대한 직접적인 체험은 우리 모두에게 그 어떤 지식보다 우리의 인생에 명확하게 각인된 소중한 자산이다.

다음으로 살펴볼 마음을 만드는 재료는 감정과 가치다. 한 사람이 지닌 감정과 가치는 그 사람의 성품을 엿볼 수 있는 분명한 잣대다.

감정은 어떤 상황과 대상에 대해 갖는 느낌이다. 그것은 지속적인 정서일 수도 있으며, 때로는 수시로 바뀔 수도 있는 느낌으로 표현되기도 한다. 대체로 감정은 오감을 통해서 발현되기도 하며, 지식과 경험을 통해서도 발현된다. 어떤 경험은 불쾌하거나 기분 좋은 느낌을 줄 때가 있으며, 새로운 경험과 지식을 접할 때도 이런 감정적 반응이 생긴다.

한때 우리는 이러한 감정이 가급적이면 통제되어야 할 것으로 여겼다. 분노와 흥분의 감정이 표출되고 극에 달하면 올바른 판단을 하는 데 장애 요인으로 작용하기 때문이다. 불안과 공포 역시 감정이 작동된 결과이며, 이러한 것은 심리적으로 패닉 상태를 유도하여 현명한 판단기능을 상실하게도 한다.

코로나19가 급속도로 확산되기 시작할 무렵 전 세계적으로 화장지 사재기 열풍이 불었다. 마트에서 화장지를 닥치는 대로 사들였고, 심지어는 하나 더 가져가려고 서로 싸우기까지 했다.

그것이 정말로 필요한지 아닌지는 중요하지 않았다. '화장지가 코로나19 팬데믹 상황에서 그토록 필요한 물품인가?'라는 반문이 여러 신문 지상에 오르내렸지만, 현장에서는 전혀 통하지 않았다.

감정을 제대로 다스리지 못하면 '인간이 생각하는 동물'이라 하더라도 이처럼 어이없는 상황이 발생한다.

그러나 감정은 인간이 자신의 존재를 유지하기 위한 진화된 감각적 반응이다. 감각을 통해 들어온 정보에 대해 인간이 느끼는 반응은 생존에 중요한 기능을 해왔다. 그리고 최근에는 이 감정에 대한 소리에 귀 기울이려는 노력이 주목받고 있다. 실제로 뇌 과학 분야의 연구결과들은 우리가 합리적이라고 생각하는 판단과 결정 과정에서도 감정이 크게 영향을 미치고 있다는 것을 보여준다. 이들 연구는 감정이 결여된 순수하게 이성적이고 논리적인 판단은 사실상 문제가 있다고 부연한다.

    강철 막대기가 뇌를 관통한 사고를 당한 사람을 살펴보니 사고 전에는 성실하고 사교적이며 진지했던 사람이 사고 이후 폭발적 성격으로 변했다고 한다. 이 사람은 감정을 담당하는 뇌가 파괴된 사람이었다. 또 다른 사례에서도 동일한 모습을 보였는데, 이들은 논리적으로 판단을 내리는 과제에는 별다른 어려움을 겪지 않았다고 한다. 그러나 실제 생활에서는 무책임하고 위험한 결정을 내리곤 했으며, 중요한 일과 중요하지 않은 일을 구분하지 못했다고 한다.[26] 이는 감정이 판단에 분명히 관련된다는 것을 보여주는 증거다. 감정이 제대로 작동하지 않을 때에는 사람은 사회적으로 온전한 판단을 하지 못한다고 한다.

    이러한 결과는 합리론의 관점과 달리 인간의 판단과정에서 감정과 정서의 역할이 매우 중요한 것임을 의미한다. 의사결정과정에서 감정이 배제된 경우 반사회적이고 비정상적인 판단에 이른다는 것이다.[27]

    실제로 나쁜 느낌은 판단을 주저하게 하며, 좋은 느낌은 판단을 하는 데 긍정적으로 작동한다. 이는 아름다움을 판단하는 기준에서 쾌와 불쾌의 감정이 작동한다는 칸트의 주장과도 맥을 같이한다.[28]

    생물학적으로 감정의 출발은 과거 경험에 대한 기억이다. 또한 감정을 담당하는 편도체가 활성화되면 오래 기억된다. 즉 감정이 개입되면 기억도 오래 남는다.[29]

    감정 정보는 과거의 유사한 경험에 대한 기억을 제공함으로써 현재 처한 환경에서 어떠한 판단을 내려야 하는가에 대한 실제적 지침을 내려준다. 과거의 경험은 무엇이 좋고 나쁜지에 대한 판단기준도 제공하기 때문에 그러한 정보가 결여된 경우 그 결정은 사회적·도덕적으로 용인되기 어려운 결정인 경우가 많다. 감정은 합리적 의사결정을 위해 배제해야 하는 것이 아니라 오히려 감정의 소리를 잘 들어야 하는 것이란 얘기다.

개인의 가치와 철학은 나이가 들고 다양한 경험과 교육을 통해 자연스럽게 형성된다. 물론 그중에 어떤 사람들은 일찍부터 자기만의 신념과 철학을 형성하는 사람도 있다. 그러나 사람마다 가치관과 철학이 다른 것을 보면 개인의 성향도 관계가 있는 듯하다. 보수적인 사람들에게 주로 나타나는 특징적 성격은 성실성이며, 진보적인 성향의 사람들은 보수적인 사람들보다 더 개방적인 성향을 갖는다고 한다. 가치관은 사람들의 정보 선택에도 관여하고, 판단에도 기능하며, 나아가 삶의 모든 것을 결정하기까지 한다. 이처럼 사람들의 가치는 그들의 구미와 선호에까지 개입한다.

가치관은 강력한 파워를 제공한다. 삶의 방향을 결정하고 의지를 북돋우는 모태가 되기도 하며, 그 누구의 반대와 저항에도 꿋꿋하게 버텨낼 힘을 만들어내는 동인이기도 하다. 물론 끈질기게 버텨내고 지켜왔던 가치관도 변화한다. 어떤 충격적인 경험을 하거나, 나이가 들어감에 따라 정치적 성향도 변하는 것을 보면 이 말도 맞는 것 같다.

종합하면 지식과 경험, 감정과 가치 등 이 모두는 인간의 마음이 만들어지는 데 활용된다. 때로는 어느 하나가 주도적으로 활용되기도 하지만, 대체로 이 모두를 활용하는 것이 바람직하다. 감정에 얽매여서 형성된 마음이 행동으로 발현된다면 개인과 모두에게 상처를 남길 수 있으며, 후회할 선택을 하게 될 가능성도 농후하다.

그러므로 우리는 현명하게 이 마음의 원천들을 균형 있게 활용할 수 있어야겠다.

『삼국지』를 보면 촉의 유비, 장비, 제갈량, 그리고 관우 등의 주인공이 있고, 위나라에는 조조라는 인물이 등장한다. 이들의 성격을 보면 유

판단할 때 주로 어느 재료에 의존하십니까?

당신의 성향을 아는 가장 확실한 질문은 아마도 이것일 겁니다.

즉, 당신이 기혼자라면 배우자를 어떤 기준으로 고르셨나요? 아니, 아직 미혼이라면 어떤 기준이 중요한가요?

여기 네 가지 기준을 제시합니다. 외모, 성격, 집안, 그리고 종교입니다. 물론 이 외에도 고려할 사항은 많으나 이것으로 한정하겠습니다.

외모가 중요합니까? 훤칠한 키와 매력적인 얼굴이 중요한 기준인가요? 그렇다면 당신은 연애 경험이 많은 사람이 아니군요. 많은 이성과 데이트 경험이 풍부하시다고요? 그렇다면 이성을 처음 대하는 사람과는 분명히 기준이 다를 수 있습니다. 종교와 가치관이 중요하다고 생각하는 분들도 있습니다.

사람마다 기준이 제각기 다릅니다. 그래서 짚신도 짝이 있다고 하나 봅니다. 그러나 무엇보다 인생의 선배들이 조언하는 것은 이리저리 따져보라는 것입니다.

외모도 보고, 성격도 보고, 집안도 보며, 종교도 맞는지를 살피는 일이지요. 배우자감에 대한 감정도 중요하고, 내가 알고 있는 이성에 대한 지식과 경험도 활용하며, 가치관도 동시에 고려할 때 좋은 짝을 만난다는 것입니다. 결혼하신 분들은 모두 공감하실 겁니다.

비는 명분을 중요시하는 사람이고, 제갈량은 천문에 두루 능하고 전략에 능통했으며, 관우는 역전의 노장으로 전투경험이 풍부한 장수였다. 장비는 감정에 자주 휘말리는 인물로 등장한다.

이들이 잘 협조하고 균형을 이루었을 때 촉은 그 세력을 확장할 수 있었으나, 후에 서로 갈등하면서 중원을 통일하려는 꿈을 놓치게 된다. 반면 조조는 때로는 명분을 중시할 때도 있었고, 또 어떨 때는 분노를 참지 못하는 불같은 성정을 보이기도 하였으며, 경험 많은 장수와 책사도 전적으로 믿지 않고 적절히 활용할 만큼 본인도 능력을 가지고 있다. 역사는 가치, 지식, 경험, 감정 등 모두를 균형 있게 활용한 자가 천하를 도모했다는 것을 보여준다.

마음을 만드는 도구

마음은 이처럼 개인의 지식, 경험, 감정, 그리고 가치관 등 다양한 재료가 관여하지만, 그 재료를 잘 배합하고 조리하는 과정에 꼭 필요한 것이 바로 장비 또는 도구들이다. 그러면 이 재료들을 혼합하는 장비나 도구는 무엇이며 어떻게 활용하는 것일까?

여기서 우리는 이성과 오성, 그리고 분석과 직관 그리고 감성이라는 마음의 장비에 대해 살펴볼 것이다. 철학자 칸트는 마음이 '구상력' 또는 '형식Schema'을 통해 얻어지는 것이라 했지만, 필자는 도구로 이해하고자 한다. 마음이라는 결과물을 만들어 내기 위해 활용되는 재료들인 지식, 경험, 감정, 가치관 등과 비교하여, 이것들은 마음을 만들 때 필요한 도구 또는 장비라 칭하는 것이다.

이들 장비 또는 도구가 좋으면 좋은 마음이 만들어진다. 장비가 부실하면 반대의 경우가 발생할 수도 있다. 그런 면에서 이 도구 또는 장비들의 성능이 매우 중요하다. 다른 시각으로 보면 이는 능력, 즉 역량으로 보아도 무방하다. 이는 타고나는 것이지만, 훈련과 교육을 통해 개발되는 능력이다.

일반적으로 사람들이 어떤 현상과 대상에 대한 정보를 획득하기 위한 원초적인 창구는 오감이다. 이 오감이 마음의 형식과 결합될 때 느낌으로 발현된다. 마음의 형식이란 분석과 직관, 즉 이성과 감성이다. 이것이 바로 마음의 도구들이다. 칸트는 이를 '순수이성'이라고 했다.[30] 감성은 감각을 수용하는 능력으로 보았으며, 이성은 판단에 이르는 논리적 추론 능력이다. 그리고 이들은 날 때부터 특정한 형식으로 구성되었다. 다시 말해 이는 지능처럼 날 때부터 타고난 능력이다. 반면 오성은 축적된 지식과 경험을 활용하는 이성적 능력으로 정의하여 후천적으로 습득되는 능력으로 이해할 수 있다.

사실 서양철학의 주된 관심은 '진리가 무엇인가?'에 대한 것에서 시작되었다. 이러한 질문을 통해 특정 현상과 대상에 대한 앎의 체계가 구축되었으며, 문명의 발전을 견인해왔다. 앎의 과정에서 서양철학은 주체와 객체, 감성과 이성, 사유와 직관 등을 구분하고 통합하려는 노력들이 있었으며, 이런 학문탐구의 거대 조류는 합리론과 경험론이라는 두 축을 통해 발전해왔다.[31]

우리는 이성을 통해 분석한다. 다시 말하면 이성의 도구를 가지고 세상을 이해한다. 이를 '사유의 과정'이라고 한다. 그렇다면 직관은 사유의 과정이 아니므로 이성과는 다른 측면에서 이해해야 하는가? 여기서 칸트는 직관을 감성이 작용하는 방식으로 이해했다. 감정은 설명할 수 없는 방식으로 형성되므로 분석되거나 종합되지 않고 순간적으로 얻어지는 방식, 즉 감성이 작동하는 메커니즘 같은 방식이라는 것이다.

그러나 데카르트와 그 이전의 철학자들은 직관을 순수 자아나 신, 영혼 같은 대상을 직접적으로 인식할 수 있는 능력으로 이해하면서, 순수한 합리적, 지성적 직관이 존재한다는 시각도 가지고 있었다. 즉, 육체적이고 경험적인 현상에 대한 인식과 관련된 것이라기보다는 오히려 순수한 정신 활동과 추상적 차원의 것이라는 해석이다.

한편 대표적 현상학파인 후설도 대상의 본질을 파악할 수 있는 절대적 기반을 경험에서 찾았으며, 이를 직관과 연결시켰다. 그는 대상에 대한 의식에는 근원적인 것이 있으며, 근원적인 것은 직관이라고 했다. 후설에게 있어서 직관은 학문의 토대가 되는 앎의 정당성을 보장해주는 근거다.[32] 이를 정리해보면 직관은 "지성과 사유의 작용으로 습득된 빠른 이해 및 판단능력"이라고 볼 수 있다.

직관을 좀 더 살펴보자. 왜냐하면 리더십은 분석의 과정이라기보다는 부하들과의 관계 속에서 직관적으로 발휘되는 영역에 가까우며, 또한 리더들이 판단할 때도 직관을 더 많이 활용하기 때문이다.

직관의 사전적 의미는 '판단, 추리 등의 사유 작용을 거치지 않고 대상을 직접적으로 파악하는 작용'이라고 한다. 영어의 직관이란 'intuition'으로 라틴어 'intueri'에서 온 것으로 '안을 보다'라는 뜻이다. 여기서 '직접적'이란 논증, 증명, 추론, 판단 등의 어떤 의식적 활동도 없다는 뜻이다.[33]

이런 직관은 찰나의 순간에 얻어지고 그 과정을 설명할 수 없다는 특징을 갖는다. 그러면서도 동시에 그렇게 얻게 된 지식이 너무나 분명하고 확실하여 이의를 제기할 수 없는 것처럼 보인다는 특성이 있다. 아무 근거도 없고 이유도 설명할 수 없지만, 그럴 것이라는 확신이 드는 지식이 바로 직관이 제공하는 앎이다.

구스타프 카를 융은 직관을 "의식에 즉각적으로 주어진 자극을 통해 아는 능력"으로 정의하고 정신적 활동을 거치지 않는다는 점에서는 감각과 비슷하지만 물리적 자극으로부터 비롯되지 않는다는 점에서 감각과 다르다고 이해했다. 지금까지 우리는 마음이 발생하는 데 활용되는 도구로서의 사유와 직관을 이해했다.

우리는 때로 감성이라는 또 다른 도구도 활용한다. 감성은 앞서 감정을 활용하는 능력이라고 정의했다. 이 감성은 우리의 직감에 작동한다. 직감은 감각을 통해 수용된 자극으로부터 우리의 내면에서 무의식적으로 발현되는 느낌이다. 이는 우리의 생존 본능과 밀접하게 연계된다. 위험에 대한 지각은 거의 본능적이며, 이 신호를 통해 위험을 감지하고 행동한다.

물론 직감과 직관은 분명히 느끼는 과정을 설명할 수 없는 한계를 지니고 있어 때로는 비합리적이라고 오해되는 측면이 있다. 그러나 직관은 지적 판단이나 외부자극과는 무관하게 "순수하게 내면적으로 어떤 것을 느끼고 알게 되는 능력"으로 정의하고, 흔히 내장 깊은 곳에서 밀려오는 직감(gut feeling)능력이라고 제시하고 있다. 하지만 분명한 것은 직감은 타고난 것이며, 직관은 지식과 경험을 통해 학습되고 축적된 사유의 메커니즘이 채화되어 특정 상황에서 무의식적으로 발현되는 판단능력으로 보는 것이 적절하다.

당신의 판단 유형은?

당신은 어떤 유형의 사람인가? 마음을 만드는 데 주로 활용하는 도구는 무엇인가? 아래의 질문에 ① 또는 ②에 답하시오.

질문	①	②
1. 투자/구매 결정을 할 때 주로 고려하는 것은 무엇인가?	☐ 계산	☐ 느낌
2. 중요한 결정의 순간에 주로 무엇에 의존하는가?	☐ 정량적 요인	☐ 정성적 요인
3. 상황, 정보를 판단할 때 중요한 것은 무엇인가?	☐ 정보에 대한 객관적 사실	☐ 정보에 대한 경험적 감각
4. 중요한 변화를 결심할 때 무엇에 의존하는가?	☐ 전문가의 객관적 분석	☐ 본인의 주관적 판단
5. 분석과 직관이 대립할 때 무엇을 선호하는가?	☐ 분석	☐ 직관/통찰
계	_____	_____

결과 해석
①의 응답이 상대적으로 많으면 분석형,
②의 응답이 상대적으로 많으면 직관형으로 볼 수 있다.

마음의 형성

지금까지 마음을 만드는 데 사용되는 재료들(즉, 지식, 경험, 가치, 감정 등)을 살펴보았고, 그다음으로 마음을 만드는 데 필요한 도구들인 이성적 도구인 분석과 감성과 연계된 도구인 직관에 대하여 살펴보았다. 우리 인간은 이러한 재료와 도구를 가지고 마음을 만든다. 이렇듯 우리의 마음은 복잡한 과정을 거쳐 형성된다.

최근 뇌 과학이 인기다. 골치 아픈 철학적 사유와 심리학적 지식을 통해서 마음의 작동과정을 이해하는 것보다 관찰 가능한 뇌를 직접적으로 살펴보고자 하는 시도들이 있었다. 실제로 우리는 이러한 노력을 통해 뇌 작동원리에 대해 많은 것을 얻을 수 있었다. 우리의 관심 대상인 마음은 어떻게 작동되는가? 어느 기관과 세포에서 마음을 담당하는가?

뇌는 몸 전체에 퍼져 있는 신경세포를 통해 외부에서 지각된 정보를 수집한다. 그리고 이들 정보를 전달하고 교환하는 작업은 신경세포들이 담당한다. 이 신경세포는 뉴런과 시냅스로 구성되어 있다. 뉴런은 정보를 저장하는 곳이며, 이들 뉴런과 뉴런을 서로 연결해주는 것이 시냅스다. 그러니 마음의 최소 단위는 뉴런과 시냅스다.

하나의 신경세포는 1개의 축삭돌기와 1,000~10,000개의 수상돌기를 가지고 있다. 그리고 정보교환은 수상돌기 끝에 있는 시냅스에서 신경전달물질을 교환하면서 이루어진다. 뇌는 100억 개의 신경세포로 구성되어 있다. 따라서 신경세포가 100억 개라고 하면 10~100조 개의 시냅스가 있는 것이다. 각 신경세포는 시냅스를 통해서 다른 신경세포와 연결된다. 이것이 바로 우리 마음이 작동하는 메커니즘이다.[34]

이러한 복잡하고 셀 수 없이 많은 신경세포가 서로 연결되면서 우리의 말과 생각과 행동을 만들어낸다. 한편으론 이 복잡한 구조 속에서 우리가 걸을 때 넘어지지 않고, 말할 때 혀가 꼬이지 않으며, 생각하는 것이 잘못되지 않고 제대로 작동되는 것이 그저 놀라울 따름이다.

이제 세포 단위에서 좀 더 확장하여 마음을 담당하는 기관을 살펴보자. 우리의 신경세포들은 그 기능과 역할에 따라 중추신경과 말초신경을 구성하고, 또 자율신경 등으로 우리 몸의 전체 신경계를 구성한다.

중추신경은 우리의 마음을 담당하는 뇌가 지배한다. 인간의 뇌는 3개의 층으로 구성되어 있다. 뇌간, 변연계, 신피질이 그것이다. 미국의 신경학자이자 의사인 폴 맥클린Paul D. MacLean은 이를 삼위일체 모형[35]으로 설명하고 있다.[36]

먼저 뇌의 가장 하부에 있으며 가장 오래된 파충류의 뇌인 뇌간에서는 경험학습이 이루어지지 않고 주로 유전적으로 고정된 방식으로 본능적인 반응을 반복하게 된다. 뇌간은 호흡, 심박률 조절 등 생명의 기본적인 기능을 한다.

다음으로 포유류의 뇌라고 하는 변연계는 해마와 편도체 등의 구성요소가 있으며, 이들은 서로 연결되어 있다. 변연계의 주요 기능은 감정을 담당하는 것이다. 일곱 가지 기본 감정인 화, 경멸, 공포, 혐오감, 기쁨, 슬픔, 놀람 등을 관장한다. 이 감정들은 짜증과 분노부터 우울, 회한, 죄책감 등 다양한 감정의 기초가 된다. 변연계에서 생겨난 감정은 뇌의 여러 부위로 보내어 다양한 반응을 일으키는 데 작동된다.

뇌의 최상위 영역인 신피질은 진화적으로 가장 최근에 형성된 뇌 조직이며, 고급 정보처리를 담당하기 위해 발전했다. 신피질의 기본 역할은 더욱 정교한 운동이 가능하도록 다양한 계산과 통제 기능을 수행한다. 가령 포유류는 감정에 직접적이고 무조건적으로 반응하지만, 인간은 감정을 통제하여 더욱 이성적이고 유연하게 환경에 적응하는 것이 가능하다. 이 신피질 덕분에 인간은 인지, 언어, 사회 능력이 발전했으며, 문화를 형성할 수 있게 되었다.[37] 이마 바로 뒤에 위치한 전전두엽은 문제를 해결하고, 결정을 내리고, 그런 결정이 가져올 결과를 예측하는 일을 한다.

다시 정리하자면 인간의 뇌는 크게 세 부분으로 이루어져 있는데, 파충류의 뇌인 뇌간은 생명 유지의 기본적인 역할을 담당하며, 여기에서 처리되는 정보는 인간의 의식에 전달되지 않는다.

변연계는 감정 형성을 담당하며, 위기나 공포에 대한 본능적인 반응을 담당한다. 이러한 반응은 자동적으로 일어나기 때문에 우리의 의지로 통제할 수 없다.

그러나 인간을 인간답게 만들어주는 것은 신피질이 이러한 자동반응이 일어난 이후 인지적 판단을 곁들여 행동할 수 있도록 하기 때문이다. 즉, 놀란 가슴을 주변 상황과 이전 경험을 토대로 평정을 되찾고 올바르게 반응할 수 있게 한다.

다음으로 우리의 뇌를 머리 위에서 아래로 내려다보면 뇌는 다시 두 부분으로 구별된다. 즉 좌뇌와 우뇌로 구분할 수 있는데, 각기 다른 역할과 기능을 맡고 있다. 좌·우뇌의 기능을 밝혀내 노벨상을 받은 로저 스페리Roger Sperry 박사는 "좌뇌가 이성과 합리적 분석을 통한 논리적 사고, 비판력 및 계획하는 능력을 담당하는 반면, 우뇌는 감성과 상상력 및 창의력에 관여한다"라고 주장했다.

대체로 사람들은 뇌의 활용 성향에 따라 특별히 더 활용되는 부분이 있지만, 일반적으로 좌뇌와 우뇌는 뇌량을 통해 인간의 두뇌활동에 동시에 관여한다. 즉 좌뇌는 분석을, 우뇌는 직관의 영역에서 작동한다.

지금까지 우리는 마음의 작동에 관여하는 뇌의 각 부분과 기능에

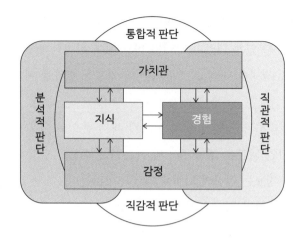

<그림 3> 인간 마음의 구조와 형성과정

대하여 여러 학자의 다양한 견해를 곁들여 살펴보았다. 이들의 논의를 종합해서 그림으로 정리해보면 위 <그림 3>과 같다. 즉, 마음을 만드는 재료와 그 재료들을 활용하는 도구들이 함께 어우러져 우리 마음을 형성한다. 인간은 지식과 경험, 가치관과 감정을 가지고 분석하고 직관하며, 육감으로 느끼면서 종합적인 판단을 한다.

　　인간은 어떤 상황과 대상에 대하여 특별한 마음이 형성되는데, 이 과정에서 우리가 그동안 축적한 지식과 경험, 그리고 가치관을 활용한다. 그리고 감각을 통해 지각된 상황과 대상에 대해 형성된 감정도 활용한다.

　　이들 네 가지 요소는 우리 인간이 본래부터 타고난 이성적 분석력과 직감을 통해 판단에 이르게 된다. 물론 이러한 분석력과 직감은 경험과 지식을 통해 능력이 확장되고 직관으로 축적·발전된다. 이러한 모든 재료와 도구들을 활용하여 인간의 마음이 만들어지는 것이다.

공포와 분노를 결여한 생물은
공격에 제대로 대처하지 못한다.
혐오의 결여는 썩은 음식을 먹게 만들 것이며,
기쁨이나 고통의 능력이 없다면
어떤 행동이든 아무렇게나 했을 것이다.
- 영화 「스타트렉」에서 스폭 박사 -

쿠바 미사일 위기와 케네디의 마음

1962년 미 공군은 항공정찰을 통해 쿠바에서 소련이 미사일 기지를 건설한다는 것을 알게 되었다. 이에 백악관은 여러 대책을 검토한 후 쿠바해역에 걸쳐 해상봉쇄를 단행하였으며, 소련은 미사일 기지 설치에 대한 계획을 취소하기에 이른다. 이 일련의 과정은 의사결정의 모범사례로 여겨지며, 다양한 분야에서 인용되고 활용되었다.

그러나 최근의 연구에 의하면 케네디 행정부의 자랑할 만한 이 의사결정과정을 보면 합리적이고 전략적인 결정들 외에도 의사결정자들의 다양한 요인이 상당 부분 개입되었다는 주장들이 있다.

합리적 관점에서 미국과 소련의 전략적 판단을 살펴보면 다음과 같다.

먼저 후르시초프의 판단은 미국이 소련의 턱 아래인 터키에 미사일 기지를 설치했으므로 소련도 쿠바에 미사일 기지를 설치하는 것은 어쩌면 전략적 균형을 이루는 것이며, 이는 미국도 용인할 것으로 생각했다. 그리고 설사 대치 상황까지 간다고 해도 미국이 핵전쟁까지 몰고 가지는 않을 것으로 판단했다.

그러나 미국의 생각은 달랐다. 미국은 이른바 베를린 가설에 매여 있었다. 소련의 이러한 행태는 베를린에서의 전략적 우위를 점하기 위한 행동으로 파악했다. 그 이유는 베를린은 동서 냉전의 상징적 대결장이었으며 특히 스탈린의 서베를린 봉쇄 단행, 그리고 후르시초프가 서베를린에 대한 연합군의 철수 등을 주장하면서 전쟁 가능성까지 언급한 것으로 볼 때 분명히 서베를린에서의 모종의 행동을 위한 사전 포석이라고 여겼다.

또한 쿠바의 소련 미사일 기지를 용인할 경우 남미 전역에 도미노 효과가 일어날 수 있다는 것을 고려하면 이는 도저히 용인할 수 있는 것이 아닌 어떤 행동을 취해야 했다.

이에 검토할 수 있는 방안은 쿠바의 소련 미사일 기지 폭격 또는 거부와 억제인 해상봉쇄 등이었다.

결론적으로 케네디는 해상봉쇄를 택했다. 케네디가 이런 선택을 하게된 것은 지극히 전략적 판단이라고 생각되지만, 혹자는 케네디의 심리적요인도 크게 작용했다고 보았다. 케네디는 정치가로서 몇 가지 심리적 트라우마가 있었다고 한다.

먼저 그의 아버지와 관련된 문제다. 그의 아버지가 영국 대사로 있을 당시 히틀러를 믿을 수 있는 사람이라고 여기고 뮌헨 조약을 지지하는 생각을 여기저기에 말하고 다녔고, 젊은 케네디 역시 아버지의 생각에 동의했다. 그러나 스탈린의 본마음을 알게 된 후에 그는 여러 정적들로부터 현실을 모르는 순진한 애송이 취급을 받게 된다. 이 때문에 상대를 믿는 것보다 현실적인 생각을 해야만 한다는 강박감을 갖게 되었다고 한다. 또한 같은 민주당원들로부터는 공화당의 메카시 의원을 탄핵할 때 감기를 핑계로 불참한 것을 보고 같은 당 의원들에게조차 믿을 수 없는 정치인이라는 인식이 박혀 있었다.

이러한 부정적인 이미지를 쿠바 피그스만 공격을 통해 만회하고자 했으나 참담한 실패로 끝나 무모한 사람이라는 또 하나의 부정적 모습이 있었기에 이런 모든 이미지에서 벗어나고픈 생각이 이 사건에 영향을 줄 수밖에 없었다. 아울러 국제무대에서 거칠고 공격적인 후르시초프에 대항하는 강력한 미국 대통령의 모습도 보여줘야 했다.

이런 심리적 트라우마로 인해 케네디는 쿠바 미사일 기지 사건을 해결하는 데 있어, 순진하지 않고 현실적인 생각을 하는 대통령, 무모하지 않고 신중하지만 강력한 모습을 보여주는 대통령, 그리고 믿음을 주는 대통령의 모습을 보여줘야 했다. 이런 심리적 요인들이 케네디의 전략적 판단과 어우러지면서 쿠바 미사일 기지에 대한 무모한 폭파를 선택하지 않고 해상 봉쇄라는 신중한 방안을 채택하게 하였고, 그 과정에서 국민과 대화를 통해 문제를 해결하는 신뢰할 수 있는 국가지도자의 모습을 보일 수 있었다고 한다.

이렇듯 대통령의 판단에도 심리적 요인들이 크게 작용한다. 이는 케네디만의 문제에 국한되지 않는다. 후르시초프의 경우도 마찬가지다. 대서방 및 미국과의 대결에서 그토록 강한 모습을 보인 이유도 그의 심리적 요인에서 비롯되었다고 한다.

후르시초프는 이전에 스탈린이 취했던 서베를린 봉쇄 및 철수 압박에도 미국이 물러서지 않는 것을 보고 패배감과 좌절감을 느꼈고, 그리하여 그는 대서방 정책에서 더욱 강력한 이미지를 형성할 필요성을 느꼈다. 또한 후르시초프는 미국의 핵공격에 대한 공포감이 상당했다고 한다. 그러나 미국은 핵무기 사용을 전혀 검토하지 않았으니 이는 심리적 문제로 볼 수 있다. 치밀하고 냉철하게 분석해야 하는 국가 중대사에서도 이처럼 심리는 결정자에게 영향을 준다.

이처럼 결정자 한 사람의 지식과 경험, 가치관은 우리의 마음을 형성하는 재료들이며, 이들 재료를 기반으로 작동하는 분석과 직관은 우리의 마음을 만들어내는 핵심적 도구들이다.

출처: 안병진, 「쿠바 미사일 위기와 베를린 가설, 케네디의 개념 틀에 대한 비판적 고찰을 중심으로」, 『동향과 전망』, 2007, 81: 277-311.

(2) 상황에 대한 예측과 판단

감정은 자연으로부터 생겨나고 몸속에 거주한다.
감정은 뜨겁고 비합리적 충동이자 직관이고, 생물학적 명령을 따른다.
지성은 문명으로부터 생겨나고 마음속에 거주한다.
지성은 감정을 억제함으로써
자신과 사회의 이익을 추구하는 냉철한 사색가다.
- 『플라톤의 국가』에서 -

내 마음 나도 몰라

앞에서 인간 마음의 구조에 대하여 살펴보았다. 그 과정은 매우 복잡하고 난해하다. 이렇게 복잡한 구조와 재료들이 작동되어 만들어진 마음과 생각이 정말 믿을 만한 것인가? 필자 역시 이런 복잡한 과정을 거쳐 만들어진 나의 마음과 생각에 대해 다소 걱정스러운 마음이 들기도 한다. 그러나 의외로 사람들은 자신의 생각과 판단에 강한 신뢰를 보내고 있다. 그들의 판단은 정말 믿을 만한 것인가? 몇 가지 사례를 살펴보고 이 질문에 답하고자 한다.

어느 섬에서 있었던 일이라고 한다. 관광객이 배를 타고 들어오면 하루를 자고 나가는 섬이다. 풍광이 너무 아름다워 관광객으로부터 평이 좋고, 교통만 좋으면 자주 올 것 같은 섬이라고들 말했다. 그래서 섬 주민들은 관광 수입을 늘리려고 육지와 연결되는 다리 건설을 추진했다. 그런데 다리를 놓고 나서 관광 수입은 오히려 줄어들었다. 예전엔 배를 타고 들어와 하룻밤 묵어가던 사람들이 교통이 좋아지니 2시간 정도 차로 왔다가 다시 다리를 통해 육지로 나가니 수입이 줄어드는 것은 당연했다. 섬 주민들은 들어오면 나가기도 쉽다는 생각을 미처 하지 못했던 것 같다. 관광 수입을 올리고 싶다는 소망 때문에 객관적 사태에 대하여 냉정한 인식을 하지 못하게 만든다.[38]

사람이란 이런 존재다. 때로는 냉정하기도 하고 비판적이기도 하지만 눈앞에 보고 싶은 측면, 보게 되는 측면만 보려는 그런 행태들을 보인다. 이것이 바로 소망적 사고, 끼워 맞추기식 사고라고 한다.

강한 자기확신을 갖는 사람들은 위험하기 짝이 없다. 인간은 생각구조가 의외로 단순하다. 그러므로 이를 누군가가 이용할 수 있다는 생각을 해야 한다. 소비자 심리 분야에서 이러한 인간의 심리구조를 이용하여 소비자의 생각을 지배하려는 연구들을 활발하게 하고 있다.

예를 들면 많은 기능이 탑재된 스마트폰에 대해 두 가지 해석이 상존한다. 즉, 기능이 다양한 스마트폰으로 해석될 수도 있고, 사용하기 복잡한 스마트폰이라고 해석될 수도 있다.

그런데 누군가가 '이왕이면 다홍치마'라는 생각을 갖게 되면 그는 다양한 기능의 스마트폰을 선택할 가능성이 높아지며, 반대로 '사용편리성'이라는 관점에서 본다면 이 다양한 기능의 스마트폰은 그저 복잡한 스마트폰으로 해석될 가능성이 높다는 점이다.[39]

이를 흔히 '예열효과'라고 하는데, 소비자가 새로운 정보에 접하기 전에 특정 지식을 미리 머릿속에서 활성화시켜주면 판단자의 의식과는 상관없이 사전에 예열된 지식에 의해 은연중 판단에 영향을 받는 효과를 말한다. 즉, 누군가가 내 머리를 조종할 수도 있다는 얘기다. 그럼에도 사람들은 본인의 판단이 적절했음을 철석같이 믿고 있다.

또 한 가지 사례를 보자. 어느 날 김 과장이 퇴근길에 중고차매장에 들러 마음에 드는 차를 고르고 있었다. 성능은 좋으나 가격이 비싼 승용차 A, 한편 가격은 싸지만 성능이 다소 떨어지는 승용차 B 앞에서 갈등

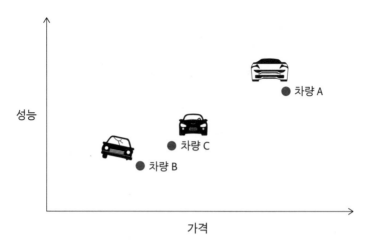

<그림 4> 의사결정 상황에서의 맥락의 효과

한다. 이런 우리의 마음을 정확히 꿰뚫어보고 있던 훈련받은 딜러가 승용차 C를 제시한다.

승용차 B와 비슷하지만 성능은 좋고 가격은 B보다 조금 비싸지만 A보다는 많이 싼 승용차 C를 보는 순간, 바로 C를 선택하게 되고 그 선택에 만족하며, 계약하고 나오는 김 과장이 바로 우리의 모습이다. 결국 훈련받은 딜러의 꾐에 빠져 성능은 약간만 좋고 상대적으로 값은 비싼 차를 사게 되는 상황이 발생했다. 분명히 현명한 선택이 아니었음에도 다른 것보다 더 좋은 것을 샀다는 착각에 만족하며 집으로 돌아간다. 사람이란 이런 존재다.

이러한 사실은 다른 실험에서도 밝혀졌다. 사람들에게 초콜릿이 들어있는 큰 봉지와 작은 봉지를 보여준 후 간식으로 어떤가를 평가해보도록 했다. 그 결과 봉지가 작거나 혹은 사이즈가 작은 것을 다이어트용으로 인식하는 경향이 높았다.

그런데 그들에게 토론과제를 부여하고 그동안 간식거리로 초콜릿을 제공했다. 그리고 이들이 얼마나 먹었는지를 측정해보았다. 그 결과 사람들은 다이어트용이라고 인식되는 작은 사이즈의 초콜릿이 제공되었을 때 큰 사이즈가 제공되었을 때보다 오히려 더 많은 양을 먹은 것으로 나타났으며, 이러한 효과는 평소 다이어트에 관심이 있는 피험자들에게서 더 잘 나타났다[40]는 것이다. 얼마나 재미난 연구인가?

또 다른 연구에서도 예열에 의해 조종되는 현상이 발생함을 보여주고 있다. 사람들에게 '고급' 또는 '검소'라는 개념을 미리 생각케 하고 고급 양말과 저렴한 양말 중 하나를 선택하게 하였더니 '고급'에 예열된 사람들이 '검소'에 예열된 사람들에 비해 고급 양말을 선택하는 경향이 높았다고 한다.[41] 노인을 무의식 수준으로 예열시키는 과제에서도 마찬가지 결과가 나타났다. 이들에게 노인이라는 개념을 예열시킨 다음 해산시켰더니 실험실에서 나와 엘리베이터까지 걸어가는 속도가 예열을 받지 않은 사람들에 비해 훨씬 느린 것으로 나타났다.[42]

사람들은 어떤 정보를 인식할 때 눈에 띄는 것에 더 주목하는 경향이 있다고 한다. 두드러진 특징들, 즉 장점이면 장점, 단점이면 단점 등에 주목하고 평범한 것에는 관심이 덜 가는 특징들이 있다고 한다.

이를 '반응 조화설'이라고 하는데, 이는 결정에서 두 대안 중 한 대안의 특징들이 선택이나 거부의 반응과 조화될수록 사람들이 그 대안을 더 택한다고 주장한다. 장단점을 많이 가진 풍부한 대안이 그렇지 않은 보통의 대안보다 더 많이 선택되고 더 많이 거부된다는 것이다.[43]

예를 들면 선거에서 누구를 선택할 것인가의 문제에서 일반적으로 사람들은 장점이 많은 후보보다 단점이 많은 후보를 배제하는 특징이 있다는 것이다. 오히려 무난한 후보는 많이 거론되지 않는다는 것이다.[44]

인간은 태생적으로 이렇게 태어났다. 모순덩어리, 감정에 휘둘리는 존재, 그리고 헛똑똑이 같은 모습을 자주 보이는 존재들이다. 그리고 나를 잘 아는 타인에 의해 조종당할 수 있는 존재들이다. 투자의 문제에서도 사람들은 사기꾼들의 사탕발림에 의외로 쉽게 넘어가기도 한다. 결점투성이인 우리가 세상의 문제들을 제대로 판단하고 결정할 수 있을까?

물론 조직의 최고경영자나 전략가들은 이러한 것에 현혹되지 않을 만큼 현명하고 냉철한 이성을 소유한 자들이다. 그러나 인간이 태생적으로 가지고 있는 생각 또는 마음의 한계를 그들이라고 비켜 갈 것이라는 착각은 하지 않는 게 좋다. 차라리 그 한계를 솔직히 인정하고 출발하는 것이 현명한 태도다.

더 어려운 상황판단

앞서 언급한 마음을 만드는 자원과 도구들은 우리의 판단과정에 깊숙이 개입한다. 풍성한 재료들과 성능 좋은 장비와 도구들은 우리의 판단을 훌륭하게 만들기도 하지만, 사실 내 마음 나도 모를 때가 의외로 많다는 것을 앞에서 확인했다. 리더들이라고 이러한 상황에 처하지 않는다는 보장이 없다.

오늘날 조직의 운명을 책임져야 하는 리더들은 심각한 도전에 직면해 있다. 급격히 변화하는 환경 속에서 조직을 위해 최적의 결정을 내려야 한다. 그러나 예측은 번번이 빗나가고, 심지어는 예측 자체가 불가능한 상황도 허다하다. 이는 전략가들에게는 심각한 도전이다.

오늘날의 상황은 복잡하고 불확실한 단계를 넘어 위험과 불안의 시대로 진입하는 것 같다. 전 세계에 닥쳐오는 기상이변으로 인한 자연재해는 이제 일상이 되었으며, 코로나19 바이러스 같은 각종 질병이 창궐

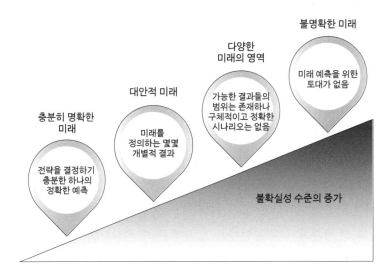

<그림 5> 불확실성과 미래 예측[45]

하고, 지성의 시대에 반지성적 사건 사고들이 끊임없이 발생하고 있다. 먼 미래에 대한 암울한 전망들이 이제 우리 눈앞에 현실이 되고 있다. 이런 상황을 어떻게 예측하고 대비할 것인가? 혹 예측 자체가 무의미한 것은 아닌가?

그럼에도 미래를 준비하는 일에 조금도 소홀할 수가 없다. 과거에는 상황이 단순하고 안정적이어서 이전의 데이터와 정보, 지식을 토대로 앞으로 다가오는 문제에 대한 대처가 가능했다. 새로운 것이라 해도 과거와 크게 변화가 없으니, 과거와 비슷한 상황을 생각하고 그때 내렸던 결정을 활용하면 되었다. 조금 복잡하다는 것들도 상황이 몇 가지 형태로 전개되는 것을 이해한다면 그에 따른 대안을 준비하면 크게 어렵지 않았다.[45]

그러나 대략적으로 어떠한 방향으로 진행될 것이라는 예측만 가능하지 시나리오가 무의미한 경우도 있다. 더 심한 경우는 예측 자체가 불가능한 경우다. 이제 이러한 것이 일상화되고 있다.[46]

지금은 세상이 복잡해도 너무나 복잡해졌다. 지식과 기술의 급속한 증가와 경이로운 발전, 국가와 국가 간에 상호 의존성이 심화되었을 뿐만 아니라 시민사회와 개개인의 연대와 결속도 상상하기 힘들 정도로 촘촘히 연결되어 있다. 어디 그뿐인가? 수많은 정보와 데이터들이 연결되고 이를 분석하고 처리하는 기술이 비약적으로 향상되어 우리의 지적 능력의 범위를 넘어선 지 오래되었다.[47]

이런 상황에서 일개 인간이 그 복잡한 세상을 어찌 예측할 수 있겠는가? 전략가들도 복잡하고 정신없이 변화하는 상황을 예측하고 그에 적절한 결정을 내리는 것이 이제는 점점 불가능해지고 있으며, 깊은 수렁에 빠져들고 있다.

그동안 전략가들이 판단과 결정에 활용했던 수많은 전례가 점점 쓸모없는 것들이 되어가고 있다. 새롭고도 복합적인 상황들로 인해 전략가들의 머리는 더욱 혼란스럽고 그들의 분석력과 판단력, 결정력은 떨어질

<표 1> 불확실한 네 가지 유형

구분	돌발상황이 없는 미래	대안적 미래	다양한 미래의 영역	불명확
상황	안정적이고 예견되는 어떠한 돌발사항도 없는 상황	몇 가지 선택 사항과 대안이 있는 미래	관련요소가 많고 요소들이 서로 복잡하게 얽혀있어 개관할 수 없음	역동성과 복잡성이 높음. 미래에 대해 표면적으로만 알고 있거나 아예 모르는 상황
사례	역동성이 적은 사회적 변화	국회의원 선거 기술발전	신흥시장으로의 진출, 정치상황	과대포장된 신기술

수밖에 없다. 그러니 이제 과거의 지식과 정보, 경험만으로 다가오는 문제들을 해결하려는 시도는 오만이며, 하룻강아지의 무모한 도전에 불과하다.

이런 상황을 어떻게 보아야 하는가? 실낱같은 희망도 없는 것인가? 아니다. 그럴수록 우리는 과거를 되돌아봐야 한다. 왜냐하면 우리의 이런 고민들이 지금뿐 아니라 과거 역사에서도 등장한 적이 있었다면 당시 사람들은 어떤 해답을 찾았는지 알아볼 수 있기 때문이다.

역사를 살펴보면 전환기에는 늘 혼돈이 가득했으며, 당시 뛰어난 지성들도 당면한 문제들을 해결하기에는 역부족인 상황들이 허다했다. 인류 역사에는 과거의 유용한 방법들이 더 이상 통하지 않았던 전환기의 순간들이 생각보다 많이 등장한다. 그리고 그 순간에 있었던 사람들은 그 당시 상황을 불확실하고, 복잡하다고 했으며, 미래는 우연에 의해 결정된다고 믿었다.

앞에서 말한 혼돈스러운 상황에 대한 묘사 역시 이전에 많은 선각자들의 의해 제시되었다. 군사 분야만 해도 그런 선각자가 있었다. 일찍이 클라우제비츠는 그의 『전쟁론』에서 전쟁의 불확실성과 우연성에 대해 언급하면서 마찰과 안개의 개념을 제시했다.[48]

그가 말한 전쟁에서의 복잡성은 정보가 넘쳐나는 것을 말하며, 불확실은 정보의 신뢰에 관한 것이며, 안개는 현 상황과 경쟁자에 대한 정보획득 및 미래를 예측할 수 없는 상황과 그에 따라 나의 판단에 확신이 서지 않는 것과 관련된다. 마찰은 전략과 계획의 실행 과정에서 야기되는 다양한 문제점과 저항을 말하는 것이었다.[49]

비즈니스 분야에서도 이와 같이 복잡하고 불확실하며 우연이 작동되는 혼돈스러운 상황을 자주 접하는데, 경영자들 역시 비즈니스도 전

21세기 군사작전에서도 해결되지 않는 문제들

작전은 동트기 전에 시작되었다. 해가 지평선 높이 떴을 때까지도 총격전은 계속되었다. 미국 지상군과 공군이 사용하는 무선 통신을 통해 보고와 지시가 쉴 새 없이 쏟아졌다. 곳곳에서 사상자가 발생했다. 미군과 이라크 군은 상황을 파악하느라 진땀을 뺐다. 미군 해병대 앵글리코(ANGLICO: 공중-해상 폭격연락중대)팀은 적진에 폭격을 요청하기 위해 폭격기에 연락을 취했다.

작전개시 두어 시간 만에 네이비씰의 저격감시팀은 적의 반격을 맞아 치열한 교전을 벌이고 있었다. 건물 정리를 맡은 지상팀도 적들의 거센 저항에 고전 중이었다. 한쪽에선 이라크군과 동행한 미군 자문관이 무선으로 격렬한 총격전에 벌어지고 있다고 다급한 목소리로 보고하며 기동타격대 지원을 요청했다.

M2브라우닝 기관총을 장착한 험비 4대와 10여 명의 미군 병사로 구성된 기동타격대는 위기에 빠진 아군을 지원하는 임무를 맡았다. 몇 분 뒤 다른 네이비실 저격감시팀 하나가 M1A2 에이브럼스 탱크의 120mm포와 기관총으로 구성된 중화기 기동타격대의 지원을 요청했다. 네이비씰이 절체절명의 위기에 처해 있다는 뜻이었다.

우리가 탄 험비가 에이브럼스 탱크 바로 뒤에 정차했다. 육중한 포문이 건물을 조준하고 탄환을 발사하려던 참이었다. 험비 문을 열고 하차한 나는 육감적으로 뭔가 잘못됐음을 느꼈다. 포병에게 뛰어가 물었다.

"무슨 일이야?"

"저 건물에 있는 놈들이 엄청나게 공격해대고 있습니다!"

그가 흥분해서 소리치며 맞은편 건물을 가리켰다. 그 포병은 적의 주력이 거기에 있다고 확신했다. "건물에 진입할 때 저놈들 때문에 우리 쪽 이라크 병사 한 사람이 사살되고 두 사람 이상이 다쳤습니다. 저놈들을 계속 공격하면서 공중 폭격을 요청하려 합니다."

그는 건물에 숨어 있는 적들을 쓸어버리라고 공군 폭격기에 연락을 시도하려던 참이었다. 뭔가 앞뒤가 맞지 않았다.

그 건물은 네이비씰 저격감시팀이 있어야 할 곳과 매우 가까운 거리에 있었다. 저격감시팀은 총격전이 벌어지자 원래 계획한 곳을 포기하고 다른 건물에 위치를 잡는 중이었다. 그들은 아직 정확한 위치를 보고하지 않은 상태였다. 여러 정황상 이해가 되지 않았다.

"기다려, 내가 가서 확인해볼게."

동행한 주임상사와 적들이 있는 건물로 다가갔다. 살짝 열린 문을 박차고 진입한 순간 발견한 것은 바로 우리 부대 중사였다.

모든 것이 명확해졌다. 혼란 속에서 넋이 나간 이라크 병사들이 자기도 모르게 제한 구역 안으로 들어와 네이비씰 저격감시팀이 대기 중인 건물로 진입하려 한 것이다. 이른 아침의 여명 속에서 네이비씰 저격수는 AK-47 소총을 소지한 자를 적군으로 판단하고 교전에 돌입했다. 그렇게 지옥이 시작된 것이다. 총격전이 시작되자 건물 바깥에 있던 이라크 병사들은 대응사격을 하며 길 건너편 콘크리트 벽 너머로 후퇴했다. 이들의 증원 요청으로 미 해병과 육군은 적들이 숨어 있을 것으로 추정되는 건물에 대규모 지원 사격을 퍼부었다.

한편 건물 안에 갇혀 오도 가도 못하게 된 네이비씰 대원들은 자신들에게 총을 쏘는 게 아군일 거라고는 꿈에도 생각하지 못했다. 적에게 제압되지 않으려면 반격하는 수밖에 없었다.

아군 간의 교전은 전쟁에서 일어날 수 있는 최악의 사태다. 그런데 그런 일이 실제로 종종 벌어진다. 제2차 세계대전과 한국전쟁, 그리고 월남전쟁도 아닌 21세기 과학기술을 바탕으로 수행된 이라크 안정화 작전기간 중 최강의 미군 네이비씰 작전에서 벌어진 일이었다.

출처: 조코 윌링크와 레이프 바빈, extreme ownership, 2015; 최규만 옮김, 『네이비씰 승리의 기술』, 메이븐, 2019.

쟁터와 같다고 보는 사람들이 많았다.[50] 이렇듯 전쟁터와 같이 복잡하고 역동적인 상황에서 경영자들의 의사결정에 주목했고, 이에 영향을 미치는 요인들을 문제 자체의 특성, 의사결정자, 그리고 환경 등으로 나누어 분석하고 있다.

먼저 문제 자체를 보면 해당 문제가 어떻게 구성되었고, 얼마나 복잡하고 불확실한지를 살피는 것이다. 그리고 의사결정자와 관련해서는 개인의 인지능력, 지식기반, 성격, 동기, 정서 같은 개인의 내적 인지 요인들이 포함된다. 마지막으로 환경요인들도 경영자들의 의사결정 상황에 영향을 미치고 있다.[51] 하지만 이 중에서 무엇보다 중요한 요인은 의사결정을 내리는 주체, 즉 의사결정자에 대한 것이며 이들의 판단력이 무엇보다 중요하다고 했다.

복잡한 상황 속에서 리더가 가진 정보와 지식을 통해 합리적이고도 이성적 판단을 내리는 것은 리더십의 중요한 요소다. 리더들은 상황에 흔들리지 않으며, 편견과 고정관념을 벗어나 객관적이고 합리적인 판단을 하기 위해 여러 방법을 동원한다. 광범위한 정보를 수집하고, 정제하며, 다양한 도구를 활용하여 분석하고, 최적의 결정을 내리도록 지원하고 있다.

그럼에도 정신없이 변화하는 현상을 완전히 이해하는 것은 불가능하다는 점을 인정하지 않을 수 없다. 아무리 정보화가 진전된다 하더라도 결국은 우리의 인지능력의 범위 내에서 세상을 이해할 수밖에 없다.

그리고 정보체계와 기술이 발전하면 할수록 별로 중요하지 않고 심지어는 불필요하고 신뢰성이 떨어지는 정보도 쉽게 유통되어 정말로 필요로 하는 정보를 획득하는 데 많은 시간과 비용이 소요된다. 더욱이 경쟁자가 정보를 왜곡하고 변형할 경우 이러한 문제는 매우 심각해질 것이

다.[52]

종합하면 우리가 선택하기 위해 획득하는 지식과 정보는 늘 충분하지 않으며, 필요한 것마저 항상 변화한다. 이러한 변화는 우리가 지식을 얻고자 할 때 제대로 얻기가 쉽지 않다는 것을 의미한다.

게다가 우리 인간이 처해 있는 선택의 상황도 항상 변화하며, 이러한 변화는 그에 적절한 또 다른 지식이 필요하다는 것을 의미한다. 결과적으로 우리 인간은 어쩔 수 없이 이 복잡한 세계를 매우 제한적으로 이해할 수밖에 없는 한계가 있다는 점을 알아야 한다.

상황별 유형과 대응

일찍이 사이먼은 인간이 합리적으로 생각하고 결정한다는 것이 불가능하다는 점을 인식했다. 그리고 인간은 현 상황에서 그가 가진 지식과 경험으로 최적의 해결책보다는 적당한 수준에서 만족한 정도의 답을 얻는 제한된 합리성을 추구한다고 했다.[53]

그래서 사이먼은 인간의 제한된 합리성을 보완하기 위해 경험과 지식, 그를 통해 축적된 감 또는 통찰력을 적절히 활용해야 한다고 주장했다.

물론 사이먼이 '제한된 합리성'을 제시한 이후 경영자의 의사결정을 지원하기 위한 다양한 방법이 고안되었다. 무엇보다 정확한 의사결정을 하기 위해서는 불확실성을 제거해야 했다.

그럼 불확실성이란 무엇인가?[54] 이는 의사결정과 관련된 상황에 대한 정보 부족과 상황에 대한 애매모호함에 따라 정해진다. 이러한 불확실성을 줄이기 위해 사람들은 관찰, 수집, 실험, 기록과 같은 정보를 충분히 수집하려 한다. 그리고 이렇게 수집된 정보의 양이 많고 적음에 따

라 불확실성의 정도가 정해진다고 본다.[55]

그러나 정보를 아무리 많이 수집했다 하더라도 불확실성이 감소되지 않는 경우도 있다. 즉 정보가 모호한 경우다. 모호함이란 어떤 문제의 경계를 정확하게 구별하거나 차별화하기가 어려울 때 발생되는 불확실성이다. 이는 관련 원인들의 관계가 복잡하게 얽혀서 생기는 문제다. 또한, 의사결정자의 무지 또는 의견의 불일치로 인해 결정하지 못할 때 모호함과 불확실성은 더욱 높아진다. 물론 개인의 인지성향의 차이, 문화와 가치관의 차이, 언어 해석상의 차이 등 주관적 판단의 차이에 기인하는 불확실성도 있다. 다시 말해 모호함 때문에 발생하는 불확실성은 아무리 정보를 많이 수집해도 해소되지 않는다.[56]

클라우제비츠 역시 이러한 현상을 정확히 보았다. 그는 정보에 대해 다음과 같이 언급했다.[57]

"전쟁 중에 얻은 정보의 대부분은 서로 모순되어 있으며, 오보는 그 이상으로 많고, 더욱이 그 밖의 것들일지라도 대부분 어떠한 의미에서는 불확실할 수밖에 없다. … 잘못된 정보들이 상호작용을 통해 마치 진실인 것처럼 비칠 수 있고, 이러한 것들이 많아질수록 확실하다고 느껴지게 된다. 잘못된 정보에 대한 신뢰가 높아질수록 상황판단 역시 그릇될 것이다. 하지만 이러한 정보를 기초로 신속한 결단을 내리지 않을 수 없는 처지에 빠지게 될 경우에는 지금까지 진실로 믿었던 정보들이 전부 거짓이고, 과장이며, 잘못이었다는 것이 판명될 것이다. 한마디로 말해서 대부분의 정보는 틀렸다고 생각해도 무방하며, 거기에 인간의 공포심이 그 허위의 경향을 더욱 조장시키는 원인이 된다."

그렇다면 우리는 어떻게 정보를 해석하고 상황을 판단해야 하는가? 분명한 것은 이런 상황에서 제대로 된 결정을 하려면 다른 접근이 필요하다.

일상적인 상황과 비일상적인 상황의 의사결정은 어떻게 이루어져야 하는가? 일부 학자들은 의사결정의 상황을 정형적, 비정형적 상황으로 구분하여 해결책을 제시해준다. 일반적으로 의사결정이 정형적이면 불확실성이 낮지만, 비정형적 의사결정에서는 불확실성이 높아진다.

최고경영층에서 다루는 전략적 문제들은 대부분 비정형적이다. 그러므로 이러한 상황에서의 의사결정은 불확실성이 매우 높다. 반면 하위 관리층이 담당하는 의사결정은 기술적인 부분, 해당 과업과 관련된 부분으로 매우 일상적이고 정형적이다. 이러한 상황에서의 의사결정은 불확실성이 낮다. 물론 중간관리층이 담당하는 전술적 의사결정에서는 정형적 의사결정과 비정형적 의사결정이 혼합되어 있다.[58]

또한, 다른 관점에서도 의사결정 상황을 구분하는데 확실성하의 의사결정, 위험하의 의사결정, 불확실성하의 의사결정으로 나누어 제시한다. 정형적 의사결정은 확실성하의 의사결정이므로 확정적·수리적 모형에 기반을 둔 분석이 주로 사용되고, 반정형적 의사결정은 정형성과 비정형성이 혼합되어 있으므로 위험하의 의사결정으로 간주하여 확률적 모형을 기반으로 하는 확률적 접근법이 주로 사용된다. 그러나 비정형적 의사결정, 즉 불확실성하의 의사결정은 이를 해결하는 데 적합한 모형이 존재하지 않는다. 이럴 때 전문가들은 의사결정자의 지식과 경험에 기반한 직관적 판단이 유용하다고만 할 뿐이다.[59]

이렇듯 스스로 경험하고 학습하여 축적한 감과 통찰력을 바탕으로 당면한 문제들을 해결해야 함에도 최근의 리더들은 판단하려 들지 않는다. 컴퓨터와 몇몇 전문가에게 결정을 미루는 경향이 팽배하다. 리더가 판단의 경험을 축적하는 것은 매우 중요하다. 어떨 때 판단했고 그 판단의 결과는 어떠했으며 그때의 느낌, 내가 참고한 정보와 지식, 상황에 대하여 사후에 이들을 분석하고 피드백함으로써 리더의 마음에 내면화하고 다음 판단에 참고가 되어야 한다. 이럴 때 리더의 직관과 통찰력은 점점 향상되고 더욱 정확해진다.

이상의 논의를 종합해보면 판단과 결정의 상황은 정보의 문제와 우리의 능력이 어느 수준인가에 대한 문제로 귀결된다. 정보의 문제는 정보의 양과 질의 문제이며, 우리 능력의 문제는 해결 가능성과 긴박한 정도의 문제로 나눌 수 있다.

전략가들은 다양한 채널을 통해 상황에 대한 정보를 입수한다. 상황을 설명하는 다양한 채널의 정보는 조직의 다른 구성원들이 일반적으로 접하는 정보의 양과 질보다는 수준이 높다. 그래야 전략가들이 상황을 제대로 이해하고 그에 따른 대응책을 마련할 수 있기 때문이다.

실무자들이 접하는 정보는 대부분 과업과 관련된 것으로 그리 많지 않고 복잡하거나 어려운 것도 많지 않다. 들어오는 정보는 대체로 분석이 가능한 것들이다. 반대로 전략가에게는 정보가 상당히 많고 복잡하며 분석하기 불가능한 것들이 존재한다. 조직에서 이러한 문제들을 담당할 자는 고위급 리더나 전략가밖에는 없다.

정보는 많지만 분석이 가능한 영역은 박사급 전문인력들이 다양한 분석기법들을 활용해 논리적, 체계적으로 분석해야 하며, 분석은 불가능하지만 정보가 적은 상황에서는 조직 내 경험 많은 사람들이 문제해결에 나서는 것이 좋다.

상황에 대한 또 다른 관점은 정보를 접하는 인력들의 능력과 관련되기도 한다. 즉 문제를 접할 때 시간적 여유가 있고 익숙한 문제를 접하게 되면 이것은 실무자의 담당 영역이며, 새로운 문제이면서 긴박한 결정을 내려야 할 상황이면 조직의 고위직이나 전략가가 담당해야 할 것이다.

또한, 긴박하지만 익숙한 문제는 조직에서 경험 있는 사람들에게 맡기는 것이 좋으며, 새로운 문제이지만 시간적 여유가 있다면 분석가들에게 맡겨 차근차근 문제를 분석하고 해결책을 찾도록 하는 것이 바람직하다. 이러한 것을 그림으로 정리하면 다음과 같다.

먼저 단순하고 분석이 가능한 상황, 시간적 여유가 있으면서 익숙한 문제의 경우를 보면 이러한 상황은 실무자들에 의해 매뉴얼과 업무규정에 입각한 일처리로 충분하다. 그러나 정보가 많음에도 분석이 불가능한 상황, 새로운 문제이고 시간이 여의치 않을 때는 조직의 최고경영자가 나서야 한다. 그리고 이러한 상황은 기존의 지식과 경험으로는 대처하기 어려울 때가 많다. 바로 이때 필요한 것이 통찰이다.

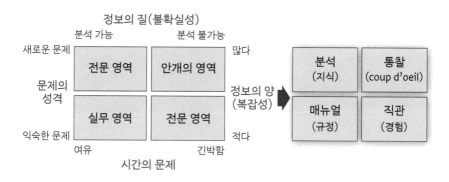

<그림 6> 결정의 상황과 판단 도구

대통령이 현명한 결정을 내린다면 그것은 국가를 위해 다행한 일이고
어리석은 결정을 내린다면 국가를 위해 매우 불행한 일이 되겠지만,
그럼에도 전혀 결정을 내리지 않는 것보다 백 배 천 배 나은 것이다.
어떤 목표를 이루고자 한다면 결정을 내려야 한다.
만일 우유부단하면 온갖 문제가 발생한다.
– 트루먼 대통령 –

(3) 결정에서의 오류와 착각

교만은 패망의 선봉이요
거만한 마음은 넘어짐의 앞잡이니라
- 잠언 16:18 -

제한된 합리성? 진화의 결과

일반적으로 인간은 특정 상황에서 판단과 결정을 할 때 계산을 통해 답을 찾으려 한다. 계산의 결과 최대의 효과를 가져오는 답을 찾는 결정이 가장 합리적인 것으로 여겨져왔다. 그것이 인간과 동물을 구분하는 기준이라고 여겼다. 이성적 존재, 경제적 동물이라는 말 자체가 인간이 자기의 이익을 극대화하기 위해 계산을 한다는 점을 표현한 말이다.

그런데 자신의 이익을 극대화한다는 것은 사람마다 이익에 대한 생각이 다르다는 뜻도 있다. 이러한 것을 알고 나서부터 이른바 각자의 효용을 극대화하는 방법을 고민하기 시작했다. 즉, 개인의 선호와 취향을 반영하지 않는 가치 중립적인 계산의 결과는 결정자에게 충분한 만족을 주지 못하기 때문에 사람들은 계산할 때 가중치를 부여하여 선택하는 방법을 찾았다.

예를 들어 우리가 자동차를 살 때의 고민을 생각해보자. 통상적으로 자동차에 드는 비용이 만만치 않은지라 우리는 이모저모 따져보고 구매를 결정한다. 고려되는 요소 중에는 가격, 디자인, 브랜드, 애프터서비스 등이 있으며, 사람에 따라 사회적 지위 등을 고려하기도 한다.

이런 기준들을 가지고 자동차 3사의 비슷한 수준의 자동차를 비교해보고 가장 적절한 A 자동차를 선정한다. A 자동차가 21점의 최고점을 얻어 선정되었기 때문이다. 그러나 이런 계산의 결과도 왠지 마음에 들지 않는다. 왜냐하면 이는 선정된 기준들 가운데 우선순위를 제외하고 결정한 것이었다. 사람에 따라 기준별 우선순위가 다르므로 각 기준에 대한 우선순위와 가중치를 부여한 후에 다시 계산해보니 B 자동차 회사가 4.2점으로 다른 회사의 제품보다 상대적으로 더 좋은 점수를 얻을 수 있었다. 다음 표는 이렇듯 기대이론과 효용이론을 고려하여 계산된 결과를 나타낸 것이다.

<표 2> 자동차 구매를 위한 계산표

구분	경제성	디자인	브랜드	애프터서비스	사회적 지위	계
(우선순위)	15%	20%	25%	10%	30%	100%
A 자동차	5	4	5	4	3	21
	0.75	0.8	1.25	0.4	0.9	4.1
B 자동차	4	4	4	3	5	20
	0.6	0.8	1	0.3	1.5	4.2
C자동차	5	3	4	4	4	20
	0.75	0.6	1	0.4	1.2	3.95

그러면 이것으로 계산이 종료된 것인가? 사람의 마음이 묘한지라 이마저 완벽한 해결책이 되지 못했다. 사람들의 선택과정을 살펴보면 어떤 이들은 계산하기도 전에 그 계산의 결과로 나타나는 몇 가지 답을 미리 보고 그에 따른 이득 또는 손실을 따져서 선택한다.

이는 판단과 결정을 하는 사람이 계산의 결과로 나온 확률에 따라 결정하는 것이 아니라 결과가 어떻게 우리에게 영향을 미치는가를 보고 결정한다는 이른바 '조망이론'이다.[60]

노벨 경제학상 수상자인 카네만과 투베르스키의 연구에 의하면 3,000만 원의 확실한 이익이 보장된 도박 A를 할 것인가, 4,000만 원을 80%의 확률로 얻을 수 있으나 아무것도 얻지 못할 확률이 20%인 도박 B를 할 것인가를 선택문제로 제시하면 5명 중 4명이 도박 A를 선택한다고 한다. 분명히 예상 이익을 계산해보면 B 도박이 높다.

A 도박은 3,000×100% = 3,000, B 도박은 4,000×0.8 = 3,200

다음은 무조건 3,000만 원을 잃게 되는 선택 C가 있고 4,000만 원을 잃을 확률이 80%인 선택 D가 있을 때 12명 중 11명 이상이 D를 택한다고 한다. 이 역시 예상 손실을 계산해보면 선택 C가 적다.

선택 D: 3,000×1 = 3,000, 선택 D: 4,000×0.8 = 3,200

사람들은 이렇게 수익의 경우에는 예상 이익이 큼에도 확실하게 얻을 수 있는 A 도박을 선택하고, 손실이 발생할 경우에는 혹시라도 20%의 확률로 손실이 발생하지 않는 안을 선택한다고 한다.

이것이 이른바 '조망이론'이다.

조망이론은 감정 편의적 판단으로 보기도 한다. 슬로빅Paul Slovic은 인간이 판단과정에서 논리적 판단보다 감정 경험에 의존하는 편의적 판단을 주로 사용한다고 한다. 감정 편의적 판단이란 "긍정 혹은 부정의 느낌을 특정 활동 위험 이익 등에 대한 판단의 지침으로 활용하는 인지적 과정"을 의미한다. 그렇다고 이 감정 편의적 판단이 반드시 비합리적인 것은 아니다. 인간은 제한된 자원을 이용하여 최적의 결과를 빨리 얻기 위해 진화과정에서 습득한 능력을 활용한다. 과학이나 논리가 등장하기 이전인 선사시대의 인간은 경험에 근거한 판단을 통해 생존을 유지해나갔다.

이들은 특정 상황이 위험한지 아닌지를 경험에 근거해 판단함으로써 생존할 수 있었다. 이러한 관점에서 볼 때 감정적 판단 역시 충분히 타당하다고 볼 수 있다. 다만 경험에 기초한 감정 편의적 판단은 빠른 시간에 적은 인지적 자원을 이용하여 효과적인 결론을 얻을 수 있기도 하지만, 때로는 돌이키기 어려울 정도로 잘못된 판단에 이르게 할 수도 있다.[61]

이처럼 사람들이 판단과 결정을 하는 데 다양한 관점이 투영된다면, 인간의 결정이 합리적일 것이라고 기대하는 것 자체가 무리다. 그리고 애초에 인간은 모든 것을 완벽하게 고려하고 판단할 수 없다는 점을 부인할 수도 없다.

인간이 어떤 문제에 대한 답을 결정하는 과정을 보면 다소 걱정이 든다. 특히나 정보를 해석하는 상황에 관해서는 더욱 그러하다. 판단의 근거가 되는 상황과 대상에 대한 정보가 매우 중요함에도 이 정보가 충분하지 않을 수도 있고, 너무 많아 복잡하기도 하며, 때로는 상충되기도 한다.

그러니 우리는 적정한 수준에서 판단하고 결정할 수밖에 없다. 설사 정보가 충분히 있다손 치더라도 인간의 인지적 한계와 착각 등으로 인해 합리적 판단에 이르지 못하는 경우도 허다하다.

그럼에도 인류는 지구상에서 그 어떤 포식자들보다 우월적 지위를 누리고 생존해왔다. 당면한 문제를 해결하기에는 불분명하면서도 많지 않은 정보를 가지고 그 범위 내에서 분석하고 결정하면서 다른 경쟁자들보다 탁월한 능력을 발휘해왔다. 진화론적 관점에서 볼 때 인간의 생존법이 나름 유용했다는 뜻이다.

실제로 자동차를 고를 때 이러한 방법을 적용해보면 매우 재미난 결과를 확인할 수 있다. 이때 생각해볼 수 있는 경우가 세 가지 있다. 첫 째는 매장에서 마음에 드는 것을 바로 찜하는 경우, 두 번째는 이것저것 요모조모 따져보고 계산해서 고르는 경우, 그리고 세 번째는 일단 몇 가 지 자동차를 보고 정보를 확인한 후 자동차 구입에 대한 생각을 잠시 잊 고 다른 일을 하다가 다시 매장에 들러 그때 마음에 드는 것을 고르는 경우를 생각해볼 수 있다. 그런데 세 번째가 첫 번째나 두 번째 경우보다 훨씬 만족도가 높다는 결과가 나왔다.[62]

물론 이 경우는 그래도 어느 하나를 선택했을 때다. 어떤 경우는 선 택도 하지 못하고 결정장애인가를 의심할 정도로 망설이거나 주저하는 경우도 흔하다.

TV 채널을 선택하는 문제를 봐도 알 수 있다. 요즘은 수많은 방송 채널이 존재한다. 정규 공중파 방송에서부터 케이블 TV, 그리고 요즘은 인터넷에서 얻을 수 있는 다양한 방송도 있다. 필자의 경우만 보더라도 여유로운 시간에 무엇을 볼까 하며 리모컨으로 채널을 돌리다 보면 한 참이 지나도 채널만 돌리고 있고, 정작 TV 프로는 어느 것 하나도 제대 로 보지 못하고 있는 자신을 발견하게 된다. 차라리 방송이 몇 개 안 되 었을 때가 좋았다. 이것이 바로 결정장애에 빠진 전형적인 모습이다.

이는 퇴근길에 아내에게서 치약 하나 사다 달라는 전화를 받고 들 른 마트에서 혼란에 빠지는 모습도 마찬가지다. 치약의 종류가 너무도 많고, 게다가 제조사도 엄청 많으며, 가격대도 천차만별이다. 어느 것을 고를 것인가? 혼란스럽기 그지없다.

이럴 땐 그저 먼저 눈에 들어오는 것을 집어들고 나오는 편이 훨씬 더 현명하다. 복잡하게 계산하고 따져보고 그러다가 시간만 지나가고, 그 렇게 해서 가져간들 아내에게 좋은 소리를 들을 리 만무하기 때문이다.

위의 여러 내용을 볼 때 인간의 정보처리 능력이 한계가 있으니 우리가 결정하는 것이 모두 비합리적이라는 것은 아니다. 오히려 인간은 비록 각종 오류와 편견을 가지고 있고 때론 착각도 하지만, 그래도 제한된 범위 내에서 합리적 선택을 해왔다.

물론 일부 현상을 일반화하려는 태도, 우연히 발생한 사건임에도 상당한 의미를 부여하고픈 마음, 관련성이 없는데도 억지로 관계를 연결하려는 고집 등의 실수를 저지르기도 하지만 말이다.

조직과 맥락의 압박

우리는 사회생활을 하면서 다른 사람들과 함께 어울려 살아간다. 코로나19 같은 돌림병이 돌 때 분명한 해답은 사람 간 격리에 있다. 그럼에도 인간은 그러질 못한다. 사람이 떨어져서 생활하는 것이 얼마나 힘든 것인지를 요즘 뼈저리게 체험한다. 조직인으로서의 삶은 피할 수 없는 인간의 숙명이다. 조직은 우리의 삶을 지배한다. 그러니 판단과 결정에서도 조직과 떨어져서는 생각할 수 없다.

제아무리 현명한 사람일지라도 조직 속에서 느끼는 인간의 한계, 조직 속에 배태된 문화, 동료나 상사로부터 받는 무언의 압력 등에 영향을 받을 수밖에 없다.

2012년 2월 9일 오후 8시 34분에 고리 원자로에 정전사고가 발생했다. 계획 예방 정비를 위해 원자로 가동을 멈춘 후 발생한 사고였다. 한수원 협력업체 직원이 발전기 보고 계전기를 시험하는 도중 실수로 외부 전원을 차단한 게 원인이 되었는데, 이럴 때 자동으로 비상발전기가 작동되어야 하나 비상발전기 2대가 가동하지 않아 12분간 발전소 전원이 완전히 끊기고 말았다. 그사이에 원자로 냉각장치가 멈춰 고원관 냉각 수 수온이 36.9°C에서 58.3°C로 20°C 이상 올랐지만 방사선 위험을 경고하는 '백색비상'이 발령되지 않았다. 이 사건은 한 달을 넘긴 3월 13일에야 세상에 알려졌다. 원자력안전위원회는 3월 13일 고리 1호기 원자로 가동 중단을 명령했고, 4개월이 지난 후에야 재가동을 승인했다.

여러 격론 끝에 IAEA에 사고조사를 의뢰하였고, 그 결과를 보면 다음과 같다. IAEA의 보고서는 사고의 핵심을 단순 실수가 아니라 오랜 경험에서 나온 자만심이 안전 규정을 소홀히 생각하여 이를 어기게 되었다고 하면서, 직원들의 안전 불감증이 심각한 수준이라고 진단했다. 무엇보다 무사고 운전에 대한 과도한 압박도 은폐에 영향을 끼쳤다고 했다. 권위적인 조직 문화로 인해 문제가 발생하였을 때 은폐 지시를 거부할 수 없게 만들었다고 지적하고 있다.

조직의 경직된 문화, 상명하복의 구조는 개인의 상식적이고 건설적인 판단에 부정적인 영향을 미친다. 1986년 1월 28일에 발생한 챌린저호 공중 폭발 사고도 결함이 있었다는 것을 연구원들이 발견하고 이를 보고하였음에도 중간 관리자 측과 연구원들 간의 의견 차이, 그리고 당시 여론의 압박 때문에 심각한 문제가 있음에도 발사를 강행해서 생긴 인재였다. 후에 연구원 중 한 사람은 당시 강력하게 반대하지 못했음을 자책하는 글을 남겼다. 조직에는 이른바 '침묵효과Mum-effect'라고 하는 압력, 문제가 있음에도 침묵하게 만드는 요소들이 항상 존재한다.

인간의 결정은 상황에도 영향을 받는다. 조종사들의 판단과 결정에 관한 연구가 대표적이다. 같은 조종사라고 해서 동일한 성향을 보이는 것이 아니라 그가 어떤 교육을 받았고 어떤 경험을 축적했는지에 따라 정보를 선택하는 데 있어서 차이가 있다.[63]

상황이 위험할 경우에 경험 많은 조종사는 개인의 경험에 의존하는 반면, 경험이 상대적으로 적은 조종사의 경우는 규칙을 사용하는 경향이 있었다. 반면에 안정적인 상황에서 기장은 규칙을 많이 사용했고, 부기장은 경험을 사용하는 경향이 높았다고 한다.

또한 상황이 모호하다고 느낄 때에는 민간 항공사 교육기관 출신 조종사는 사람이 제공하는 정보를 더 많이 선택하는 경향을 보였으나, 공군 교육기관 출신 조종사는 기계 정보를 더 많이 선택하는 경향을 보였다. 이는 사람들이 판단을 가장 효율적으로 하려는 인지 절약자이기 때문이라는 것과 인간은 그가 처한 상황과 맥락에 크게 영향을 받는다는 점을 확인한 연구였다.

다시 조직 이야기를 하나 더 하려 한다. 조직은 구성원들에게 한번 결정된 사항에 대해서는 재론을 허용하지 않는 경향이 있다. 즉, 조직은 문제를 고민하는 단계와 일을 실행하는 단계를 나누어 판단하고 결정한다. 그래야 효율적이라는 생각 때문이다. 그러므로 각 단계를 벗어난 행동과 사고는 좋은 평가를 받지 못한다. 설사 그 결정과 실행이 잘못된 길로 들어서도 말이다.

한국 정부나 의료계가 코로나19로 인한 팬데믹 상황에서도 그나마 잘 대처하고 있는 이유는 사실 그전에 메르스 사태에서의 뼈아픈 경험이 있었기 때문이다.

당시 메르스 사태는 한국으로서는 처음 겪는 일이었지만, 이번 코로나19 바이러스처럼 완전히 새로 출현한 바이러스는 아니었다. 중동에서 유행하는 질병으로 치명률이 높은 반면, 전파력이 그리 강하지 않은 것이라고 알려져 있었다.

바로 이것 때문에 문제가 생겼다. 전파력이 높지 않다고 알려져 있었지만, 한국에서 슈퍼 전파자가 생기면서 병원 간 그리고 병원 내 감염이 매우 빠른 속도로 확산되었다. 알려진 것과는 너무도 다른 결과였다. 그럼에도 처음 설정된 방역 당국의 사전 판단과는 다른 수많은 반대의 결과들이 눈앞에 펼쳐졌음에도 한동안 판단의 실수를 인정하지 않았다.

　조직이란 바로 이런 것이다. 조직이 어떤 일에 대해서 한번 결정하면 쉽게 바뀌지 않으며, 비록 다른 생각이 있다손 치더라도 쉽게 받아들여지거나 바뀌지 않는다. 이것이 조직이 갖는 한계다. 이럴 때는 시스템보다는 리더십으로 문제를 해결해야 한다.

조직을 위기로 내모는 '의사결정 실패' 5단계

전문가들은 의사결정이 난맥상을 빚는 까닭에 대해 "한국 사회 특유의 엄격한 위계질서 때문에 나쁜 소식·정보는 조직 내에 흐르지 않는다는 점, 이 때문에 리더들이 정보의 진공 상태인 최고경영자(CEO) 병에 빠지는 탓이 크다"라고 지적한다.

1단계: 보스를 불편하게 하는 정보는 차단
1997년 대한항공 여객기가 괌에 추락해 225명이 사망했다. 맬컴 글래드웰은 "기장이 줄곧 잘못 판단하고 있다는 것을 부기장이 눈치챘지만 명시적으로 잘못을 지적하지 못한 게 원인"이라고 말했다. 위계질서 탓에 상사에게 나쁜 정보를 알리지 못하는 문화가 사고를 낳았다는 것이다. 이 같은 '괌 참사 증후군'의 힘은 여전히 강력하다. 보스를 불편하게 할 만한 '나쁜 정보·소식'은 입에 올리지 않을 뿐 아니라 애써 무시한다. 그 결과 조직에는 '좋은 소식'만 과잉으로 흐르고 '나쁜 소식'은 흐르지 않는다.

2단계: 눈과 귀 막힌 CEO는 판단력 떨어져
조직에 나쁜 정보가 흐르지 않으면 리더는 듣기 좋은 정보만 접하게 된다.

결국 정보의 진공 상태에 빠진다. 이런 리더를 꼬집어 대니얼 골먼 박사는 "CEO병에 걸렸다"라고 진단했다. 잭 웰치 전 GE CEO는 이 병을 경계한 대표적인 예다. 그는 "회사가 어떻게 돌아가는지 가장 잘 모르는 사람이 CEO다. 나 역시 예외가 아니었다"라고 회상했다.

3단계: 문제는 외면… 보고 싶은 것만 본다

시간이 흐르면서 리더와 조직 구성원들은 자신의 생각에 부합되는 증거만 수집하는 단계에 이른다. 이를 일컬어 프랑수아 만조니 인시아드 교수는 "보고 싶은 것만 보는 확증편향에 빠진 것"이라고 설명했다.

4단계: 우선순위 바꾸며 자기합리화

리더와 조직은 확증편향에 빠져들면서 '우리가 옳다'라는 확신을 굳히지만, 외부 환경은 정반대로 흐른다. 뒤늦게 외부 반발에 당황하는 순간이 온다. 의사결정을 정당화하기가 어렵다는 것을 깨닫게 된다. 이때 보이는 증상이 우선순위의 혼란이다. 의사결정의 우선순위를 바꿔 의사결정 자체를 합리화하려는 시도다.

5단계: 판단 실수와 오류의 반복·악순환

의사결정의 실패는 반복된다. 폴 슈메이커 맥기술혁신센터 리서치 디렉터는 "(의사결정의 반복적인 실패를 피하려면) 인간은 언제나 실수와 오류를 저지를 수 있다는 사실을 인식하고 실수로부터 통찰과 배움을 얻는 게 중요하다"라고 말했다.

출처: 매경 MBA(2013.10.4), 김인수 기자

오만과 편견

충무공은 여러 차례 해전을 승리로 이끈 후 장수들에게 교만해지지 않도록 늘 당부했다. 23전 전승의 기적은 늘 조심하는 데서 시작되었다. 그러나 현실은 충무공과 같지 않다. 보통 사람들의 경우 성공한 후에는 나태해지고 교만해지는 것이 인지상정이다.

이는 특별히 높은 지위에 오른 사람들에게 해당하는 말이다. 그들은 지적으로나 또는 성격적으로나 성공할 만한 자질을 갖춘 경우가 많다. 그러기에 이런 사람들일수록 그들이 그동안 성공에 이르는 과정에서 얻은 지식이나 경험에 과도한 확신을 갖고 있으며, 성격적인 면에서도 과도한 자신감을 보이는 경향이 있는데, 가끔 이런 사람들 중에 일을 그르치는 경우가 종종 있다.

지나친 자기확신과 자신감은 상황이나 상대를 보는 눈을 멀게 한다. 이럴수록 보이는 것의 이면에 숨어 있는 보이지 않는 본질을 놓치기 십상이다. 고위급 리더들은 근거 없이 다른 사람들도 자기처럼 생각할 것이라는 착각도 한다. 또한 자신에게 유리한 정보만 보고 불리한 정보는 무시하는 경향도 있다. 자신이 다른 사람들보다 뛰어나다고 생각하는 오만은 겉으로 드러나지는 않지만, 누구나 갖고 있다. 그들은 지금까지 성공하는 데 운도 많이 작동했다고 여긴다. 이를 통해 자신에게는 항상 좋은 일만 생길 것이라는 착각을 하게 된다.

나폴레옹은 "내 사전에 불가능은 없다"라고 했지만, 불가능에 대한 도전은 더욱 치밀한 준비가 없으면 위험하기 짝이 없는 것이다. 모든 것을 다 통제할 수 있다는 생각만큼 위험한 것도 없다.

그러나 이와는 반대로 높은 직급에 오르는 사람들 중에는 신중함을 넘어 좀 더 확실한 정보를 얻기 위해 주저하거나 망설이는 경우도 있

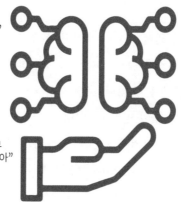

지나친 낙관
"나에게 불가능은 없다"

보수주의
위험회피 성향,
새로운 것에 대한 거부

확증편향
유리한 정보만 수용
부합하지 않은 것은 거부
"거봐, 자료에도 나와 있잖아"

성공함정
한 번 성공한 방법을
반복해 사용하려는 관성

기능적 고착
잘 아는 지식만 활용
(타인의 지식 수용 방해)

잠복가정
마음속에 미리
전제와 결론을 두고 접근

<그림 7> 편견과 고정관념의 유형

다. 책임에 대한 막중함은 판단에 신중을 기하게 만든다. 그러나 지나친 신중함 때문에 타이밍을 놓칠 수가 있다. 현대의 군사적 천재 콜린 파월은 그의 성공 공식을 다음과 같이 표현한다.

"나는 공식 p = 40~70을 자주 사용한다. 여기서 p는 성공할 가능성을 나타내며, 숫자는 요구된 정보의 정확도를 나타내는 퍼센트다. 정보가 정확할 가능성과 정보의 수집량이 40~70%이면 일을 직감적으로 추진한다. 맞을 기회가 40% 이하일 경우에는 행동을 취하지 않지만, 100% 확실한 정보를 갖게 될 때까지 기다리면 행동하기에는 너무 늦기 때문이다."

부족한 정보, 확실하지 않은 상황에서 40~70%의 확률만 가지고 행동하는 용기도 필요하다.

무엇보다도 중요한 것은 결단코 편견과 고정관념을 배격해야 한다는 점이다. 편견과 고정관념은 눈앞에 닥친 이상 현상을 곡해하고 이 문제에 적합한 새로운 방식을 찾는 데 거부감을 갖는다. 발전을 거부하고 자신의 방식만을 고집한다.

한번 성공한 방법을 반복해 사용하려 하고, 내가 잘 아는 지식만을 활용하고 타인의 능력을 활용하지 않는다. 또한 문제에 봉착했을 때 미리 마음속에 전제와 결론을 두고 접근한다. 특히나 이들은 자신에게 유리한 정보만을 수용하고 이에 맞지 않는 것은 거부한다. 새로운 것을 싫어하는 보수적 경향을 보인다.

1종 오류와 2종 오류에 대한 문제는 통계를 공부하는 사람이 처음으로 접하는 골치아픈 내용이다. 대체로 통계 책에서 앞부분에 등장하기 때문이기도 하다. 그러나 이것처럼 일상생활에 흔히 접하는 문제도 그리 많지 않다.

옳은 것을 옳다고 판단하고, 거짓인 것을 거짓으로 판단해야 문제가 없는데, 사람들은 옳은 것을 그르다고 판단하고 그른 것을 옳다고 판단하는 경우가 허다하다. 앞의 문제를 '1종 오류', 뒤의 문제를 '2종 오류'라 한다. 모두가 피해야 할 오류들이다.

가장 큰 문제는 잘못된 가정하에 이에 대한 대비에 많은 노력을 기울이는 것이다. 판단이 판단으로 끝나는 것이 아니라 잘못된 판단을 근거로 구체적인 행동으로 옮기면서 온갖 노력과 비용을 낭비하는 것이다. 주로 국가정책이나 행정 분야에서 인용되며, 이를 '3종 오류'라 한다.

처음엔 영웅이었으나 나중에는 패장으로 전락한 조선의 신립 장군의 사례가 이를 극명하게 보여준다. 여진족 니탕개를 격퇴한 신립의 명성은 당시 전국에 그를 모르는 사람이 없을 정도였다고 한다. 임진왜란이 발발하자 모두가 의심의 여지도 없이 그를 첫손에 꼽고 국난의 해결을 바랐다.

그러나 그는 탄금대 전투에서 어이없게 패하고 전사했다. 그의 패배는 선조가 도성을 버리고 몽진을 하게 한 결정적 계기가 되었고, 모든 신료들과 군관들에 이르기까지 왜란 초기에 전의를 상실케 하는 직접적인 도화선이 되었으며, 민심도 크게 동요했다.[64]

신립은 니탕개의 난을 격퇴할 때만 하더라도 전도양양한 무장이었다. 일찍이 진주 판관으로 있을 때 주민들을 해치는 호랑이를 포획하는 과정에서 두려워 떠는 군졸을 참수하는 과단성을 보였으며, 이러한 그의 과단성과 위용에 휘하 군사들은 물론 여진족도 두려워 떨 정도였다고 한다.

그러나 그 공로에 대한 선조의 지나친 신뢰와 기대는 신립을 자만과 교만에 빠지게 했다. 이러한 자만은 새로운 적에 대한 연구와 훈련을 게을리하게 만들었다. 임진왜란이 발발하기 직전에 이미 변협 같은 인물은 왜군의 조총 전술을 파악하고 있었음에도 신립은 별반 주의를 기울이지 않았다. 얼마나 자만심에 빠져있었는지 류성룡도 신립을 탄금대로 보내면서 왜군의 능력과 조총에 대해 조심하라고 그토록 당부했음에도 신립은 도무지 성찰하지 않고 가버렸다고 한다.[65]

신립의 탄금대 전투만의 경우가 아니다. 이러한 경우는 군사적 천재인 나폴레옹에게서도 찾을 수 있다. 역사상 나폴레옹보다 더 많은 전장을 경험한 장군도 없다고 한다. 백여 차례의 교전과 전초전, 포위 공격을 제외하고 55회의 중요한 전역을 치렀으며, 이 경우만 따져보아도 48승 3무 4패로 승률이 무려 92%를 나타냈다.

그러나 그런 나폴레옹도 패배한 전투가 네 차례나 있었으니, 바로 1809년에 치른 아스페른-에슬링 전투, 1813년에 치른 라이프치히 전투,

임진왜란에서의 판단오류: 1종 오류, 2종 오류

일상생활에서 쉽게 접할 수 있는 오류의 형태를 두 가지로 제시한 것이 있는데, 이 두 가지 오류를 1종 오류와 2종 오류로 부른다. 1종 오류는 옳은 가설이 거부될 때 생기고, 2종 오류는 잘못된 가설이 채택될 때 생긴다.

조선조 임진왜란 발발 전에 조선 조정은 사신을 일본으로 파견하여 왜의 동태를 살폈다. 1590년 3월 6일 일본 통신사 황윤길, 부사 김성일, 서장관 허성이 출발했다. 그로부터 1년 뒤인 1591년 3월 1일 황윤길 등 통신사가 귀국하여 일본의 침략 가능성 여부에 대해 보고했다. 그런데 보고 결과, 두 사람은 완전히 다르게 판단한다.

통신사 황윤길은 반드시 전쟁이 일어날 것으로 보고한 반면, 부사 김성일은 일본의 침략 낌새는 발견하지 못했고 황윤길이 민심을 동요시킨다고 반박했다. 물론 당시 정치적인 역학구도가 서로가 다른 의견을 낼 수밖에 없는 상황이라도 선조의 입장에서는 일본의 침략을 전제로 준비했어야 했다고들 말한다.

어전 회의 보고 후에 류성룡이 김성일과 나눈 대화를 보면 다음과 같다. 류성룡이 "그대가 황윤길과 고의로 다르게 말하는데, 만일 전쟁이 일어나면 장차 어쩌려고 그러시오?" 하고 물으니 김성일이 "나도 왜적이 절대 쳐들어오지 않는다고 단정하는 것은 아닙니다. 다만 온 나라가 놀라고 의심할까 두려워 그것을 풀어주려 했을 뿐입니다"라고 대답하는 장면이 나온다. 답답하기 그지 없다. 심각하게 어전 회의에 상정하고, 진지한 토론 끝에 최상의 결론을 도출해야 할 국정 과제이지만 실상은 이렇게 끝나니 말이다.

사실 이 문제는 우리가 흔히 접할 수 있는 1종 오류와 2종 오류의 대표적 전형이다. 전쟁이 날 것이 분명하므로 전쟁을 대비한 판단은 옳은 판단이다. 김성일은 매우 심각한 판단을 했다.

전쟁이 발발할 정황들을 보고도 전쟁이 안 난다고 판단하여 더 큰 희생을 초래하기 때문이다. 김성일은 1종 오류를 범한 셈이다.

물론 전쟁이 일어날 것 같지 않은데 전쟁을 대비하는 것도 당시로서는 비용이 많이 드는 문제이긴 하다. 이것이 2종 오류다.

	사실	
	참	거짓
채택	옳은 판단	2종 오류(β)
기각	1종 오류(α)	옳은 판단

만일 오류를 피할 수 없다면 1종 오류를 피하는 것이 더 중요한 문제라고 볼까? 물론 이는 상황에 따라 다르다.

왜군이 부산으로 상륙한 후 파죽지세로 북상하고 있었다. 조정은 혼란에 빠졌고, 이를 막을 사람은 오직 신립뿐이라고 판단했다. 그러나 신립을 구원투수로 결정한 것은 결과적으로 치명적이었다.

왜군의 북상을 막아낼 능력 있는 장수를 선발해야 하는데, 능력이 없는 장수를 능력이 있다고 판단하여 보냈기 때문이다. 이는 거짓을 참으로 여긴 2종 오류의 전형이다. 반면 능력이 있는데도 선발되지 못하여 전쟁에서 제대로 활용하지 못한 경우가 1종 오류에 해당한다.

탄금대 전투의 경우만 보면 2종 오류가 심각한 문제를 야기했다. 물론 어떤 이는 1종 오류를 피하는 것이 더 중요하다고 보는 견해도 있다. 그러나 이는 어디까지나 당시 처한 상황과 보는 이의 관점에 따라 차이가 있다.

1814년에 치른 라로티에레 전투, 그리고 1815년에 치른 워털루 전투다.[66] 두푸이Trevor N. Dupuy는 이 네 전투의 공통적인 패배 원인을 다음과 같이 제시했다. 즉 나폴레옹이 과도한 목표를 세웠고, 적을 과소평가했으며, 현실적인 판단보다는 망상에 가까운 생각으로 판단이 왜곡되었기 때문이라고 지적했다.

자주 이기면 반드시 교만해진다.
여러 장수들은 그것을 조심하라.
- 이순신, 『충민사기』에서 -

독선에 빠진 지휘관들, 결과는 최악의 패전으로

최고 지위에 오른 지휘관이 실패하는 이유는 무엇일까? 상급지휘관의 결정이 전투의 승패와 병사의 운명을 좌우한다는 점에서 지휘관의 자질은 무엇보다 중요하다. 지휘관의 유능함과 무능함을 분별할 수 있는 기준은 무엇인가?

19세기 전사에서 러시아의 남하를 막아낸 전쟁으로 기록되어 있는 크림전쟁은 영국의 입장에서 최악의 전쟁이었다. 초기 영국 원정군은 천막조차 없어 얼음장 같은 서리에 그대로 노출됐고, 부상자들은 방치됐다. 발라크라바에서 영국 경기병대의 돌격은 언론에 의해 영웅적 행위로 칭송되었지만, 사실상 가장 참혹한 손실을 가져온 참사였다.

그러나 이러한 일은 크림반도에서 끝난 게 아니었다. 그 이후 보어전쟁과 제1차 세계대전에서 솜 전투와 갈리폴리 공격, 그리고 제2차 세계대전에서 싱가포르 함락과 마켓가든 전투에 이르기까지 무능한 지휘관에 의해 일어난 작전적 참사는 끝이 없다.

솜과 갈리폴리에서 영국 총사령관 헤이그Douglas Haig는 최신 기관총의 위력을 무시하고 정면 공격을 고집했다. 군인으로서 용감하게 죽는 것을 당연하게 여긴 나머지 엄청난 사상자 발생을 당연시했다. 자신들의 생각에 맞는 정보만 취했고, 하위 지휘관들은 감히 상급자에게 반대의견을 제시하지 못했다. 솜 전투 첫날, 영국군은 5만 7,000명의 병력을 잃었다. 노르망디 상륙작전의 전체 사상자보다 많은 숫자였다.

1941년 싱가포르 함락에서도 영국 지휘관들은 용서하기 어려운 무능함을 보였다. 지휘관 퍼시벌Arthur E. Percival 장군은 일본군이 말레이반도의 정글을 탱크로 밀고 내려올 것이라고 믿지 않았다. 많은 정보가 북서쪽으로 공격이 있을 거라 보고했지만, 그는 북동쪽 해안으로 병력을 집중시켰다. 일본의 탱크를 막기 위해 장애물을 설치하자는 공병대장의 요청마저 무시했다. 해군과 공군 역시 마찬가지였다.

공군 지원을 무시하고 나갔던 2척의 해군 함정은 일본 항공기의 공격으

로 침몰했고, 육군과의 마찰로 독자적인 비행장을 건설했던 공군도 일본
군의 공격에 속수무책으로 당했다. 호주군 사령부는 자기들은 도망가면서
부대가 탈출하는 것을 막았다. 그 결과 13만 8,000명의 연합군이 죽거나
포로로 잡히는 결과를 초래했다.

그렇다면 이런 일이 왜 반복해서 생기는 것일까? 이런 참사가 지휘관의
무능의 결과라고 한다면 이러한 인물이 어떻게 최고 지휘관의 지위에 오르
는 것일까?

일반적으로 무능함은 지적인 문제로 간주돼왔다. 지휘관이 무능한 것은
무지(無知)해서가 아니라 모종의 심리적 문제가 있다는 것이다.

헤이그나 퍼시벌 장군, 그리고 마켓가든 작전으로 1만 7,000명의 연합
군을 사지로 몰아넣은 몽고메리Bernard L. Montgomery 장군 등은 모두 그리
무식한 사람들이 아니었다.

문제는 그들이 자기독선에 빠져 본인의 생각과 다른 의견을 듣지 않았기
때문이다. 자신의 기대에 맞춰 상황을 해석했고, 자신의 판단과 다른 정보
는 외면하기 일쑤였다. 아랫사람들의 의견을 경청하기보다 무조건적 복종
을 기대했다. 자신의 생각을 고집스럽게 밀고 나가는 것을 지휘관의 덕목
이라 생각했다.

영국 런던대학의 심리학과 교수인 노만 딕슨Norman F. Dixon은 지휘관의
무능함의 바탕에는 무지함보다는 잘못된 판단을 고집하는 심리적 기제가
작동하고 있다고 보았다. 그는 기본적으로 유능한 지휘관의 덕목으로 유연
함과 열린 마음을 들고 있다. 그런 점에서 권위주의적 개인특성은 그와 반
대되는 경향을 보인다.

권위주의자들은 기본적으로 전통적이고 보수적이며 사회 순응적인 경
향이 강하다. 이 때문에 상관의 의도와 부합하게 행동하려 하고, 새로운
기술과 전술 도입에 주저하며, 적의 숨겨진 의도를 잘 읽어내지 못하는 경
향이 있다.

우쭐한 마음에 자신의 전력은 과대평가하고 상대의 능력을 과소평가하
며 자신의 판단에 반대되는 정보를 무시한다. 부하들에게 맹목적 충성과

복종의 중요성을 강조함으로써 개혁적이고 참신한 생각을 억압하는 결과를 가져온다. 중요한 순간에 우물쭈물하면서 결정을 지연시켜 타이밍을 놓치는 경우가 많다. 자신의 책임을 다른 사람에게 전가하고, 자신의 실수를 잘 인정하지 못한다.

과도하게 폭력적이며, 다른 집단을 열등하게 보는 경향이 강하다. 더욱 큰 문제는 권위주의적 지휘관들은 도전적이고 개혁적인 부하들의 진입을 막고, 자신과 유사한 사람들을 승진시킴으로써 조직적 무능함을 심화시키는 일이다.

이런 지휘관이 다른 사람들의 의견을 경청하지 않는 이유는 '약한 자아(weak ego)'의 소유자이기 때문이라는 것이다. 자아가 강한 지휘관일수록 부하들의 다른 생각과 주장을 심리적 부담 없이 경청할 수 있고, 경우에 따라서 자신의 판단을 유연하게 바꿀 수 있다.

사실 고집스러움과 완고함은 약한 자아의 다른 모습이다. '강한 자아'를 가진 지휘관들은 다른 생각과 정보에 유연하게 반응하며, 열린 마음으로 사물을 보기 때문에 적의 의도나 능력에 대해 정확한 판단이 가능하다.

목숨을 건 전장에서 상관에 대한 절대복종은 군 기율을 유지하는 핵심이다. 그러나 지휘관 차원, 특히 전투를 실질적으로 지휘하는 상관 지휘관의 경우, 부하들에게 맹목적 복종과 절대적 충성을 요구하는 일은 작전적 참사를 가져올 수도 있다.

강한 자아로 무장한 지휘관만이 자신과 전통에 도전하는 새로운 생각과 주장을 관대한 마음으로 경청할 수 있으며 개혁을 주도할 수 있다.

강한 자아를 갖고 있는 유능한 지휘관은 제임스 울프J. Wolfe, 웰링턴, 줄루족의 샤카Shaka, 그리고 나폴레옹과 넬슨이 있다.

출처: 국방일보(2017.7.3), 최영진 교수

제2부 전략가의 마음과 통찰

1. 전략가의 마음
   (1) 전략을 보는 기본 틀
   (2) 전략가의 지혜
   (3) 통찰과 발현과정

2. 전략가의 통찰
   (1) 전략가의 가치관과 철학
   (2) 전략가의 지성
   (3) 전략가의 품성

몰트케가 살았던 시대까지의 최고위 지휘관들은

광범위한 분야에 지적 관심을 지녔고

지식과 교양을 갖춘 남성들이었다.

그들은 역사와 철학, 정치에 관해 연구했으며

책임감과 선견지명을 갖고 있었다.

그런데 그 이후부터 상황은 완전히 달라졌다.

그들은 새로운 유형의 프로였고

자신의 직업과 권력에 관해서는 전문가였지만,

군사적 범주 외에는 아무런 관심도 없는 사람들이었다.

다가오는 기술시대는 성격적 특성들을 점점 더 평준화시켰으며,

전략적 사고에서의 창조적 충동을 마비시켰다.

시대의 정신적·정치적 조류에 관심을 갖고,

가슴은 군대에,

머리는 학문에,

기술은 전략에 두며,

전략적 고려와 정치적 고려의 중간자 역할을 하고,

책임감과 독립적 사고를 드러내는

진정한 전략가들은 점점 찾아보기 힘들어졌고,

전쟁을 직업으로 하는 프로들과 집행인들의 숫자는 점점 늘어났다.

- 한스 힌터후버 -

1. 전략가의 마음

(1) 전략을 보는 기본 틀

> 지휘관은 자신의 판단을 믿고 의지해야 하며,
> 성난 파도가 때려도 움직임이 없는
> 바위 같은 자세를 견지해야 한다.
> - 클라우제비츠 -

전략의 선구자들이 수없이 제시한 '전략'이라는 것을 제대로 이해하려면 상당한 시간과 노력을 투자해야만 한다. 게다가 전략이라는 것이 절대적인 진리도 아니다. 그러니 많은 이들이 과학보다는 예술에 더 가깝다고 하지 않았는가? 전략은 명확하지도 않고, 조금 안다고 한들 적용이 쉽지 않으며, 전체적 차원에서 전략의 맥을 잡기도 여의치 않다. 이러한 점들이 전략이 지닌 매력임에도 거리감을 갖게 하는 이유다. 그럼에도 전략가인 우리는 전략에 대해 알아야 하며, 때로는 정통해야 한다. 그래야 전략적인 생각을 할 수 있으니 말이다.

이에 필자는 전략가들을 위해 전략에 대한 기본적인 생각의 틀을 제시하고자 한다. 바로 육하원칙[67]이다. 이는 아주 단순하지만 명쾌한 생각의 틀이다. 우리는 흔히 어떤 사실과 그에 따른 정황들을 설명할 때 육하원칙(누가, 언제, 어디서, 무엇을, 왜, 어떻게)을 활용한다. 영어로는 5W1H(즉, Who, When, Where, What, Why, How)로 불린다. 단순하지 만 세상을 이해하고 설명할 수 있는 강력한 생각 도구다. 매우 논리적이 고 간결하게 우리의 복잡한 생각도 정리할 수 있다.

육하원칙은 다양한 분야에서 활용된다. 리더십 영역에서도 수준에 따라 이를 활용하여 설명한 사례가 있다. 리처드 오스본Richard N. Osborn은 전쟁에서의 리더십을 설명하면서 하급제대 리더들과 중간제대 그리고 고급제대에 필요한 리더십을 육하원칙에 따라 제시했다. 즉, 그는 하급제 대 전투 단위의 리더들에게 필요한 것은 '어떻게' 싸우냐에 관심이 집중 된다고 했다. 그리고 중간제대의 리더들에게는 상부의 명령을 하급 지휘 관에게 전달하고 하급제대의 보고 사항을 상부에 전달하기 위해서는 '무 엇을' '언제' '어디에'라는 질문에 관심이 집중된다고 보았다. 마지막으로 최고위층의 리더가 고민하는 문제는 '왜' 하여야 하며, '누구'에게 임무를 맡길 것인가에 중점을 두어야 한다고 설명하고 있다.[68]

또한 전략 분야의 헨리 에클스Henry E. Eccles도 「전략 이론과 적용」이 라는 글에서 전략은 바람직한 결과를 위해 목표를 다룬다고 했다. 그러 기 위해서는 전략은 무엇을 통제할 것인가, 어떤 목적을 위해 통제할 것 인가, 어느 정도 통제할 것인가, 언제 통제를 시작할 것인가, 얼마나 오래 통제할 것인가, 마지막으로 일반적으로 통제하는 방법에 대해 고민하여 야 한다고 주장했다.[69] 이 두 사람 역시 육하원칙이라는 틀을 가지고 접 근한 것이다. 물론 다른 영역에서는 훨씬 더 많은 사례를 찾을 수 있을 것이다.

그래서 필자도 전략을 이런 관점에서 정리해보고자 한다. 즉, 육하원칙(5W1H) 관점에서 첫째, 누가 전략을 고민하는가(Who), 둘째, 무엇으로 전략을 구사하는가(What), 셋째, 왜 전략을 고민하는가(Why), 넷째, 어디가 전략을 활용하기 좋은 장소이고(Where), 다섯째, 언제 전략을 구사하는 것이 적정한가(When), 그리고 마지막으로 전략을 어떻게 펼칠 것인가(How) 등이다. 이 여섯 가지 생각의 틀로 전략을 정리할 수 있다면, 그토록 어렵다는 전략에 조금은 가깝게 다가갈 것으로 생각된다.

생각도구 1. 전략은 누구의 몫인가?

먼저 전략은 누구의(Who) 것인가에 대해 생각해보자. 통상적으로 전략은 아랫사람들이 고민하는 것이 아니라 조직의 상층부에 있는 사람들이 구상하는 주제라고들 한다. 아마도 이 책을 펼쳐보는 대부분의 독자들도 조직의 운명에 직간접적으로 영향을 미치는 분들일 것이다. 그렇다. 전략은 일반적으로 조직의 상층부에서 고민한다. 실제로 전략에 대한 수많은 정의를 통해 알 수 있듯이 전략은 장군들의 몫이었다.

하지만 현실에선 장군도 아니고, 조직의 상층부에 속하지도 않는 사람들이 전략에 관심을 가진다. 그중에는 조직의 상층부에 있는 사람들보다 전략에 대해 깊은 식견을 가진 사람들도 허다하다. 그러면 이들은 쓸데없는 짓을 하고 있는 것인가? 당연히 그렇지 않다.

이제는 군대에서도 전략은 장군만의 몫이 아니다. 과거에는 전쟁을 수행할 때 전략적 수준, 전술적 수준, 그리고 작전적 수준으로 구분하여 각각의 목표와 수단들을 분리했다. 당연히 전략적 수준은 전쟁 지휘부에서 결정하며, 전술적 수준은 하부제대 지휘관이 수행하는 체계였다.

그러나 최근에는 전쟁의 제 단계에서 영역이 불분명하고 때로는 그 역할과 중요성에서 각 수준이 중첩되고 있다. 즉, 전략적 수준의 결정들이 전술적 제대의 지휘관에 의해 직접적으로 연결되고 수행되는 경우가 허다하다. 이는 백악관에서 오사마 빈 라덴 제거 작전을 수행할 때 극명하게 드러났다.

전쟁 지휘부는 특수부대 지휘관과 소통하면서 작전에 관여하고 통제했다. 이 작전에서는 전략적 결정, 작전적 계획, 그리고 전술적 임무수행이 혼재되어 있었다. 그럼에도 이 작전에 참여하는 모두는 전략적 수준의 임무와 역할을 담당했다. 백악관의 전쟁 지휘부에서부터 현장에서 작전에 참여하는 전투원에 이르기까지 모두가 전략적 이해를 가져야 했다. 이제 전략은 더 이상 최고 지휘관들의 점유물이 아니다.

서문에서 제시한 영화 「아이 인 더 스카이(eye in the sky)」에서 우리는 해당 작전에 참여했던 모두가 함께 협력하여 전략적 임무를 달성하는 것을 보았다. 각국의 장관들뿐만이 아니라 현장을 지휘하는 지휘관, 그리고 폭격 임무를 수행해야 하는 드론 조종사에 이르기까지 모두가 전략적 관점에서 고민하고 있었다. 왜냐하면 그들의 결정과 그에 따른 책임은 정치적, 사회적 그리고 군사적으로 상당히 전략적인 성격을 지녔기 때문이다.

다음으로 전략이 주로 다루어지는 부분이 조직이기 때문에 혹자는 전략이 군이나 거대 조직에 속한 사람들만의 몫이라고 생각하기도 한다. 물론 그렇지 않다. 전략은 생존과 성공을 위한 모든 인간의 관심 대상이다. 이는 인간이라는 존재의 숙명이다. 아니 어쩌면 인간뿐 아니라 생명을 지닌 모든 존재의 고민거리다. 경쟁에서 이기고 살아남으려는 모든 존재의 숙명적 관심 영역이다.

그러므로 전략을 고민해야 할 사람들은 조직의 상층부에 속한 사람들뿐 아니라 자신과 조직의 운명, 경쟁자와의 투쟁에서 생존과 승리를 원하는 모든 존재가 마땅히 관심을 가져야 할 주제다.

여기서 한 가지 더, 전략을 펼칠 대상(Whom)에 대하여 생각해볼 필요가 있다. 전략을 구사하여 이길 대상은 누구인가? 이른바 '적은 누구인가?'의 문제다.

적은 나의 삶과 생존에 어떠한 행태로든 부정적 영향을 끼치는 존재다. 이러한 존재가 나보다 더 능력이 있다면 매우 피곤한 상황이다. 이즈음에서 또 정리해야 할 것이 있는데, 나의 상대가 가진 힘과 능력에 대한 이해다. 그리고 상대가 실제로 가진 힘과 우리가 인식하고 지각하는 상대의 힘에 대한 문제다.

일반적으로 힘은 능력이다. 그러나 능력 그 자체만으로는 크게 걱정할 바가 아니다. 여기서 말하는 힘은 단순한 의미의 물리적 힘이다. 그러므로 눈여겨보아야 할 것은 의도를 가진 상대의 능력이다. 즉, 능력을 행사하고자 하는 의향이 중요하다. 상대의 의향과 의도가 그와 나의 관계에 영향을 미칠 수 있기 때문이다. 다시 말해 힘이 센 사람이 나와 좋은 관계를 유지하고 그 능력이 내게 도움이 된다면, 그는 나의 든든한 친구이자 아군이다.

반면 힘을 가진 자가 그 능력으로 나를 위협하거나 부정적인 영향을 미치려 한다면 그는 나의 적이다. 나로서는 그가 내게 부정적으로 능력을 행사하지 못하도록 어떠한 형태로든 대응해야 한다. 이는 내 생존이 달린 문제이므로 무슨 방법을 써서라도 그 위험을 해소해야 하기 때문이다.

그러나 경우에 따라서는 능력을 가진 자가 나를 해할 의도가 없음에도 내게는 부정적으로 느껴질 때가 있다. 이럴 때는 대화와 조정이 필요한 부분이다. 또 다른 경우는 누가 적인지 불분명할 때다. 이럴 때 내게 해를 입힐 수 있는 가상의 적이 어떠한지를 규정하고(이럴 때 리스트가 필요하다), 주위를 살펴 누가 이에 해당하는 자인지 면밀하게 살펴보아야 한다.

그러나 나와 맞지 않는다고 무턱대고 상대를 적으로 만드는 행위도 삼가야 한다. 이는 나를 궁지로 몰아넣는 위험하기 짝이 없는 행위다. 아무리 능력이 있다손 치더라도 적을 많이 만들면 나만 수고롭고 결국은 위태로워질 뿐이다. 더욱이 상대를 이길만한 능력도 없으면서 적이라 규정하고 적의를 드러내는 것은 참으로 어리석은 하수의 방법이다.

내가 약하면 강자와도 연합해야 하며, 필요하다면 적과의 동침도 생각해볼 수 있는 것이 전략가들이 보여주는 모습이다. 절대로 아무에게나 쉽사리 이빨을 드러내지 말지어다.

생각도구 2. 전략은 무엇으로 하는가?

다음으로 전략은 무엇으로(What) 하는가다. 즉, 수단의 문제다. 잘 아는 바와 같이 전쟁터에서는 무기가 전쟁의 승패를 결정한다. 전쟁에서의 승리는 과학혁명을 발전적으로 활용한 군대와 국가의 전리품이었다. 많은 전쟁 분석가들이 무기의 발달에 따라 전쟁의 시대를 구분할 정도로 무기는 결정적이다. 파커Geoffrey Parker는 보병 집중의 시대, 성곽의 시대, 총과 항해의 시대, 기계화 시대로, 두푸이는 근육의 시대, 화약의 시대, 그리고 기술의 시대로 구분했다. 크레펠트Martin Van Creveld는 연장의 시대, 기계의 시대, 시스템의 시대, 그리고 자동화의 시대로, 풀러John Frederick Charles Fuller는 용기의 시대, 기병의 시대, 화약의 시대, 증기력의 시대, 석유의 시대와 원자력의 시대로 구분했다.[70]

그러나 맥스 부트Max Boot가 정의한 전쟁의 시대 구분이 우리에게 더 익숙하다. 그는 화약과 화포, 산업혁명을 거치면서 라이플총과 기관총, 철도와 전차, 항모와 어뢰 그리고 항공기를 앞서서 활용한 국가가 전쟁을 지배했다고 정리했다. 최근에는 정밀무기에 의한 핀포인트 공격무기가 전쟁에 광범위하게 활용되고 있다. 이처럼 전쟁의 시대 구분을 무기체계의 발전 과정에 따라 나누었고, 각 시대 전쟁방식을 획기적으로 바꾼 무기들이 전쟁의 승패를 좌우했다. 이처럼 좋은 무기는 전쟁의 판세를 바꾸며, 군의 사기를 드높인다. 그리고 병력의 열세를 극복할 수 있는 최고의 수단이다. 전차를 통한 마비전의 개념을 창시한 풀러는 무기의 효과를 다음과 같이 강조했다.[71]

"전쟁 도구인 무기는 제대로 된 것만 갖춘다면 승패의 99%를 좌우한다. 전략과 지휘, 리더십, 용기, 규율, 보급, 조직을 비롯한 전쟁의 모든 유형·무형의 장치들은 무기의 우월성에 비하면 아무것도 아니다. 그것들은 기껏해야 1%만을 차지할 뿐이다."

그러기에 무기는 적에게는 치명적이어야 하고, 적이 대비하지 못하는 것이어야 한다. 이처럼 무기의 능력은 결정적이다.

그러나 전쟁 수행의 주체는 사람이다. 전쟁은 우수한 장비와 함께 잘 훈련된 군대를 필요로 한다. 오합지졸의 군대가 정예군과의 싸움에서 이겼다는 전사를 본적이 없다. 군대를 잘 훈련시키는 것은 전쟁을 준비하는 것의 기본이며 ABC다.

최고의 무기와 잘 훈련된 군대는 군사력을 판단하는 핵심지표다. 이런 군대를 가진 국가는 적국이라도 함부로 도전하지 않으며, 설사 그렇다 한들 심대한 타격을 받을 것이다. 또 이 수단을 적극적으로 활용하면 여타의 다른 이익을 도모할 수 있다. 따라서 전략가는 전쟁에서 사용할 나의 수단을 평가하고 적보다 우수한 능력을 갖추도록 준비하는 것을 반드시 고민해야 한다.

풀러가 탱크의 능력을 알아보고 마비전 개념을 생각해냈듯이, 이후 항공기로 공중에서의 타격을 통해 전쟁을 지배하려는 생각들이 풍미했다. 이제는 컴퓨터 네트워크에 의한 전쟁 지배를 생각하고 있다.

이른바 네트워크 중심전은 과학기술을 통해 전투효율을 극대화하기 위한 전쟁수행 개념이다. 이는 각종 정보수집 체계를 강화하는 센서 능력을 통해 전장 상황에 대한 실시간 파악이 가능하게 만들고, 정보기술을 통해 수집된 정보를 통합하고 분석하여 더욱 진보한 정밀타격 능력을 가진 전투체계와 연결하여 전투효율을 극대화하겠다는 개념이다.

과거에는 표적을 선정하고 분석하여 타격에 이르기까지 많은 시간이 소요되었고 종종 부정확했다면, 이제는 더욱 빠르고 정밀도가 한층 향상되었으며, 분석과 판단도 상당히 고도화되었다.[72] 전쟁은 한 국가의 과학기술 능력을 무기와 장비에 집약시켜왔다.

4차 산업혁명의 핵심도 분산된 그리고 집중화된 컴퓨터와 네트워크의 능력에 달려 있다고 한다. 각종 정보를 수집하고 가공하는 능력이 더욱 중요한 시대가 되고 있다. 최근에는 'DNA'라는 용어가 등장했다. 즉 Big Data(엄청난 자료들)와 이들을 서로 밀접하게 연결하는 Network(초연결), 그리고 이를 분석, 가공, 활용하는 AI(인공지능)의 세계가 되었음을 일컫는 용어다.

바야흐로 인공지능의 시대를 맞고 있다. 인공지능 바둑 머신인 알파고가 이세돌을 이긴 후, 인공지능과의 대전에서 한 판이라도 이긴 사람은 이제 없다. 중국의 천재라는 커제마저 바둑 머신과의 대국에서 한 번도 이기지 못했다. 바둑의 세계는 이제 인공지능의 대국을 사람이 배우는 시대가 되었다. 어디 바둑의 세계만인가? 이제 인공지능의 판단은 판사와 의사를 대체하고, 교육 현장을 지배할 것이다.

그들은 절대 흥분하지 않으며, 전문가인 인간보다 더 냉철하게 정확한 답을 찾는다. 의료 부문에서는 AI를 진단에 활용하고 있는데, 오랜 경험을 가진 전공 의사보다 진단의 정확도가 높다고 한다. 법률 부문에서도 법전과 판례 등을 검색하는 것에서 벗어나 적절한 양형기준을 제시하고 있으며, 중국에서는 CCTV를 활용하여 잠재적 범죄자까지 판단하고 있다. 그들은 사람처럼 착각하지도 않고, 교만에 빠지지도 않으며, 더구나 지치지도 않는다.

모두가 인공지능을 활용한다. 얼마 전까지만 해도 기계가 인간의 손발을 대체했지만, 이제는 그들이 우리의 머리를 대신하려 하고 있다.

한때 중세시대를 '암흑의 시대'라 했다. 사람보다는 신의 뜻을 중시했고 신의 대리인들이 사람들의 삶 전반을 지배했다. 하늘의 뜻을 따르는 것은 미력한 죄인인 인간의 숙명이었다. 그래야만 인간은 구원받을 수 있다고 믿었다. 르네상스 이후 인간은 신의 굴레와 속박에서 벗어났다고 생각했다. 그들은 자유롭게 지성을 확장하여 오늘날 같은 대단한 문명을 만들었다. 그러나 이제 그 끝이 다가오고 있음을 느낀다. 이제 새로운 시대가 다가오고 있다. 바로 인공지능이 지배하는 세계다.

지금까지 인공지능이 내린 결론을 따를지 말지는 선택이었지만, 멀지 않은 미래에는 그들의 뜻을 따르지 않는 자들은 어리석은 자로 분류되고 삶의 전 영역에서 불이익을 받을 것이다. 유전자 정보로 범죄 가능성이 높은 사람들은 죄를 짓지 않았음에도 그들의 행동은 감시받고 삶

가장 강력한 존재, AI

맥스 테그마크Max Tegmark는 인공지능에게 생명체로서의 지위를 부여하기까지 한다. 그는 생명체를 "자신의 복잡성을 유지하고 복제할 수 있는 과정"으로 정의한다. 그런 관점에서 본다면 AI는 생명체로 볼 수 있다는 것이다.

복제되는 대상은 DNA가 아니라 정보이고, 원자가 배열되는지를 구체적으로 정하는 정보다. 박테리아가 자신을 복제할 때 새 원자는 하나도 창조되지 않고, 다만 원래 개체와 같은 양상으로 새로운 원자의 조합이 배열되고 그럼으로써 정보가 복제된다.

달리 말하면 생명은 자기복제를 위한 정보처리 시스템으로 정보(소프트웨어)가 해당 개체의 행동과 하드웨어 청사진을 결정한다.[72]

그는 더 나아가 생명의 진화단계를 설명하면서 AI가 지구상에 존재하는 최고의 생명체가 될 수 있음을 주장하기까지 한다.

그가 말하는 라이프 1.0은 살아가는 동안 하드웨어나 소프트웨어를 다시 설계하지 못하는 존재, 즉 바이러스 같은 생명체를 말한다. DNA에 의해 결정되고 여러 세대에 걸친 진화로만 변한다.

이와는 대조적으로 라이프 2.0은 소프트웨어의 상당 부분을 다시 설계할 수 있다. 인간은 언어, 스포츠, 직업능력 등 복잡한 새 기술을 익힐 수 있다. 또 세계관과 목적을 근본적으로 바꿀 수 있다.

라이프 3.0은 아직 지구상에 등장하지 않았는데 소프트웨어뿐 아니라 하드웨어도 극적으로 재설계할 수 있다. 이는 여러 세대를 지나 서서히 진화할 때까지 기다리지 않아도 된다는 뜻이다. 그리고 가장 가능성 높은 존재가 바로 AI다.

출처: 맥스 테그마크, 백우진 옮김, 『Life 3.0』, 동아시아, 2017.

은 엄격히 통제될 것이다. 이처럼 인공지능이 모든 영역에서 인간을 대체해나가고 있을 때, 우리는 어떻게 살아야 하나? 우리의 보조자에서 대리인으로, 이젠 더 나아가 지배자로서 군림하게 될지도 모른다.

바야흐로 단순히 인공지능을 활용하는 것에서 열 걸음 더 나아가 우리 삶의 모든 부문에서 그들을 의지하고 그들의 판단에 따라야 하는 시대가 오고 있다. 이제 새로운 암흑의 시대에 직면해 있다. 중세는 신의 대리인이 성직자였다면 이제는 AI가 그 역할을 맡을지도 모른다.

리더, 나아가 전략가는 이런 상황에서 얼마나 현명한 결정을 내릴 수 있을까? 우리가 진정 인공지능보다 나은 점은 무엇인가? 더 늦기 전에 이 물음에 진지하게 답해야 할 때가 도래하고 있다. 우리와 우리 후손의 인간다운 삶을 위해 우리는 어떻게 준비해야 하는가? 나아가 그들과 함께 살아갈 마음의 준비도 해야 할 것이다.[73]

생각도구 3. 왜 전략을 고민하는가?

우리는 왜(Why) 전략을 고민하는가? 이는 전략을 활용하는 목적에 관한 것이다. 전략을 세우는 목적은 첫째는 이기기 위함이고, 둘째는 상황을 변화시키기 위해서도 고민한다. 그리고 마지막으로는 이기되 희생을 최소화하고 최대의 효과를 거두기 위해 전략을 고민한다.

먼저 살펴볼 것은 승리를 위한 전략의 목적에 관한 것이다. 전략의 궁극적 목적은 상대와의 대결에서 이기기 위함이다. 그러려면 상대의 능력을 무력화시키거나 그의 의도를 꺾어야 한다.

그러나 현실은 만만치 않다. 나의 의지를 적에게 관철시키는 것이 그리 쉬운 일이 아니며, 적의 의지를 온전히 굴복시킨다는 것은 현실적으로도 불가능하다. 죽은 적이 아닌 이상 내 의지대로 움직이는 적은 없다. "착한 적은 죽은 적 외에는 없다"라는 말은 상대의 전멸을 기대하는 뜻이기도 하지만, 적이 죽었고 전멸되었다는 것은 어떤 면에서는 내 의지를 강요할 대상이 사라졌다는 것을 의미하기도 한다. 그러므로 현실은 적정한 수준에서 타협할 수밖에 없다.

적을 굴복시키려면 여러 가지를 따져봐야 한다. 상대의 도발 및 저항 의지를 완벽하게 굴복시킬 수 있는지 아닌지는 나의 능력과 상대의 능력, 그리고 주변의 제반 상황에 영향을 받는다. 그러므로 싸움을 시작할 때 목표한 것들은 전쟁이 진행되는 과정에서 여러 상황에 따라 적절하고도 융통성 있게 조정되어야 한다.

사실 우리는 상대와의 투쟁 과정에서 끓어오르는 분노와 적개심 때문에 전쟁을 통해 얻고자 하는 애초의 목표를 망각하기도 한다. 그러니 냉철한 이성으로 현실적인 판단을 해가며, 본래 가졌던 목표를 평가하고 수정하면서 현실적인 목표를 만들어야 하는 순간을 놓치기도 한다.

둘째로, 우리가 전략을 고민하는 이유는 상황과 관계의 변화를 도모하기 위해서다. 제한된 상황에서 우리의 궁극적인 목표를 기대하기 어려울 때는 단순히 현재의 위협 상황을 해소하고, 관계를 변화시키기 위해 전략을 고려한다.

위협 상황의 해소는 협상을 통해 진행되며, 협상력을 높이기 위해 적절한 수준에서의 무력시위나 도발도 고려된다. 그러나 이는 어디까지나 협상의 수단일 뿐이다. 괜한 도발로 분쟁의 강도를 높이는 우를 범해서는 안 될 일이다. 치밀한 전략이 요구된다.

상대의 도발이나 저항 의지를 적정 수준에서 변화시키기 위해서도 전략을 고민한다. 관계 문제를 재검토할 때 적의 위협을 감소시키거나 우리의 능력을 강화하기 위해 고민한다.

상대의 위협적인 능력에 대처하기 위해 나의 능력을 향상시키고자 하는 노력 역시 전략 구현의 과정이 될 수 있다. 이는 전쟁이라는 극한 대결로 가려는 최악의 경로를 차단하는 효과뿐 아니라 결전의 순간에 필요한 확실한 능력이기 때문이다.

또한 상대와 밀접한 관계에 있는 후원세력들을 차단하려는 노력, 우리 입장에서는 지원군을 더 확보하려는 노력도 전략의 영역에서 주요 목적으로 고려된다.

마지막으로 우리가 전략을 고민한다는 것은 근본적으로 전쟁의 목적을 구현하기 위해 비용 대비 효과를 고려한다는 뜻이다. 아군의 희생을 최소화하고 비용을 줄이며 효과를 극대화하려는 방법을 찾는 것이다.

상대를 완벽하게 무력화시키려면 이쪽도 희생이 크다. 사상자가 속출할 것이고, 물자와 장비가 막대하게 투입될 것이 분명하다. 전쟁비용이 상상할 수 없을 정도로 치솟을 것이다.

그러므로 전쟁을 하려는 자는 시작 전에, 그리고 전쟁 중에라도 수시로 계산기를 두드려보아야 한다. 비용 대비 효과는 전쟁으로 기대할 수 있는 이익과 투입되는 비용의 관계 속에서 고려되어야 한다.

최소비용의 최대효과는 전략 수립 과정에서 고민하는 최고의 가치다. 물론 전쟁이 시작되면 비용 대비 효과보다는 승리에 목표를 두게 되겠지만, 책상에서의 고민은 이 과정을 반드시 포함해야 한다.

생각도구 4 & 5. 전략을 언제, 어디에 구사할 것인가?

다음은 장소(Where)와 시간(When)의 문제다. 이는 우리가 가진 능력을 더욱 효과적으로 구사하기 위한 선택의 문제다. 승리를 위해 우리의 능력을 발휘할 싸울 시간과 장소를 선택하는 것은 전략을 고민하는 자의 사활적 관심사다. 전쟁은 이른바 '동일한 시간과 장소에서 서로 다른 두 힘이 충돌하는 것'이다.

그러므로 승리를 위한 전략은 우리에게 유리한 시간과 장소를 선택하는 것을 고려하는 것이 우선되어야 한다. 싸우는 데 있어 적보다 유리한 장소와 시간을 선택하는 것, 적이 예측하지 못한 시간과 장소를 정하는 문제는 전투를 시작하는 모든 장수의 고민거리다.

왜냐하면 이 첫 선택이 전투의 과정과 종말에도 영향을 미치기 때문이다. 장소의 문제를 고려할 때에는 국소적인 것에도 소홀할 수는 없지만 반드시 전황 전체를 볼 수 있는 안목을 가져야 하며, 시간의 문제에서도 당면한 현재의 문제뿐 아니라 장기적 관점도 함께 고려해야 한다.

전략가는 전략을 구상하는 장소와 그 전략이 구현되는 장소의 문제를 생각해야 한다. 전략구상은 편안한 시간에 책상에서 만들어진다. 정황을 분석하고 다양한 방책을 마련하려면 전쟁터와 떨어진 장소, 그리고 평온한 시간에 능력 있는 자원들을 활용하여 수립한다.

그러나 전략이 구현되는 곳은 전쟁터다. 생사가 교차하는 아비규환의 지옥이다. 책상에서의 완벽한 계획은 우리의 능력, 적의 저항 그리고 상황에 영향을 받기 때문에 애초에 구상했던 전략이 그대로 실행되기가 어렵다. 전략가에게는 책상과 현장의 불일치와 줄이는 노력도 매우 중요한 문제다.

낚시에서의 포인트와 타이밍

낚시를 처음 하는 사람은 물이 있는 곳 어디에서나 낚시가 가능하다고 생각한다. 물고기이기에 물속 어디로든 다닐 수 있지만, 아무 곳이나 다니지 않는다.

물고기가 특별히 살기 좋은 곳, 산란하기 좋은 곳, 먹이 활동하기 좋은 곳들이 있다. 이른바 포인트다. 따라서 낚시하는 사람들에게 좋은 포인트에 관한 정보는 중요하다.

그러나 낚시인에게 더 중요한 것은 물고기가 먹이활동을 언제 하는가를 아는 것이다. 천하제일의 명당도 물고기가 24시간 먹이활동을 하지는 않는다.

사람이나 물고기나 비슷한 점이 있다. 어린아이는 밥때에 상관없이 먹을 것을 입에 달고 살지만, 어른이 되면 정해진 시간에만 식사를 한다. 물고기도 마찬가지다. 아무 때나 잡히는 것은 작은 물고기들뿐이다. 큰 물고기들은 밥때가 아니면 코앞에 미끼를 던져도 물지 않는다.

또 직장인들이 저녁에 모여서 회식을 하듯 물고기도 떼를 지어 먹이활동을 한다. 이 타이밍을 아는 것이 낚시의 고수다. 충주호에 낚시가 가장 잘되는 시기는 홍수로 물이 불어나고 3일 정도라 한다. 이때는 초보나 어린아이도 쉽게 잡는다. 그런데 이 시기가 지나면 천하의 고수도 쉽지 않다.

한 가지 더 알아두어야 할 것은 포인트마다 타이밍이 다르다는 것이다. 같은 섬에서도 갯바위마다 물참이 다르다. 어떤 바위는 들물이 물참일 때이고, 또 어떤 바위는 날물이 물참일 때가 있다. 그러므로 남이 낚는데 나만 못 낚는다면 포인트와 물참이 맞지 않는 곳이다. 낚시에서도 포인트와 타이밍은 결정적이다.

출처: 허기자TV(2020.1.15.), "허만갑의 낚시 고수되는 비결" 4편에서

생각도구 6. 전략을 어떻게 구상할 것인가?

마지막으로 전략은 우리의 힘과 능력, 그리고 수단을 어떻게(How) 활용할 것인가의 문제다. 즉, 싸우는 방식의 문제다. 현재까지 전략에 대해 논의한 대부분의 책들은 이 부분만을 강조하여 전략이라고 얘기해왔다.

싸우는 방식에 대해서는 시대에 따라 다양한 형태로 발전해왔다. 서양은 대체로 나폴레옹 시대까지는 방진의 형태로 전투에 임했다. 그후 제1차 세계대전의 참호전, 제2차 세계대전의 전격전, 그리고 미사일과 항공모함을 포함한 현대에 이르러서는 입체전과 첨단 무기체계와 컴퓨터 네트워크를 이용한 정밀타격전 등으로 발전해왔다.

싸우는 방법을 고민하는 것으로 한정한다면 다양한 논의가 있겠지만, 필자가 보기에 핵심은 병력의 배치와 관련된 진법과 기동, 용병술 그리고 무기체계의 활용으로 이해된다.

먼저, 진법(전투대형)을 살펴보자. 진법은 고대 전투에서 주로 나타나며, 고대 전쟁수행 방식의 중심이었다.[74] 전쟁의 형태가 중요 전투에서 단발성으로 끝났으며, 이때 진형을 어떻게 갖추느냐에 따라 전쟁의 승패가 갈렸기 때문이다.

고대 그리스 도시국가들의 전투에서는 팔랑크스 대형이 주를 이루었다. 팔랑크스는 중장보병으로 구성되며, 병사들을 밀집된 전투대형으로 배치하여 싸우는 전술이다. 강력한 방어에는 유리하였으나 대열이 흐트러졌을 때 공격을 받으면 대형 전체가 무너질 위험이 있었다. 대열 유지가 관건이므로 기동성은 떨어지고 측면과 후방에서의 공격에 취약했다. 그러나 이러한 약점에도 거대한 군집의 위세와 힘으로 판세를 결정지을 수 있는 강력한 전투방식이었다.

이후 팔랑크스는 4세기부터 마케도니아에 의해 더욱 발전된 모습을 보인다. 그들은 그리스보다 더욱 긴 창을 들어 팔랑크스의 능력을 배가시켰다.[75] 밀집대형을 더욱 촘촘하게 만들어 방어력을 높였고, 기병대와 경장보병을 함께 활용했다. 주 방어는 팔랑크스로 대응하고 경장보병은 팔랑크스의 측면을 방어했다. 동시에 기병대는 적의 후방과 측면을 공격했다. 이 대형은 변형된 형태의 '사선대형'으로도 운용되었으며, '망치와 모루'의 개념도 탄생하게 되었다.[76]

그러나 이러한 팔랑크스는 개별전투원의 능력보다는 집단의 응집력과 판세에 의해 좌우되는 것이었다. 따라서 개별전투원의 전투 능력이 뛰어나고 게다가 기동력까지 갖춘 로마군단병 레기온(legion)의 거센 공격에는 취약했으며, 넓은 평야 지대를 제외하고는 산악지역 같은 곳에서 운용하는 데는 한계가 있었다.

진법의 본질은 전력이 우세한 군대는 자신의 약점을 최소화하는 방법을 찾는 것이며, 열세한 군대는 부분적인 강점을 믿고 변칙을 활용하여 적의 허를 찌르는 데 있다.

진법에는 다양한 형태가 있으나 공격형 진법과 방어형 진법, 그리고 이동이나 숙영을 위한 진형으로 나뉜다. 공격형의 진법은 돌파를 위한 형태의 진법으로 '쐐기형' 또는 '추진형'이라고 한다. 방어형의 진법은 우리가 익히 알고 있는 '학익진'이 있다.[77]

추형진은 돌파 후 각개격파를 한다. 제한된 전장에서 짧은 시간의 전투로 대번에 판세를 결정짓고 전투를 종결시킬 수 있어야 한다. 이를 위해서는 뛰어난 소수정예가 있어야 한다. 핵심전력이 강해야 한다. 장수가 맨 앞에서 독전해야 하므로 용맹한 장수가 있어야 한다. 또한 병사들의 사기는 충천해야 하며, 공격에 능해야 한다.

반면 학익진은 포위 후 섬멸하는 진법이다. 학익진은 중심을 뒤로 빼고 양익을 전개하여 V자 모양으로 적을 포위한다. 아군이 약할 때는 중심을 방어하고, 아군이 우세할 때는 수비에서 공격으로 신속하게 전환한다. 적의 선제공격을 유도한 후 포위해 일망타진한다. 그렇게 하려면 정규군 중심으로 훈련이 잘되어 있어야 한다. 유능한 장수들이 각 대를 담당한 채 요소요소에 포진하고 있어야 한다. 각 진지 사이에는 통신이 원활해야 한다. 기본적으로 수비에 능해야 하며, 이를 모두 통솔할 유능한 지휘관이 있어야 한다.

기동은 병력의 훈련 상태에 좌우된다. 훈련받은 부대는 빠른 기동이 가능하며, 적의 예측을 뛰어넘는 기습적인 기동도 구사할 수가 있다. 한니발의 알프스산맥을 넘는 기동, 나폴레옹의 기동, 그리고 이후 독일군의 전격전 등은 기동을 통해 전투 효과를 극대화하기 위해 고안된 것들이었다.

다음으로는 용병술이다. 용병술은 형세보다는 전투력에 초점을 둔 것으로 선각자들이 정리해놓은 전쟁원칙 속에 그 원리들이 담겨 있다. 용병술은 세계 여러 나라 군사 교육기관에서 다양한 사례와 함께 가르치고 있다.

전쟁의 원칙, 또는 용병술의 원칙들은 간단하고 분명해 보이지만, 구체적으로 적용하는 데 한계가 있다. 그 이유는 상황이 다양하고, 원칙들이 일관성 없이 상충하며, 원칙들 간의 경계를 명확하게 규정지을 수도 없다. 전략은 정적인 것이 아니라 동적이다. 전략의 원칙들도 상황과 여건에 따라 수시로 변화하기 때문이다.

결국은 전략의 기본 원칙들은 실제로는 원칙이 아니라 건전한 상식을 사용하는 방법과 과정이다.[78] 과거의 위대한 장군들과 기업가들은 이것을 성공적으로 사용했다.

그러므로 전략에 특효약은 없다. 전략적 원칙이나 진리라고 하는 것들을 맹목적으로 따라야 하는 성공 공식으로 보아서도 안 된다. 남보다 앞선 행동과 유연성, 자유 재량권의 보호, 인내와 건전한 상식 외에는 보편타당하며 변함없는 기본 원칙은 어떠한 것도 존재하지 않는다.

나무를 깎는 데는 천하 명검도 목수의 대패만 못하고,

쥐를 잡는 데는 천리마가 고양이만 못하다.

말은 끌어야 잘 가고, 소는 몰아야 잘 간다.

도깨비는 방망이로 떼고, 귀신은 경으로 뗀다.

나무를 하러 갈 때는 도끼를 챙겨야 하지만,

나물을 캘 때는 도끼가 아니라 호미를 챙겨야 한다.

- 강상구의 『마흔에 읽는 손자병법』에서 -

코로나19를 통해 본 전략의 이해

지금 인류는 전례 없는 적을 맞아 전쟁 중이다. 지구인보다 더 발전한 문명을 지닌 외계인의 침입에 대항하여 싸우는 전쟁이 아니라 바이러스와의 전쟁이다. 그러나 전 세계적 희생은 상상 이상이다.

1. 적은 누구이고 대항 주체는 또 누구인가(Who)?

지금 우리가 함께 대항하여 싸우는 적은 코로나19 바이러스다. 이 적은 국가별로 차이는 있지만, 대체로 치명률이 3% 내외로 사스와 메르스의 중간 정도라 한다. 그러나 무엇보다 이 바이러스의 가공할 능력은 전파력에 있다. 대체로 비말 접촉을 통해 전염되는데, 사스의 2~3배 정도의 전파력을 갖는다고 한다. 또 하나 놀라운 능력을 가졌는데, 바로 스텔스 능력이다. 잠복기 동안 은밀히 전파되어 숙주들 간 전파자나 감염자를 인지하기가 무척이나 곤란하다.

그렇다면 이 녀석의 치명률이 왜 전파력만큼 높은 쪽으로 진화하지 않았을까? 에볼라의 예가 이를 설명한다. 에볼라는 전파력도 높고, 치명률도 높다. 에볼라에 걸리면 거의 사망에 이른다. 하지만 에볼라로 인해 전 세계가 팬데믹 상황으로 간 경우는 없다. 왜냐하면 감염에서 사망에 이르는 시간이 매우 짧아 숙주들이 조심하고 며칠 동안만 거리 두기를 유지하면 피할 수 있기 때문이다. 이런 바이러스는 팬데믹 상황으로 발전하기가 불가능하다.

그리고 숙주에 침투한 후에 이 녀석의 행태를 보면 전략적 능력이 정말 탁월하다. 이 녀석들이 숙주에게 침투한 후 가장 먼저 하는 일은 아군, 즉 바이러스의 수적 우세(끊임없이 바이러스 확산)를 도모하는 것이다. 이 과정에서 숙주가 인식하지 못하도록 은밀히 활동한다. 중요한 점은 일정 수 이상의 아군을 확보하기까지 숙주를 공격하지 않는다(증상이 없다). 놀라운 것은 이 시기에도 타 숙주를 감염시키는 탁월한 능력을 보인다는 것이다. 그리고 침투한 숙주 안에서 일정 수의 아군을 확보한 후에는 공격 방향

(기침, 폐렴, 발열, 복통, 설사, 몸살 등 다양한 곳)을 탐색한다. 이후 숙주의 가장 약한 곳(기저질환)을 집중 공격하는 전략을 취한다.

이 적과 맞서 싸우는 바이러스의 공격대상인 숙주로서의 인간을 살펴보아야 한다. 왜냐하면 그 녀석들이 공격대상으로 삼는 이유가 있기 때문이다. 그러고 보면 인간 삶의 대부분은 집단생활이다. 끊임없이 사회적 접촉을 통해 생활을 영위해나간다. 그러므로 바이러스 증식과 확산에 더없이 좋은 목표물이며 환경을 제공한다.

더욱이 인간이 2주간 다른 사람과 접촉 없이 지낸다는 것은 거의 불가능하다. 이 녀석들은 부단히 접촉하는 인간의 사회적 특성이라는 약점을 노리고 있다. 보이지 않는 인간 슈퍼전파자라도 출현하면 그야말로 비극이다.

중요한 것은 젊고 건강한 사람들의 치사율이 매우 낮기 때문에 숙주들 간(방역당국과 일반국민, 젊은층과 노년층, 취약계층과 일반인 등)의 바이러스에 대한 경계·주의 정도가 다르다. 즉, 적을 사분오열로 분열시키는 것이 가능하다.

또 이들이 신경을 쓴다 한들 코로나19는 숙주들 간의 전파자나 감염자가 눈치채기 힘든 상태에서 전염되기에 모든 사람이 상당 기간을 동시에 긴장하고 조심하지 않으면 방어하기 어려운 특성을 지녔다.

2. 무엇으로 싸우는가(What)?
이 녀석에게 대항하여 싸울 무기는 치료제와 백신, 그리고 방역 시스템이라 할 수 있다. 그러나 방역체계와 의료 시스템은 방어적인 무기일 뿐이다.

공격적인 치료제와 백신 개발만이 이 사태를 종식시키고 바이러스와의 전쟁에서 승리할 수 있다.

3. 왜 싸워야 하는가(Why)?
각국은 코로나19의 치명률이 3% 내외라는 점에 고민한다. 선제적으로 방역을 해야 하는가, 집단면역이 작동하도록 그저 일상생활을 그대로 유지해야 할 것인가? 이 두 가지 대응 방안을 선택하는 데 있어서 국가마다 상황이 다르다. 그러나 궁극적인 목적은 코로나19로부터 자국의 국민을 보호하려는 것이다.

4/5. 언제, 어디서 싸워야 하는가(When/Where)?

안타깝게도 코로나19와 싸우는 데 있어서 싸울 시간과 장소는 우리가 선택할 수 없다. 이 녀석이 싸움의 주도권을 갖는다. 그러나 지금까지의 상대의 특성을 보면 사람들이 밀집된 장소, 가족, 친한 사람들과의 시간 등 사람들이 긴장을 풀 만한 시간과 장소에 은밀히 침투한다.

6. 어떻게 싸워야 하는가(How)?

이미 각국은 코로나와 격전을 치르고 있다. 치료제가 개발되기 전까지는 국가마다 가진 역량에 따라 어디는 봉쇄를 선택하고, 또 어디는 선제적 발견과 격리를 통한 사회적 참여를 유도하고, 또 어디는 집단면역에 의존한다. 각자 처한 여건에 따라 다르다. 물론 이는 국가적 차원의 대응방안이며, 개인적으로는 개인위생을 철저히 해야 하는 상황이다.

그러나 현재까지 이 녀석과의 싸움에서 선전하고 있는 대한민국의 대응을 보면 초기 감염자들의 신속한 파악, 밀접 접촉자 추적과 격리, 그리고 중증도에 따른 차별화된 대응 등이다. 다른 나라에 비해 효과적이지만, 다루기 까다로운 아주 고약한 녀석이다.

인간이 극복하기 어려운 상대, 즉 전략의 대가가 등장했다. 안타까운 상황이 속히 종식되길 바랄 뿐이다.

(2) 전략가의 지혜

지혜는 어떤 말로도 표현할 수 없고
어떤 지능으로도 이해할 수 없으며
어느 한계로도 제한할 수 없다.
어느 확언으로도 확증할 수 없으며
그에 대한 어떤 의견도 가질 수 없다.
- 니콜라스 쿠자 -

개인에게 필요한 지혜

인간 지성의 결정판인 지혜를 논하기에는 지면이 부족하고, 한편으로는 지혜를 언급할 만큼의 지성이나 품성 그리고 혜안도 갖추지 못했음을 자인하지 않을 수 없다. 이는 『무엇이 그들을 지혜롭게 했을까』를 저술한 스테판 홀Stephen S. Hall의 고백과도 같다.[79] 그는 이 책의 첫 장에서 침착함과 신중함 측면에서, 동정심의 측면에서, 그리고 모호함과 불확실성에 대처하는 측면에서 본인이 지혜롭지 못했음을 고백한다. 전적으로 공감한다.

그럼에도 필자가 지혜를 언급하는 이유 역시 스티븐 홀의 생각처럼 지혜로워야 하기 때문이다. 더욱이 조직의 운명을 두 어깨에 짊어진 전략가들은 지혜로움이 그들의 능력과 자질이 되어야 함은 두말할 나위도 없다. 이런 이유로 지혜를 언급하고자 한다.

인류 학문의 궁극적 목적이 지혜를 얻기 위함이라면 지혜에 대한 연구는 인류의 시작부터 출발했다고 보는 것이 타당하겠지만, 현대에 들어 지혜에 대한 연구는 20여 년 전부터 부각되기 시작했다.

대표적인 사람이 스턴버그Robert J. Sternberg로 지혜를 연구한 학자들의 논문을 모아 『지혜』(한글판, 지혜의 탄생)라는 책으로 출판했다. 그는 이 책에서 여러 학자의 지혜에 대한 논의를 다음과 같이 정리했다.[80]

서양 사람들에게 지혜는 호머의 『오디세이』와 『일리아드』에서부터 시작한다. 로빈슨Daniel N. Robinson은 호머가 발견한 지혜를 '누스(noos, 정신 또는 지력)'에서 찾았는데, 누스는 "모든 계획과 전략의 바탕에 놓여 있는 특별한 유형의 정신적 용기"라 했다.

이후 플라톤은 지혜가 발휘되는 영역을 세 가지로 이해했다. 즉, 철학자와 같이 진리를 추구하는 사람들의 특별한 재능으로서(sophia, 지혜), 정치인과 입법자의 실천적 재능으로서(phronesis, 신중, 실체적 지혜), 사람의 본질에 대한 과학적 지식을 추구하는 사람들의 재능으로서(episteme, 지식 또는 학문)의 지혜다. 이에 반해 그의 제자 아리스토텔레스는 지혜를 개인적 행동을 위한 실천적 지혜와 진리를 위한 이론적 지혜 두 가지로 구별했다. 여기서의 지혜는 진리와 지식을 추구하는 학문 추구의 재능, 그리고 현실정치와 사회를 이끌어가는 지도자들의 리더십과 관련된 재능으로 볼 수 있다.[81]

종교적 전통이 지배하던 중세시대에는 지혜란 신의 뜻, 즉 양심을 따르는 것이며, 더 위대한 높이에서 사물을 바라보는 것이라 했다. 그러므로 신중하고 사물을 꿰뚫어보는 능력이 필요하다고 이해했다.[82] 이는 통찰과 지혜가 같은 뜻, 다른 낱말로 이해되는 대목이다.

대체로 지혜는 학식이 풍부하고 경험이 많은 사람들에게서 보여진다. 그들은 세상의 많은 지식에 통달했고, 풍부한 경험을 통해 자신을 잘 알게 되어 사람들과의 관계에서 현명하게 처신하고, 그리고 자신이 처한 상황을 잘 이해하고 어떻게 행동할지를 알기 때문인 것 같다.

이런 관점에서 보면 지혜로우려면 지성, 즉 지적 능력이 필요한 것 같다. 물론 폴 발테스Paul B. Baltes와 재키 스미스Jacqui Smith는 지능이란 정보처리의 기본 메커니즘 측면에서 풍부한 지식을 필요로 하는 운용술인 반면, 지혜란 삶의 설계, 관리, 회고 같은 삶의 근본 운용술이라는 영역에서 발휘되는 전문능력으로 정의했지만 말이다. 부가하면 지성을 통해 복잡하고 대립상황에 놓이는 환경에서도 생존과 번영, 그리고 성공적인 행동을 위한 선택을 하는 실천능력이 바로 지혜다.[83]

지혜로운 사람은 다른 이들보다는 매우 성숙한 모습을 보일 것이다. 즉, 성숙한 인간은 지혜로운 사람이다. 그러니 지혜로운 사람이란 다른 사람들과의 관계에서도 그리고 다양한 상황에서도 지혜로움을 발휘할 것이다.

그러면 먼저 성숙한 인간 개인의 모습으로서 지혜를 살펴보자. 에릭 에릭슨은 지혜를 '인간발달의 최고 단계'라고 하여 대체로 노년기에 형성되는 것이라고 하였지만, 세상을 많이 살았다고 반드시 지혜로운 것만도 아니다. 솔로몬의 예를 들어봐도 젊어서는 지혜의 왕이었으나, 나이가 들어 지혜롭지 못한 행동을 보이는 것을 보면 알 수 있다.[84]

그러므로 플라톤은 지혜로운 자와 그렇지 못한 자의 차이를 성품의 차이, 자기통제의 정도, 그리고 열정과 욕망의 감정들을 이성으로 통제할 수 있는 능력으로 보았다. 그리고 아리스토텔레스는 지혜로움을 좋은 기질의 열정과 욕망이며, 지혜롭다는 것은 궁극적으로 자기 자신을 아는 것이며, 인생사에서 중용을 발견하고 적용할 수 있는 도덕적 완성의 경지를 추구하는 것이라 했다.[85]

결국, 개인적인 측면에서의 지혜는 지식과 경험이 풍부한 사람으로 이를 현명하게 활용하는 지성과 동시에 감정을 조절하는 능력, 자신의 한계를 아는 것, 그리고 옳은 것을 선택하는 도덕적 능력과 관련된다.

다음으로 사람과의 관계 속에서 발휘되는 지혜에 대하여 살펴보고자 한다. 사람들과의 관계 속에서 지혜로운 자는 자신을 낮추고, 타인에 대한 공감과 연민을 갖는 자다.

자신을 낮추는 겸손한 사람은 타인에게 실수할 가능성이 적다. 짐 콜린스James C. Collins는 말하기를 뛰어난 비즈니스 리더들은 겸손함을 지녔다고 한다. 그들은 대중의 찬사를 받는 것을 꺼리며, 회사의 더 큰 야망에 개인적 야망을 종속시키려 하고, 실패에 대한 책임을 기꺼이 지는 동시에 남들과 그 공을 함께 나누려는 열망을 가지고 있다고 한다. 더 나아가 현대의 일부 심리학자들은 한계를 경험하면서 느끼게 되는 겸손을 지혜의 정수라고까지 말한다.[86] 왜냐하면 겸손한 자는 타인을 존중하고 그에게서 배우는 것을 주저하지 않기 때문이다.

지혜와 겸손에 대한 내용은 특히나 종교와 관련이 있다. 토마스 아퀴나스는 겸손을 다음과 같이 말했다. "겸손은 자신의 경계에 머무르지 않고 자신보다 우월한 존재에게 복종하는 것이다."

성경에 나오는 인물 중에 모세는 아마도 지구상 그 누구보다 겸손한 인물이었을 것이다. 그는 자신의 능력이 이스라엘 백성들을 이끌기에는 너무나 부족하다고 생각했다. 그리하여 그 책임의 무게로 인해 몇 번이나 하나님의 부름을 피하려고 했다. 그러나 그 사명을 받아들인 후에는 결코 교만하지 않았으며, 늘 하나님께 자신이 어떻게 해야 하는가를 간구했다. 하나님의 부름을 받았으나 후에 교만했던 다윗, 솔로몬과 달리 그는 끝까지 하나님께 겸손함을 유지한 지도자였다.

다음은 공감과 연민이다. 이는 내 입장이 아닌 타인의 입장에서 세상을 바라보는 것이다. 타인에 대한 공감은 나 자신만의 생각에서 벗어나 타인 중심으로 생각하는 것이다. 그럴 때 나의 생각은 확장되고, 지혜의 눈이 열려 모두에게 좋은 해결책을 제시할 수 있게 된다.

　모세가 하나님의 부름을 거절하지 못했던 것도 이스라엘 백성들에 대한 연민이었다. 그것은 민족을 구원하기 위한 사명이었다. 베드로는 자신의 신자들에게 "연민을 가지고 신자들을 사랑하며, 자비롭고 겸손하라"라고 권고했다. 겸손은 서양뿐 아니라 동양에서도 군자가 갖추어야 할 가장 중요한 덕목이었다. 공자 역시 겸양의 미덕을 강조했으며, 간디 역시 겸손을 몸소 실천한 인물이었다. 간디가 민족운동가로서 성공한 것은 그가 보여준 겸손함에 있었다.

　마지막으로 지혜는 사람이 처한 상황과 맥락을 이해하고 적절하게 행동하고 대안을 찾아가는 모습에서 발견된다. 지혜는 단순히 아는 것을 실천하는 것에서 벗어나 딜레마 상황에서의 선택 문제와 관련된다. 양심을 따르는 것은 개인적 차원이지만, 도덕적 능력은 사회적 역량이다.

　지혜로운 자는 사회적으로 합의되고 용인된 것들에 대한 이해 속에서 전체의 이익을 택할 것인가 아니면 개인의 이익을 우선시할 것인가의 선택 문제에서 현명함을 발휘한다. 특별히 지혜로운 자는 집단과 조직, 나아가 사회적 상황 속에서 갈등을 조정하고 중용을 지키며, 융통성을 발휘해간다. 이는 조직을 책임지는 경영자나 관리자에게는 꼭 필요한 능력이다.

　지금까지 개인적인 측면, 관계적 측면, 그리고 상황과 조직적 측면에서의 지혜를 언급했다. 이 모두는 현명하게 세상을 바라보는 지성의 확장된 능력이라고 보여진다. 그러나 지혜는 지성의 영역에 한정되지 않는다. 뛰어난 지성과 함께 인내심, 감정조절 능력까지도 함께 갖추었을 때 비로소 지혜롭다 일컫는다.

　지혜에 대한 정의는 크레이머가 정리했듯이 "자신과 타인에 대해 인식하는 능력이고, 맥락에 대한 고려가 있어야 하며, 사람들과의 관계 속에서 공감을 통해 협동적인 상호작용을 촉진하고, 인지와 정서를 통합하는 능력"[87]이라고 여겨진다.

무엇보다도 필자는 비렌James E. Birren과 피셔Laurel M. Fisher의 언급에 주목한다. 지혜의 능력은 초연함을 유지하는 능력과 관련된다고 보았고, 지혜로운 사람은 지성과 함께 감정을 통제할 줄 알아서 분노와 두려움 같은 격정의 지배를 받지 않는 결정을 내릴 수 있다고 한다.[88] 또한 지혜는 인지, 정서, 의욕의 요소들이 혼합된 다차원 구성물이며, 지혜로운 결정은 많은 사람들에게 장기적으로 좋은 것을 선택할 줄 아는 능력으로 보았다. 이는 클라우제비츠가 언급한 군사적 천재에게도 절대적으로 필요한 능력이다.

경영자에게 필요한 지혜

이렇듯 지혜는 모든 문제를 해결할 수 있는 능력임에도 소크라테스는 그의 책 『변명』에서 친구들에게 말하기를 철학자, 즉 지혜를 사랑하는 사람들은 도시의 법률가, 정치가, 사업가들의 술책에 어쩔 수 없이 당할 수밖에 없다고 말한다.

직업이나 각각의 학문은 현실의 특수한 부분에 초점을 맞추기 때문에 이렇게 인위적으로 한정된 영역 안에서 지식을 쌓는 사람들은 그 안에서 힘과 통제력을 발휘하는 것이 가능하다. 반면에 사태의 근본 원인과 서로 얽혀있는 사태들의 최종 결말을 이해하는 지혜는 이런 종류의 힘을 제공하지 않는다. 그렇기 때문에 법정에서는 법률가가 지혜로운 사람보다 훨씬 더 유식할 것이며, 화학 실험실에서는 화학자가 철학자의 무지를 비웃을지 모른다.[89]

탈레스가 별을 쳐다보다가 비틀거리자 마침 소의 젖을 짜던 한 여인이 그 광경을 보고 웃으면서 "도대체 자기가 어디로 가고 있는지도 모르면서 하늘을 이해하려고 애쓰는 사람에게 무슨 지혜가 있을까?"라고 말했다고 한다.

플라톤의 동굴 이야기도 마찬가지다. 동굴 밖으로 나가 직접 그 세상을 본 사람이 자신이 본 형형색색의 세상을 말해도 어두운 동굴 안에 사는 사람들은 동굴 안에서만 본 세상이 전부라고 믿으며 살아간다는 것이다. 그러니 이런 사람들에게 지혜로운 사람의 말이 통하지 않는 것은 어쩌면 당연하다. 그리고 경쟁에서 지혜로운 사람이 지는 경우도 허다하다. 세상이란 그런 것이다.

한 개인의 경우라면 세상과 거리를 두고 살아도 되지만, 조직의 운명을 담당하는 사람이 가져야 하는 마음은 철학자들보다 더욱 지혜로워야 한다. 아울러 그들은 자신이 경영하는 조직의 사람들을 더 나은 세상으로 이끌 책임과 타 조직과의 경쟁에서 승리할 수 있는 냉철한 지혜를 갖추어야 한다.

경영자는 성과를 만들어 내는 지혜를 발휘해야 하고, 공무원들은 공공의 선을 위해 부여된 임무를 수행하는 지혜를 발휘해야 하며, 전쟁 지휘관은 승리할 수 있는 지혜가 필요하다.

이런 관점에서 지혜에 대한 관심이 '경영자의 지혜'에 대한 연구로 확대되는 상황은 지극히 자연스럽다. 현명한 경영자, 지혜로운 경영자에 대한 논의는 복잡하고 불안정한 21세기의 경영환경에서 당면한 문제들을 슬기롭게 헤쳐나갈 수 있는 위대한 지도자에 대한 갈망 때문이다.

지혜 연구의 대가인 스턴버그는 리더십 요소로서 WISC(wisdom, Inteligence, Creativity, Synthesized, 즉 지혜, 지능, 창의성, 융합능력)를 제안했다. 그러면서 특히나 지능에 있어서는 지적 지능도 중요하지만, 실천적 지능이 더 중요함을 강조했다.[90]

즉, 경영학적 관점에서 지혜는 경영현장에서 발생하는 다양한 문제를 해결하거나 예상하지 못한 문제들을 해결할 수 있는 역량이라고 본다.[91] 그러기 위해서는 개인의 실천적 지혜와 조직이라는 공적 이익을 추구하는 가치로서의 지혜가 동시에 갖추어져야 한다.

경영자는 모순된 가치 속에서 바람직한 의사결정을 해야 한다. 최적의 행동과 만족할 만한 답 중에서 타협점을 찾아야 하고, 이상과 현실 속에서 최선을 선택해야 하며, 불확실하고 모든 것을 다 알지 못하는 상황에서도 바람직한 결과를 도출해야 한다. 이것이 실천적 지혜의 핵심이다. 그러니 지혜로운 경영자는 자신의 부족함을 인정하고 전체를 고려하여 공존과 균형을 추구할 수 있어야 한다. 즉, 지혜는 합리성·인간성·통찰력을 갖춘 결정 능력이다.

조직을 책임지는 윤리적 가치로서의 지혜를 보자. 성서에 나오는 솔로몬왕이 세상 모든 것에 우선하여 지혜를 간구한 이유는 이스라엘 백성을 잘 다스리기 위한 도덕적 열망에 근거했다고 본다. 경영이라는 관점에서의 지혜는 사회와 환경을 보는 안목을 가지고, 조직이 위기에 직면했을 때 옳은 행위를 선택하는 능력이다.

이처럼 지혜로운 경영자는 조직의 목적을 위해 옳은 행위를 실천하며, 성찰을 통해 경험을 가치 있게 활용한다. 나아가 경영의 복잡한 환경을 이해하고 이를 해결함과 동시에 자기 자신뿐만 아니라 구성원, 이해관계자, 나아가 사회 전체를 조정할 수 있는 능력을 지닌 자라고 한다.[92]

결국, 지혜로운 경영자는 열정과 경험, 개방성, 자기인식, 높은 의식수준, 그리고 '선(goodness)'이 무엇인지, 왜 선택해야 하는지에 대한 판

단능력을 지닌 사람이다.[93]

이런 관점에서 경영자는 내면 깊숙이 자기인식, 내적 통제 능력 등에서 깊이 있는 성찰과 절제가 바탕이 되어야 한다. 그리고 그의 일생을 통해 축적된 경험과 지식, 자신의 부족함을 채우고 보완하기 위한 학습에 대한 열망과 능력까지 삶의 전반에 걸쳐 끊임없는 향상과 발전을 위한 겸손한 기질을 지니고 있어야 한다.

전략가에게 필요한 이기는 지혜

지금까지 우리는 개인에게 필요한 지혜와 경영자에게 필요한 지혜를 살펴보았다. 개인에게 필요한 지혜는 개인적 성숙함, 사람들과의 관계나 맥락과 상황을 위한 현명함이며, 지혜로운 경영자는 이런 개인적인 차원에서의 지혜로움을 넘어서 조직을 위한 지혜로움을 갖추어야 한다는 점도 살펴보았다.

이제 전략가에게 필요한 지혜는 어떤 것인가? 이는 조직의 생존과 경쟁자와의 투쟁에서 이기기 위한 지혜여야 하며, 그러므로 당연히 이기기 위한 전략을 기반으로 생각해야 한다. 즉, 전략가는 전략에 대한 이해를 바탕으로 지혜롭게 판단하고 행동해야 한다.

그렇다면 구체적으로 전략가들은 어떻게 생각해야 하는가? 조직의 성과와 더 나아가 조직의 명운을 책임져야 하기에 늘 신중할 수밖에 없다. 정해진 답이 있는 경우도 많지 않다. 그럼에도 몇몇 선각자들은 조직을 책임지는 사람들이 고민하는 생존과 승리를 위한 고민에 답을 주고자 노력해왔다.

조직의 생존과 경쟁에서의 승리를 고민하는 것을 '전략적 사고'라 한다. 이것에 대해 고민한 일부 학자들의 내용을 살펴보고자 한다.[94]

먼저 스튜어트 웰스Stuart Wells는 전략적 사고를 "앞으로 무슨 일이 일어날 것인가, 우리 앞에 어떤 가능성이 있는가, 우리는 무엇을 해야 하는가에 관하여 변화하는 상황을 정확히 파악하고 다양한 방법으로 사고하고 결정을 내릴 수 있는 능력"이라고 정의했다. 일본의 간다 마사노리는 전략적 사고를 "우뇌의 창조력과 좌뇌의 논리력을 최적의 상태로 조화시켜서 최선의 해결책을 만들어내는 사고 방법"이라고 정의했다.

또한 박남규는 전략적 사고란 "현재의 성과보다는 조직의 미래 성과를, 자신의 능력보다는 경쟁자의 잠재적 경쟁을, 그리고 작은 것에 대한 선택보다는 더 큰 것을 위해 무엇을 선택해야 할 것인지를 아는 태도"라고 정의했으며, 전략에 대한 이해를 바탕으로 변화하는 미래의 환경에서 생존, 성장, 발전을 위해 오늘 해야 할 일을 찾아내고 준비하는 것이라고 제시하고 있다.[95]

그리고 한스 힌터후버Hans H. Hinterhuber는 전략적 사고에 대해 다음과 같이 언급했다. 즉, 전략적 사고에 관한 학습에서 중요한 것은 이론적 지식이나 경험적 내용의 습득이 아니라 이성과 감정을 똑같이 움직일 사고와 감각 그리고 행동의 형성이다. 여기에서 핵심이 되는 것은 유연성, 전문성, 세계를 향한 개방성, 신속한 통찰력, 명확한 생각, 침착함, 내적인 힘, 그리고 강한 의지다. 또한, 전략은 추상적인 학문체계도 아니며 경직된 규칙들의 체계도 아니라고 했다.[96]

클라우제비츠에 의하면 전략은 지식이라기보다는 판단력의 훈련에 가까우며, 학문의 대상이라기보다는 사고의 형태에 가깝다고 했다. 그리고 이는 건전한 상식, 사물을 올바른 관점에서 보고 실패를 규명하는 능력, 신중함, 균형에 대한 감각, 가능성에 대한 감각, 판단력, 설득력, 용기, 실패를 수용하는 자세, 행운 등인데, 이 모두가 리더에게 필요한 특징이라고 제시하고 있다.

이러한 주장들을 보면 학자들 간 통일된 개념이 없고, 그들의 선호와 필요에 따라 다양하게 제시하고 있다. 그럼에도 이들의 견해를 종합해보면 전략적 사고는 "전략에 대한 이해를 바탕으로 목적달성을 위한 수단과 방법을 선택하기 위한 다양한 생각"으로 이해할 수 있겠다.

여기서 우리가 다시 한번 짚어보고 넘어가야 할 점이 있다. 즉, 조직의 전략을 수립하고 실행하는 과정에서 전략가의 마음(minds)이 중요하게 개입된다는 점이다. 인간의 이성이 최고로 발휘되어야 하는 영역이지만, 전략적 의사결정 상황이 불확실성과 모호성이 높다는 점을 고려할 때 전략가가 고민하는 생각과 그에 따른 결정이 적절한 것인지를 진지하게 생각해봐야 한다는 점이다. 앞서 언급했듯이 전략을 수립하고 실행하는 전략가 역시 인간이므로 이러한 인간적 요소, 즉 인간의 인지적 한계를 무시할 수 없기 때문이다.[97]

실제로 의사결정자들이 전략을 고민할 때 조직의 미래 기업성과에 영향을 미칠 가능성이 있는 조직 내·외부의 객관적 조건을 고민하는 것보다는 전략행위자들의 개인적이고 주관적이며 심리적인 것들이 분석과정에 개입된다는 점도 확인했다.[98] 즉, 경영자들은 합리적 선택보다는 인지와 해석, 직감을 통해 전략 선택과 행동을 하고 있다. 물론 이는 현장의 불확실성과 모호성으로 인해 현실을 객관적으로 설명하기가 어렵기 때문이기도 하다.[99]

전략을 고민하는 사람들은 대체로 다음 두 가지 단계로 전략을 고민한다. 먼저 조직이 처한 내·외부 환경의 기회와 위협을 탐지하는 '환경을 인식하는 단계', 다음은 탐지된 기회를 포착하여 '전략을 수립하고 실행하는 단계'다.

먼저 환경 인식 단계를 살펴보자. 외부환경을 관찰·분석·이해·예측하는 것은 전략과정의 출발점이다. 일반적으로 우리가 이해하기로는 이 단계에서 외부환경의 기회와 위협을 파악한다고 했다. 그러나 사실 객관적인 실체로서의 환경은 존재하지 않고 환경을 해석하는 방식도 보는 사람에 따라 서로 다르게 이해될 수 있으며, 그 결과 서로 다른 결정이 나올 수밖에 없음을 이해해야 한다. 즉, 경영자나 전략가가 주관적으로 이해한 환경에 따라 전략적 선택에 차이가 생긴다는 점이다. 바로 여기서 누구는 재앙을 초래하는 결정을 하며, 반대로 뛰어난 전략가는 다른 경쟁자들을 제압할 수 있는 능력을 발휘한다. 전략가의 생각 방식 자체가 경쟁력이 된다는 말이다.

물론 환경에 대한 인식 차이는 조직 내에서도 발생한다. 고위직에 있는 전략을 고민하는 사람들뿐 아니라 중간관리자와 직원들도 환경을 각각 다르게 인지할 수 있다. 조직 구성원들이 이렇듯 환경을 서로 다르게 인식한다면 이는 심각한 전략적 실패를 초래할 수 있다.

그러므로 전략가는 조직 내에서 환경을 인식하는 개별 행위자들의 생각을 살피고, 구성원과 자주 소통함으로써 환경을 객관적 실체와 가깝게 인식할 수 있도록 유도하는 것이 필요하다.

다음은 전략을 수립하고 실행할 때의 문제다. 흔히들 전략을 수립할 때는 최적의 의사결정을 하여야 한다고 하나, 경영현장에서는 이 말이 비현실적이라는 것을 모르는 사람은 없다.

보통 사람과 마찬가지로 경영진들도 인지적 노력을 최소화하려는 경향으로 주어진 정보 내에서 분석하고 대안을 검토하려는 제한된 합리성, 만족을 추구해야 하는 상황, 그리고 그동안 축적된 감과 직관을 가지고 어림짐작으로 결정한다.[100]

또한, 세상이 정신없이 빨리 돌아감에 따라 전략을 실행하는 것에서도 타이밍과 속도가 중요해졌다. 아무리 최고의 전략을 구상했다 하더라도 실행 타이밍이 늦으면 성공하기 어렵다. 그러므로 지나치게 신중한 접근이나 또 타이밍에 맞지 않는 전략의 실행은 성과에 치명적임을 이해해야 한다.

전략은 결국 사람이 하며, 전략가의 뛰어난 계획도 이를 실행하는 직원들이 어떤 생각을 갖느냐가 중요하다. 그러므로 효과적으로 전략을 실행하는 데 있어 중요한 요소 중 하나는 수립한 전략에 대한 구성원들의 이해와 몰입을 유도하는 것이다.[101]

무엇보다 전략가가 보는 대상과 현상을 어떤 프레임으로 보느냐에 따라 그것의 인식과 대응이 달라진다는 점을 이해하는 것이 전략을 생각하는 출발점이 되어야 한다.[102]

배움을 통해 학식을 얻을 수 있을지는 몰라도
자신만의 지혜 없이는 현명해질 수 없다.
- 몽테뉴 -

베스트바이(BESTBUY)의 이기는 지혜

코로나 사태로 오프라인 유통업체들이 고전하고 있지만, 베스트바이는 오히려 매출이 증가했다. 주가도 사상 최고치를 경신하고 있다. 최근 수년간 아마존 때문에 오프라인 유통업체들이 줄줄이 폐업했을 때 보란 듯이 승승장구했던 베스트바이의 전략은 다음과 같다.

첫째, 따라잡을 수 있는 건 빨리 따라잡는다. 즉, 최저가 전략의 아마존처럼 가격을 내렸다. 그 대신 마케팅 비용을 줄였다.

둘째, 앞서가는 건 확실한 강점으로 만든다. 아마존에는 없는 매장을 브랜드를 경험하는 곳으로 만들고, 동시에 배송거점으로 활용했다.

셋째, 따라잡기 힘든 건 다른 것으로 대체했다. 아마존의 빠른 배송만큼은 따라잡기 어렵다고 판단하여 '긱 스쿼드geek squad'라는 전략으로 대체했다. 즉, 스마트 기기에 능숙한 긱들이 고객을 방문해 설치해주고, 사용법을 알려주고, 무료상담하며 고객과 관계를 쌓는 것이다. 아마존에서 클릭 몇 번이면 스마트 기기를 살 수 있지만, 사용과 관련해서는 고객의 불안이 있다는 점을 치고 들어간 것이다. 제프 베조스Jeffrey P. Bezos조차 이렇게 칭찬했다. "배울 점이 한두 개가 아니다. 두고두고 쓰이고 전해질 전략이다."

그러다가 코로나 사태가 터졌다. 베스트바이도 이번만큼은 피할 수 없을 거라 예상했지만 결과는 180° 반대였다. 올해 1분기 매출은 전년 동기의 80% 수준으로 선방했다. 업계는 평균 63%였다. 2분기 매출은 전년 동기보다 7% 하락할 것이라는 월가의 예상을 깨고 2.5% 상승했다. 더욱이 파산하거나 직원을 해고하는 다른 유통업체들과 달리 최근 정규직 임금을 4% 올리겠다는 발표를 했다. 시간제 직원들의 시급도 11달러에서 15달러로 인상하기로 했다. 그것도 3월 중순부터 6월 중순까지 1천여 개 매장 내부를 폐쇄한 가운데 말이다.

코로나가 덮쳤을 때 많은 사람이 베스트바이에도 때가 왔다고 생각했을 것이다. 하지만 지금과 같은 비상상황에서 그들의 실적을 보면 놀라움을 감출 수 없다. 3월부터 6월 중순까지 그들은 매장에 고객 한 명 들이지 않고도 사업을 지켰다. 베스트바이는 도대체 어떻게 했기에 3개월 동안 매장을 폐쇄하면서도 오히려 매출을 늘릴 수 있었을까? 그들은 다음과 같이 접근했다.

첫째, 48시간 만에 물품 픽업을 주차장에서 하는 것으로 전환했다. 베스트바이는 3월 22일 매장 폐쇄 48시간 만에 '베스트바이 픽업' 서비스를 내놓았다. 고객이 온라인이나 전화로 주문한 제품을 주차장에서 픽업해가는 것이다. 매장을 선택하고 픽업 날짜와 시간을 정하면 담당 직원이 매칭되고, 고객이 주차장에 도착하면 직원은 제품을 전달하고 결제는 온라인, 현장 모두 가능하게 했다. 수십 년간 매장 중심으로 판매하던 베스트바이가 순식간에 판매 모델을 바꿀 수 있었던 것은 각 매장을 마치 스타트업처럼 운영했기 때문이다.

각 매장의 매니저들에게 어떻게 픽업 서비스를 설계하고, 직원을 어떻게 운용할 것인지 매장 운영의 전권을 부여했다. 베스트바이의 각 매장은 위치나 규모, 주요 고객의 특성도 모두 다르다. 매장이 처한 상황을 가장 잘 아는 사람은 경영진이 아니라 일선의 직원들이다.

예를 들어 뉴욕 도심의 매장과 도시 근교의 매장에서 고객의 특징을 보면 주로 직장인이 많은 도심 매장의 고객은 제품을 수령하고 바로 떠나는 경우가 많고, 교외 매장 고객은 다른 제품도 추천해 달라고 하거나 상담을 요청할 때가 많았다. 그래서 도심 매장은 점심, 퇴근 시간에 직원을 집중적으로 배치했고, 도시 근교 매장은 주말에 많은 직원을 배치했다.

둘째, 베스트바이는 코로나 시나리오를 예상하고 재고와 판매 전략을 세웠다. 집에서 일하고 집에서 배우는 세상이 왔다. 그래서 태블릿PC, 외장하드 등의 재고를 2배 높였다. 이세는 집에서 영화나 드라마를 볼 기회가 많다는 것을 예상하여 홈시어터, TV 케이블 재고도 늘렸다. 또한 집에서 직접 요리를 할 것에 대비하여 다양한 종류의 주방가전 입고를 늘렸다. 그 대신 기업용 데스크톱 컴퓨터, 캠코더, 전동스쿠터 등의 재고는 줄였다.

코로나에 맞춰 판촉 전략도 세웠다. 학생증을 인증하면 노트북, 무선이어폰 등 온라인 강의 제품을 할인하였고, 러닝머신이나 요가 매트를 사면

운동 스트리밍 서비스 쿠폰을 지급했다. 이리하여 실제 2분기 베스트바이의 개인 PC 부문 판매는 전년 동기보다 17% 늘어났고, 홈피트니스 제품 역시 11%나 상승했다.

셋째, 고객상담 부서에 더 많은 인력을 배치하여 24시간 운영, 화상통화 상담을 확대했다. 매장에 올 수 없는 대신 온라인 상담이 많을 거라고 예상했기 때문이다. 고객상담에서 가장 중점을 둔 것이 공감이다. 건강은 괜찮은지, 잘 지내고 있는지부터 물어보도록 했다. 긍정적인 전화통화 경험은 고객이 더 많은 기대를 갖도록 만들어준다.

베스트바이의 매출을 끌어올린 긱 스쿼드는 원격으로 전환했다. 고객이 앱이나 홈페이지로 상담을 예약하면 직원이 화상회의 툴을 이용해 고객에게 기기 설치나 사용법 등을 알려준다.

6월 중순부터 사전 예약한 고객의 매장방문을 허용하고 있는데, 직원이 미리 전화해 감염불안에 대해 안심시킨다. 직원 모두 휴대용 손 소독제를 들고 다니고, 제품과 포장 상자도 방역을 거친다는 것을 강조한다.

제프 베조스가 두고두고 전해질 전략이라면서 베스트바이를 칭찬했던 것은 아마존이 잘하는 것과 자신들이 잘하는 것, 따라잡을 수 있는 것과 따라잡을 수 없기에 만회할 수 있는 것을 빠르게 파악해 대응했기 때문이다. 마찬가지로 베스트바이는 코로나 상황에서도 빠르게 전환하여 자신의 강점을 극대화했다.

아마존 시대에도 오프라인이 살아남을 수 있음을 증명한 베스트바이가 이번엔 코로나 사태에서도 살아남을 수 있음을 보여주고 있다. 베스트바이의 모델은 포스트 코로나 시대에 물리적인 상점의 생존에 중요한 시사점을 주고 있다.

출처: Ttimes(2020.8.11), 김지현 기자

(3) 통찰과 발현과정

> 이 잔혹한 투쟁 속에서 상처입지 않고 살아남기를 바란다면
> 두 가지 기질이 필수적으로 요구된다.
> 첫째는 암흑기 속에서도 진리를 추구하기 위해
> 내부에서 빛나는 일부 희미한 빛을 보유하는 지성이며,
> 둘째는 이러한 처음의 빛이 이끄는 방향으로
> 따라갈 수 있는 용기이다.
> - 클라우제비츠의 『전쟁론』에서 -

통찰이란?

통찰은 말 그대로 '깊이 꿰뚫어보는 것'이며,[103] "사유의 과정을 통해 어떤 현상의 근원과 대상의 본질을 꿰뚫어보는 깊이 있는 사고"라고 정의한다.

즉, 통찰은 일반적인 사고과정과는 달리 본질을 꿰뚫어보는 깊이 있는 사고과정이다. 이는 분석과 직관을 포괄하는 종합적 사유의 결과다. 그러면 전략적 통찰이란 무엇인가? 이는 "전략적인 문제들을 고민하는 과정에서 작동하는 통찰"이라 할 수 있다. 바로 이것이 우리 전략가들에게 절대적으로 필요한 능력이다. 전략이라는 말이 그리스어로 스트라테고스Strategos, 즉 장군들이 전략의 구상과 실행의 전 과정에서 발휘하는 리더십이다. 그리고 그 전략적 리더십은 계산의 영역을 넘어선 고도화된 직관의 영역이다. 전략을 구상하는 지휘관은 전투현장을 직관적으로 바라본다. 다시 말해 생동하는 전투상황을 세세히 분석하는 대상으로 바라보기보다는 그 속에 담긴 디테일을 종합적으로 직관한다. 동시에 자신의 철학, 역사관, 심미안을 종합한 비전에 기초하여 직관을 커다란 전체

상황과 연계시키고 현실의 본질을 통찰한다.[104]

전략이 어려운 것은 눈앞의 실상뿐 아니라 그 실상의 내면에 자리 잡은 본질을 보아야 하기 때문이다. 그러므로 현실은 '눈에 보이는 것'이지만, 전략은 '눈에 보이지 않는 것'이다. 데이터는 사실이지만, 전략적 사고에는 그 배후에 있는 참된 의미나 메커니즘을 읽는 통찰력이 요구된다. 앞서 언급했듯이 어떤 현상을 만들어 내는 현실은 보이는 세계와 보는 사람이 만들어 낸 인식의 세계가 공존하며 때로는 충돌한다. 이처럼 세계는 경험과 생각 그리고 현실로 구성된 복합체다.[105]

전략 현상도 마찬가지다. 눈에 보이는 전장의 배후에 상대 지휘관이 어떤 생각을 하고 있고, 내 의도가 제대로 작동되지 않는 이유는 무엇인가? 이는 시간의 변화에 따라 또는 상황의 변화에 따라 전투가 진행되는 동안 끊임없이 생각해야 할 문제다. 직접 관찰할 수 있는 현상을 통해 전황이 어떻게 나타나고, 앞으로 어떻게 전개되며, 그 이유를 밝히는 것이야말로 전략구상의 시작이고 전략적 리더십을 행사하는 것이다.

엘리어트 코헨Eliot A. Cohen의 정·군 관계의 리더십 연구에 따르면 뛰어난 리더는 '상황 하나하나의 독자성과 구체적인 차이를 있는 그대로 인식하는 능력'이 있는 한편, 더욱 커다란 주제 속에서 세부를 종합하는 능력이 있다고 한다.[106]

이처럼 리더의 통찰은 일찍부터 군사 분야의 주요 관심사였다. 클라우제비츠는 "전쟁은 본질적으로 위험하고 불확실하며, 우연이라는 요소가 개입되는 영역이고, 육체적 긴장과 고통이 수반되는 현실"이라는 점을 강조했다.

따라서 훌륭한 지휘관은 전장을 꿰뚫어볼 수 있는 사고능력이 필요한데 그것이 바로 통찰력, 즉 '꾸데이(coup d'oeil)'라는 것이다.[107] 특히 이러한 통찰력은 전쟁에서 나타나는 불확실성과 우연을 극복하는 전쟁의 신, 즉 군사적 천재의 능력이다.

군사적 천재는 '심적인 여러 힘의 조화로운 합일'을 의미하는 것으로, '지성'과 '용기'가 '심적인 여러 힘'을 구성하는 핵심적인 개념임을 강조했다. 그에 따르면, 전쟁에서 예기치 못한 방해요소를 극복하기 위해서는 불확실한 상황 속에서도 진실을 꿰뚫어볼 수 있는 '지성'과 그 지성에 따라 행동할 수 있는 '용기'가 반드시 필요하다고 보았다.

다시 말해 군 지휘관에게 있어 지성이란 "보통의 안광을 가지고는 도저히 볼 수 없는 진실, 즉 장시간의 고찰과 숙고 끝에 눈앞에 펼쳐지는 진실을 신속하고 정확하게 파악하는 것"을 의미한다.

용기는 개별적이고 구체적인 것에 각각의 형태로 작동되는 것이다. 예를 들면 죽음과 육체의 위험에 결연히 대항하는 용기가 있고, 더 나아가 책임에 대한 용기, 즉 마음속에서 불현듯 생기는 두려움에 대항하는 것도 용기에 포함할 수 있다.[108] 또한 확실한 정황에 대해 불안한 의심을 없애는 것도 용기이다. 그리고 이런 용기는 지성에 의해 발동된다.

이 외에도 전쟁의 신의 동기, 명예와 공명심, 의지력, 이성, 자신감, 상상력, 판단력, 성과, 스트레스, 책임감 등이 지성과 용기의 발현, 즉 전략적 직관의 발현에 영향을 미치는 요인이 된다고 했다.[109]

전략적 리더는 상황의 중요성에도 의사결정의 어려움을 겪는데, 이것이 효과적으로 이루어지도록 하는 것이 '전쟁의 신'의 자질이며, '전략적 직관'을 통해 구현된다. 다시 말해 불확실하고 우연이 지배하는 전장에서 지휘관은 기존의 역사적 사례와 군사 지식, 예기치 못한 것을 예상하고 적절한 사례를 활용할지를 판단할 수 있는 냉철함, 올바른 사례를 선택하고 결합하는 통찰력, 불확실한 장애물이 있음에도 앞으로 나아가

는 결단력과 용기를 가져야 한다. 그러므로 통찰은 전쟁 지휘관의 중요한 능력이다.[110]

군사전략가인 조미니는 전략이란 "책상 위에서 전쟁계획을 수립하고 이를 전투현장에서 실행하는 것"으로 정의하였고 그에 따라 지휘관의 전쟁 수립 능력을 체계화하는 데 역점을 두었다.[111]

하지만 통찰은 책상에서의 분석뿐 아니라 치열한 격전의 현장에서 발휘되어야 할 현실적인 역량이다. 즉, 전략을 수립하는 단계에서 일어날 수 있는 모든 가능성을 예측하는 데에도 통찰이 필요하고, 전투현장에서도 불확실성, 우연, 마찰요소를 극복하고, 안개를 걷어내어 현상을 제대로 볼 수 있게 하는 데도 필요한 능력이다.

그래서 클라우제비츠는 전쟁지휘관이 꾸데이(통찰력)를 얼마나 잘 발휘하느냐에 따라 전쟁의 승리 혹은 패배가 결정된다고 강조했다.[112]

앞 장에서는 전략가의 마인드와 관련된 전략적 사고, 지혜를 살펴보았다. 이제 이를 종합하고 통찰을 정리해보고자 한다.

전략적 사고는 지혜를 바탕으로 분석적이고 직관적 사고로 상황을 파악하여 결정을 내리는 능력이다. 지혜는 지식과 경험을 바탕으로 현명한 실천과 윤리, 가치관을 포괄한다. 또한 전체를 고려하여 개방성을 추구한다. 자신의 부족함을 인정하고 기존의 지식과 경험을 과감히 비판하며, 끊임없이 학습하는 자세를 갖는다. 결정의 순간에는 조직과 사회에 대한 가치와 의미, 공존과 균형, 책임감을 기반으로 결정한다.

그러므로 통찰은 종합적 사유의 과정이고, 전체적 상황 속에서 개별적 사안들을 직관하는 능력이며, 따라서 현상 뒤편에 숨겨진 본질을 찾는 능력이다. 전략적 사고와 지혜를 포괄하는 개념이다.

통찰에는 명예로움, 냉철한 이성과 상상력, 의지력, 결단력, 판단과 그에 따른 책임감이 수반된다. 이 책에서는 이 모두를 통찰이라는 개념으로 포괄하며, 전략가의 가치와 철학, 지식과 지성을 활용하는 지성, 그리고 감성의 영역을 포괄하여 이해하고자 한다.

통찰에 이르는 과정

통찰은 어떻게 발현되는가? 앞 장의 논의에서 통찰은 새로운 문제에 직면해서는 기존의 수단으로는 한계가 있으며, 방법 역시 새로워야 한다고 했다. 이는 앞서 전략가의 통찰이 창의성의 발현과정이라고 한 이유이기도 하다. 이는 심리학자나 경영학자들만의 주장이 아니다. 클라우제비츠뿐 아니라 다수의 군사전략가들이 상상력의 중요성에 대해 언급한 점을 주목해야 한다. 상상력, 즉 창의성은 통찰을 발휘하는 데 필요한 요소다.[113]

나폴레옹은 평면의 지도에서 전투현장의 지형을 마음속으로 그리고, 적의 이동 경로와 아측에게 유리한 지점을 파악하며, 어떤 전투 행태가 적합한가를 선택할 만큼 상상력이 뛰어났다고 한다.[114] 클라우제비츠는 상상력을 지성과 함께 꾸데이를 발현시키는 능력이라 하였고, 이는 방향감각에 의해 유도된다고 했다.[115] 그리고 방향감각은 최종 목적을 지향하는 것이다.

이 책은 전략가의 통찰을 "전략을 바탕으로 생각해내는 이기는 지혜, 문제를 해결하고 성과를 내는 지혜를 발휘하는 것"으로 이해한다. 그러므로 일반적으로 지혜가 형성되는 과정을 보면 다음과 같다.

즉, 기존에 머릿속에 있는 지식과 경험을 기반으로 새로운 것에 대한 관찰과 명상, 그리고 성찰과 영감, 열정 등이 관여된다. 특히 성찰과 경험은 많은 학자들이 공통적으로 제시한 것으로, 지혜를 터득하는 확실한 방법이다. 성찰은 이미 내재된 지식을 비판하면서 긍정의 변화를 이끌어내는 지혜의 주요한 동력이며, 성찰의 경험은 기본적인 삶의 문제들, 도전적인 상황, 불확실에 직면했을 때 그 결과를 이롭게 만드는 데 기여한다. 결과적으로 지혜는 자신과 타인의 삶을 통해 직간접적인 경험으로 학습되고 습득된다.[116]

통찰도 이러한 과정을 따른다. 다만 여기서는 전략가들이 새로운 문제에 직면하여 통찰이 어떻게 발현되는가를 설명하면서, 이기기 위해 새로운 전략을 만들어 내는 통찰의 발현 메커니즘을 제시하고자 한다. 이 과정을 그림으로 나타내면 다음과 같다.

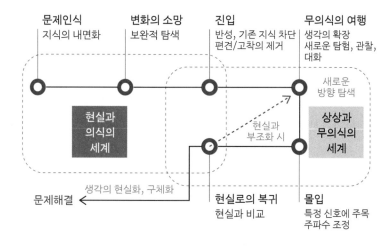

<그림 8> 통찰의 발현 메커니즘

전략가는 기본적으로 지식과 경험이 풍부한 사람이다. 이러한 지식과 경험은 그를 전문적 수준에 이르게 한 원천이다. 그러나 제아무리 뛰어난 능력을 소유한 전략가라도 새로운 문제에 맞닥뜨리게 되면 자기의

지식과 경험만으로는 문제를 해결할 수 없다는 것을 깨닫는다. 수많은 고민과 할 수 있다는 자신감과 희망 속에서도 해결책을 발견하기가 쉽지 않다. 이제 새로운 것이 필요할 때다.

새로운 것을 얻기 위해서는 기존의 것을 버려야 한다. 그러므로 전략가는 자신의 한계를 인정해야 한다. 그가 가지고 있던 지식과 경험, 그리고 기존의 능력에 대한 반성과 함께 이를 버리는 단계로 들어서야 한다. 지식과 경험, 문제해결의 관행 등을 과감히 버려야 한다. 그러한 행동들을 통해 나도 모르게 은연중에 내재화된 편견과 고착을 제거하는 과정이 수반된다.

이 고통스러운 과정을 거친 후에야 희미하게 새로운 것이 보이기 시작한다. 나를 버려야 남이 보인다. 내가 가진 것을 버려야 다른 것이 보인다. 손에 쥔 것을 버려야 새로운 것을 잡을 수 있다. 그래야만 전략가는 새로운 것을 둘러볼 수가 있게 된다. 이제 그는 비로소 자기를 벗어나 관찰과 탐색이라는 여정을 떠날 자격을 얻게 된다. 진정으로 마음을 열고 새로운 것과 대화를 시작한다.

새로운 이는 이전의 나와는 다른 나일 수 있고, 신앙인에게는 신과의 대화일 수 있으며, 기존의 지식과 경험이 아닌 새로운 지식과 다른 사람의 경험이 될 수도 있다. 지나가는 어린아이가 툭 던지는 말이 될 수도 있으며, 꿈속에서 만난 천사와의 대화일 수도 있다.

이런 탐험의 과정 속에서 그는 예기치 못한 것에 특별히 관심이 가고 주목하게 되는 상황을 맞이하게 된다. 바로 그때다. 그 순간 전략가는 모든 것을 그것에 집중해야 한다. 이는 특별한 순간이다. 그러므로 이 상황에서 떠오르는 생각, 누군가의 대화에서 기억되는 내용과 발언에 주파수를 맞추어야 한다. 이는 계시를 통해 답을 얻는 과정이다.

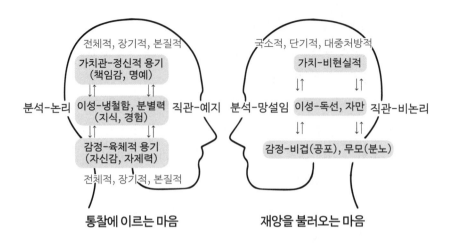

<그림 9> 통찰에 이르는 마음과 재앙을 불러오는 마음

그러나 그것으로 끝이 아니다. 계시는 현실과는 동떨어져 공허할 수 있으며, 현재의 나로서는 해결할 만한 상태가 아닐 수 있다. 그러므로 이제부터는 계시를 구체화해야 한다. 현실에 맞게 조정하는 노력을 통해 문제를 해결해나간다. 바로 이것이 통찰의 발현과정과 통찰을 통해 문제를 해결하는 과정이다.

통찰은 지식과 경험만으로 발현되는 것이 아니며, 전략가의 가치관과 성격적 특성이 반영된다. 그렇다고 지식과 경험이 불필요하다는 뜻은 아니다. 오히려 그를 바탕으로 더 높은 차원의 활용이 요구되는 상황이기 때문이다.

지식과 경험을 바탕으로 한 분석적이고 직관적인 판단, 지성과 오성의 작용이 수반되며, 가치관과 감정도 함께 통합적으로 활용해야 발현되는 능력이다. 왜냐하면, 이성은 감정적으로 흥분되어서는 안 되며 냉철함과 침착함을 가져야 분별력이 생긴다.

자신이 옳다고 믿는 가치에 대해서는 책임과 명예심이 공존하고, 이는 감성적 영역에 존재하는 열정과 용기가 바탕이 된다. 감정적 영역의 자신감과 자제력은 통찰의 발현에 반드시 필요한 요소다. 우리는 지식과 경험을 통해 때로 논리적이고 합리적으로 분석하고, 때로는 직관에서 발현되는 예지를 결정에 반영한다. 이것이 통찰이다.

전략가는 전체적이며, 장기적이고, 본질적인 관점에서 판단한다. 이것이 전략적 통찰에 활용되는 마음의 도구들이다.

그러나 이런 과정이 엉키게 되면 그야말로 재앙이다. 전략가의 가치관이 비현실적인 것에 매몰될 수 있고, 자신의 뛰어난 이성을 과신한 나머지 자만과 독선으로 얼룩질 수 있으며, 감정은 공포로 인해 비겁하거나 분노를 자제하지 못해 무모할 수 있다. 이런 감정 상태라면 모든 것을 그르칠 수 있다. 또한 지나친 분석은 결정을 주저하고 망설이게 하며, 무지에서 나오는 직관은 제대로 작동되지 않을 뿐 아니라 위험하기 짝이 없다.

통찰력 개발 방안

그러면 통찰이 제대로 발현되고 작동되기 위해서는 어떤 노력이 필요한가? 비록 통찰은 우연히 발현되는 신의 선물이기도 하지만, 그 선물을 받기 위해서는 많은 노력이 선행되어야만 한다.

특히나 전략가의 통찰은 오랜 시간에 걸쳐 축적된 지식과 경험, 그리고 개인적으로 접하는 다양한 사건과 문제들에 대한 판단을 통해 형성되는, 즉 후천적으로 습득되는 생각의 방식이며, 이것이 특정 문제에 적절하게 발휘되는 능력이다.

그러므로 우리는 리더들에게 다양한 방법으로 통찰을 접할 기회를 적극적으로 부여할 필요가 있다. 그 통찰은 결정의 경험에서 강화된다. 요즘은 다양한 의사결정 지원 도구들과 전문가들이 활용되고 있기에 관리자급 리더들이 결정의 중압감을 느껴본 경험이 그리 많지 않을 것이다. 특히나 큰 조직에서 성장한 리더들일수록 상하 관계 속에서 상사의 지시를 따라야 하는 경우가 많아 판단의 기회도 매우 제한되어 있다. 고위 리더들도 이러할진대 그 아래의 리더들은 결정의 경험을 축적하는 기회가 점점 더 줄어들고 있다.

이렇게 성장한 리더들은 점점 더 컴퓨터와 전문가들의 판단에 의존할 수밖에 없을 것이다. 이처럼 우리의 운명을 남의 손에 맡기는 상황을 그대로 방치할 것인가? 이제부터라도 우리의 리더들이 어려운 상황을 스스로 결정하고 헤쳐나갈 수 있는 능력을 개발할 기회를 부여해야 한다. 판단력을 기를 수 있는 교육과 훈련을 시작해야 한다. 판단의 기회를 부여하고, 분석과 직관을 바탕으로 통찰이 제대로 발현될 수 있는 토양을 마련해주어야 한다.

그러기 위해서는 조직의 각 계층과 수준에서 판단과 결정에 필요한 역량을 추출하고, 각 수준에서 이들 역량을 함양시키기 위한 조직 차원의 노력을 경주해야 한다. 기업마다 또 조직이 처한 환경마다 필요한 역량들에 차이는 있을 것이다. 그래서 필자는 일반적 관점에서 다음의 모델을 제시하고자 한다.[117]

먼저 실무자 수준에 필요한 역량이다. 실무적 판단력을 함양하기 위해서는 무엇보다 분석력이 필수다. 초급 수준의 실무자에게는 경험이 부족하여 규정과 절차, 그리고 관련 분야의 지식에 근거한 판단이 중요하다. 일을 수행하는 중에 문제에 봉착했을 때 판단의 정확도를 높이기 위해서는 그 문제에 대한 치밀한 해석과 분석 경험을 축적해야 한다. 이

<그림 10> 수준별 요구되는 판단능력

를 통해 해당 분야의 전문가로서의 감을 형성해나가는 노력이 필요하다. 전문가로서의 감은 해당 분야의 지식축적과 더불어 현장으로 나아가 몸소 부딪히면서 현장을 익히는 것을 추천한다.

관리적 수준의 리더는 해당 분야의 전문가여야 한다. 더 발전하기 위해 그들에게 필요한 능력은 종합력이다. 해당 분야의 문제해결을 위해 그 분야에 존재하는 모든 지식과 경험을 결합할 수 있는 능력이다. 자신의 현장경험과 관련 분야의 지식을 결합할 수 있어야 하고, 같은 분야 타인의 지식과 경험도 활용할 줄 알아야 하며, 때로는 상위 전략적 수준의 리더의 지식과 경험도 활용할 수 있어야 한다. 종합력은 현실과 이론의 종합이며, 지휘부와 현장을 조종하는 능력이다. 종합력은 책상에서의 판단이 현장에서 원활히 기능할 수 있어야 하며, 현장에 나아가서는 모든 관련된 요소들에 대한 장악력을 발휘하는 것이다.

전략적 수준의 리더에게 필요한 능력은 통찰력이다. 이는 새로운 문제에 대한 창의적 대안을 제시할 수 있는 능력으로 조직의 장기적이고 전체적인 관점에서 출발한다. 따라서 전략적 리더는 단순한 일을 처리하는 것에서 벗어나 조직을 위한 비전을 제시할 수 있어야 한다.

<표 3> 통찰력을 개발하기 위한 단계적 역량축적 방안

구분	실무적 수준	전문적 수준	전략적 수준
가치(의지)	즐거움(몰입)	자부심/명예욕	전략적 의지 (비전/사명감/가치) 몰입
지식(사유)	학습/분석 능력	종합 능력	창의적 능력
경험(직관)	발로 뛰는 현장감각(경험의 축적)	다양한 분야의 경험 (경험의 분석/ 합리화)	타인 경험의 적극 수용
감정(본능)	두려움/불만의 제거(용기)	판단 오류의 회피 (냉철함)	겸손함/이해 (새로운 분야에 대한 호기심)

그러나 새로운 문제에 대한 해답은 기존의 지식과 분야로는 한계가 있으므로 평소 다양한 분야의 지식을 접할 수 있어야 한다. 새로운 지식 습득과 타 분야 전문가들과의 교류는 이들에게 매우 필요한 사회적 능력이다.

위대한 리더가 하루아침에 나타나는 것이 아니듯이, 리더의 뛰어난 통찰력은 어느 날 갑자기 발현되는 것이 아니다. 그들은 수많은 문제들에 봉착해서 다양한 지식과 경험을 바탕으로 판단했고, 이리저리 부딪히면서 통찰력이 형성되었다. 때로는 잘못 판단했고, 때로는 성공했다.

그러므로 모든 조직은 리더들에게 판단 경험이 풍부하게 축적될 수 있도록 다양한 기회를 부여하여야 하며, 교육기관에서는 이들이 의사결정에 대한 능력을 축적할 수 있는 방향으로 교육방법과 체계를 재설계할 필요가 있다.

충무공의 통찰

이제 남은 배는 12척, 칠천량해전에서 궤멸된 조선 수군에게 남은 것은 이 것이 전부였다. 어떻게 싸울 것인가? 조선 수군의 수십 배가 넘는 전력을 대적하여 어떻게 승리할 것인가? 절체절명의 순간 그에게 통찰이 발현되었다.

당시 조선 수군은 거의 회복 불가능의 상태였다. 많은 수군이 전사하였 거나 흩어졌고, 그마나 남은 병력의 사기도 떨어질 대로 떨어졌다. 군량미도 거의 바닥이 나고 있었다. 12척의 배로 무엇을 할 수 있을까? 오죽했으면 선조가 수군을 포기하고 육전에 참가하라 명할 정도였을까?

그래도 그는 수군을 포기할 수 없었다. 수군을 포기하면 왜군은 남해와 서해를 통해 보급과 진격을 할 것이 분명했고, 더욱이 곡창지대인 호남을 잃으면 조선은 힘든 전쟁을 치를 수밖에 없는 상황이었다.

그럼에도 그는 12척의 배와 사기가 떨어진 수군으로 차근차근 기적의 역사를 만들어나간다. 이순신이 복귀했다는 소식에 살아남은 수군은 속속 모여들었고, 백성들도 그가 돌아왔다는 소식을 듣고 이순신 함대로 몰려들었다.

이렇게 하여 부족한 병력과 군량미가 자연스레 보충되었다. 그리고 그들과 함께 판옥선 한 척을 더 건조하여 13척으로 해전을 준비하게 된다.

왜군은 칠천량해전으로 사기가 한층 올라있었고, 더욱이 조선 수군의 전력이 너무나 형편없었기에 이순신이 돌아왔다는 것을 알았더라도 이전과 같은 두려움은 없었다.

드디어 결전의 날 왜군은 330여 척의 함선을 몰고 명량해협으로 들어온다. 폭이 좁고 조류가 빨라 조선 수군을 밀어붙일 계획을 세웠다. 선봉으로 구루시마 예하의 전선 세키부네 133척이 조류를 타고 물밀 듯 압박해오기 시작한다.

조선 수군이 모두 두려움에 떨고 있을 때 이순신의 대장선이 앞장서 전투를 치르고 있었다. 이를 지켜본 다른 장수들이 합류하여 전투를 승리로 이끌게 된다. 이순신은 열세의 전력으로 두려움이 전체 진영에 퍼져 있는 가운데에서도 승리의 열쇠를 보는 혜안이 있었다.

그의 혜안에 대해 살펴보자. 수적 열세는 극복할 수 없는 것이었다. 그러나 수적 열세가 전력의 열세가 되는 것은 막아야 한다. 그러기 위해 이순신은 확실한 지원군인 조선 바다의 도움을 빌렸다.

먼저 전투 장소의 선택이다. 명량의 좁은 해협은 적의 대형선인 아다케까지 모두가 함께 진입하기에는 너무도 좁았다. 그래서 왜군은 중형 전선으로 밀고 들어와야 했고, 또 그러면 수적 우위를 확보할 수 있었다. 조류의 빠름은 왜군에게 그리 문제가 되지 않았다.

그들 역시 일본에서 빠른 조류에 익숙했고, 이를 잘 활용할 수 있는 경험 많은 장수들이었다. 그러나 좁은 해협에 전함 모두를 동시에 이동시킬 수는 없었다.

또 한 가지는 조류의 변화를 활용했다. 왜군은 적의 세키부네 선단이 와해되었을 때 대형선이 지원해줄 수 있는 상황이 아니었을 것이다.

왜냐하면 조류가 반대로 바뀌니 파괴된 세키부네의 함선들이 대형선이 포진된 왜군 진영으로 빠르게 이리저리 밀고 들어가니 아다케는 공격은커녕 이것들을 피하기에 바빴을 것이다. 그리고 조류의 힘에 뒤로 밀려날 수밖에 없는 상황에 처하고 말았다. 왜군 진영은 그야말로 혼비백산, 아연실색할 수밖에 없는 상황이었을 것이다.

이처럼 이순신은 13척의 배로도 적의 함대에 맞서 이길 수 있는 승산이 있는 전투를 계획한 것이다. 조선 수군의 신기전, 화포, 대장군전 등의 월등한 화력에 왜선들은 중과부적이었고, 적의 중형함선 세키부네는 판옥선보다 작고 약해서 애초부터 상대가 되지 못했다. 그리고 조선의 바다 흐름까지 활용할 것이라고는 예상하지도 못했을 것이다.

그리고 가장 중요한 점. 바로 우리 수군의 사기를 올리는 일, 결사항전의 모습을 되찾는 일, 그와 함께하면 우리는 반드시 이길 수 있다는 믿음을 다시 주는 일도 반드시 필요한 것이었다.

그는 승리를 만드는 요인들을 찾았고, 그것들을 엮어서 승리를 거둘 수 있는 장소와 시간을 선택하는 혜안을 발휘했다.

"비밀 하나를 알려줄게.
아주 간단한 건데, 마음으로 봐야 더 잘 보인다는 거야.
정말 중요한 건 눈에 보이지 않아."
- 사막여우가 어린 왕자에게 -

모든 유인원이 바나나를 손에 넣을 줄 알지만,
오직 인간만이 별을 따려고 손을 뻗을 줄 안다.
유인원은 숲속에서 살면서 다투고 번식하다 죽을 뿐이다.
우리는 유전자를 이어붙이고, 원자를 분열시키며, 로켓을 발사한다.
이는 단연코 최대의 미스터리다.
- 라마찬드란 -

2. 전략가의 통찰

(1) 전략가의 가치관과 철학

전략은 전략가의 철학과 가치가 반영된다. 전략가는 왜 승리해야 하고, 전쟁을 통해 궁극적으로 얻으려 하는 것은 무엇이고, 어떤 수단을 활용할 것인가 등을 그의 철학과 가치관에 의해 결정한다. 그리고 그 결정에 따라 전쟁의 향방이 결정된다.

분명한 것은 지략만으로 전략을 구상하고 실행을 통해 승리를 얻을 수는 있어도 철학이 없는 승리는 공허하고 무의미하며, 그렇게 얻은 승리는 오래가지 못한다.

유럽을 통일한 역사를 잠시 살펴보자. 초기에 알렉산더 대왕의 유럽과 이슬람 정벌은 헬레니즘이라는 문명의 꽃을 피웠지만, 십자군 전쟁과 독일에 의한 유럽의 침공 같은 경우는 나만의 종교, 우리만의 우월성을 보여주려는 시도였기에 실패했다.

반면에 유럽통합의 기초를 놓은 프랑스의 경제학자이자 외교관을 지냈던 장 모네는 당시 주류였던 민족주의적 흐름에 대항하여 하나의 유럽을 향한 평화주의자로서의 역할을 자처하였고, 그의 반세기에 걸친 노력 덕분에 오늘날 유럽공동체 건설의 주역으로 평가받고 있다.[118] 리더가 어떤 철학과 가치를 지녔느냐에 따라 세상이 달라진다. 리더의 철학은 그래서 중요하다.

그러나 사람마다 가치관과 철학은 천양지차, 천차만별이다. 무엇이 올바른 철학이고 어떤 것이 그릇된 가치관인지를 판가름하는 것도 쉽지 않다. 사람마다 추구하는 가치와 철학은 저마다 성장배경, 경험과 지식, 개인적 선호에 따라 결정되기 때문이다. 또 이 철학과 가치관은 상황에 따라 또 시간의 변화에 따라서도 달라질 수 있다.

그러니 그가 어떤 생각을 가졌는가 하는 것보다 그의 철학과 가치관이 조직을 위해 어떻게 활용되는가가 더 중요한 문제다. 이는 자신의 가치를 위해 조직을 바꾸려는 것이 아니라 조직을 위해 자신의 철학이 어떻게 기여할 수 있는 것인가를 고민해야 한다는 말이다.

전략가가 반드시 유념해야 할 사항은 그가 추구하는 가치의 지향점이 조직에 맞춰져 있는가를 늘 자문해보는 것이다. 필자는 이를 전략가의 철학 또는 가치관으로 정리하려 한다. 이를 전략적 철학 또는 가치관이라 하기에는 논쟁의 여지가 있을 수 있으나 몇몇 학자들에 의해 전략적 사고를 기반으로 한 내용들이 제시되어왔다.

필자는 이들의 논지를 종합하여 전략가의 가치의 방향이 조직을 위한 장기적이고, 전체적이며, 더 높은 가치에 초점을 맞추면서도 시급하고 중요한 본질적인 것에 초점을 맞추라고 제언한다.

관점 1. 전략가는 멀리 보아야 한다

전략가는 장기적 관점에서 조직의 미래를 보아야 한다.[119] 본래 전략이라는 말 속에는 '장기적'이라는 개념이 녹아들어 있다. 통상 우리는 1~2년 앞의 계획을 '전략'이라고 하지는 않는다. 전략이라면 적어도 10~20년 앞을 내다보는 일이다. 조직의 비전을 설정하고 전략과제를 결정하는 문제가 이에 해당한다.

그러나 미래를 내다본다는 것은 그리 쉬운 일이 아니다. 더구나 현재 당면한 문제를 해결하는 데 급급한 조직 구성원들에게 미래를 이야기한다면 그들은 필시 리더가 뜬구름 잡는 말을 한다고 할 것이며, 때로는 환상에 빠진 사람이라는 소리를 들을 수도 있다.

리더나 전략가에게 있어 미래를 본다는 것은 짜릿한 희열이지만, 그것을 보지 못한 사람들에게 내가 본 미래를 설명한다는 것은 결코 쉬운 일이 아니다. 아무도 내 말에 동의하지 않을 때는 더욱 그렇다. 미래를 보는 리더는 영적 체험을 한 신앙인들과 다름없다.

신의 존재를 느낀 사람들이 그렇지 못한 중생에게 그 체험을 어떻게 설명할 것인가? 설탕과 소금의 맛을 모르는 사람들에게 그것이 달고 짜다고 아무리 설명한들 이해시킬 수 있을까? 쉽지 않은 일이며, 때로는 고통일 것이다.

제프 베조스 편지에서 배우는 리더십

2017년 4월 13일(현지 시간 4월 12일), 아마존 CEO 제프 베조스는 주주들에게 보낸 편지를 다음과 같이 공개했다.

1. Remain future-oriented, 미래 지향적인 자세
1997년에 이미 아마존은 매우 성공적인 회사였다. 그러나 제프 베조스는 이것이 시작에 불과하다는 것을 알고 있었다.
"오늘날 온라인 상거래는 고객에게 돈과 귀중한 시간을 절약해줍니다. 앞으로 개인화를 통해 온라인 상거래는 새로운 가치를 발견하는 것을 가속화할 것입니다. 아마존닷컴은 인터넷을 활용해 고객에게 깊은 가치를 제공함으로써 영속 가능한 판매 채널을 만들고 더 큰 시장을 만들 것입니다."

2. See the big picture, 큰 그림을 보라

이는 장기적인 관점에서 접근하라는 것이다. 그것은 제프 베조스가 20년 동안 강조해온 요점들이며, 이는 주주들에게 보내는 1997년 첫 서한에서 명확히 밝혔다.

"우리 성공을 가름하는 근본적인 척도는 우리가 장기적으로 창출하는 주주가치라는 것을 믿습니다. 이 가치는 새로운 시장을 확대하고 기존 시장의 지배력을 지킬 수 있는 시장 지배력의 직접적인 결과로 나타납니다.

우리가 더욱 강력한 시장 지위를 확보할수록 우리의 비즈니스 모델은 강력해집니다." "우리는 장기적인 관점에 방점을 두기 때문에 다른 회사와는 다른 의사결정을 할 수 있습니다. 우리는 단기적인 수익을 고려하거나 단기적인 월가의 관점이 아닌 장기적인 시장 리더십 관점에서 투자를 계속할 것입니다." 이는 아마존이 단기적인 이익을 희생시키고 장기적으로 전략적 지위를 강화하는 데 초점을 맞추고 있다는 점을 잘 나타내고 있다. 이러한 단기적인 이익과의 타협을 거부한 덕분에 아마존은 온라인 서점에서 글로벌 소매 제국으로 변모할 수 있었다.

출처: "사례연구와 트렌드 탐구", 꿈꾸는 섬(http://happist.com)

많은 사람이 내가 본 미래에 동의하지 않을 경우 미래를 보는 삶은 고통이다. 번민, 회의 나아가 실망이 밀려올 때도 있다. 심지어는 확실히 본 미래에 대해서도 의문을 갖는다. 이는 종교지도자만의 문제가 아니다. 지동설을 주장한 갈릴레이는 법정에서, 심리학자인 프로이트는 학계에서 그런 좌절을 맛본 사람들이다. 내가 본 미래가 정말 맞을까? 확신이

점점 떨어진다.[120]

미래는 눈으로 보는 것이 아니라 마음으로 그리는 것이다. 그리고 그 그림은 그림을 그린 화가뿐만 아니라 그 그림을 보는 모든 사람의 가슴을 두근거리게 해야 한다. 꿈을 꾼 자의 설명을 듣는 모든 사람의 공감을 얻어야 한다. 사람을 설득하기 위해 미래를 본 자들은 특별해야 한다. 먼저 자기가 보고 그린 미래에 대한 분명한 확신이 있어야 한다. 내가 미치지 않고 남을 미치게 만들 수는 없다. 그다음은 자기가 본 것을 다 함께 공유하고자 하는 열망이 있어야 한다.

마지막으로 설득의 수단을 현명하게 선택해야 한다. 리더의 꿈을 믿지 않는 사람들이 그의 말을 듣고 따를 수 있도록 그들의 지성과 감성 그리고 가치관에 호소해야 한다.

마틴 루터 킹 목사가 그랬다. 그는 흑인과 백인이 함께하는 지금의 미국을 본 것이 아니라 그린 것이었고, 그 꿈은 눈으로 본 듯 생생했으며, 또 멋진 웅변으로 그 당시 사람들에게 감명을 주었다. 그리고 그것은 현실이 되었다.

흔히 학자들은 비전은 바라는 꿈이나 실현 가능한 것이라야 한다고 주장한다. 그러나 대체로 선구자들이 제시하는 꿈은 당시에는 허황된 것들이 대부분이다. 그들이 그린 세상이 이루어진다는 것은 상상도 하지 못한 시절이었다. 그럼에도 선구자들은 자신이 꿈꾸는 세계를 그렸고, 또 만들어왔다.

중요한 것은 이 멋진 세계를 비전을 지닌 전략가 혼자서 만들지 않았다는 점이다. 미래는 꿈꾸는 자의 것이라 하지만, 꿈을 공유하는 사람들의 지지와 후원이 뒤따를 때 가능한 것이다.

조직에는 다양한 사람들이 있다. 구성원들 대부분이 나름대로의 생각을 가지고 있고, 또 해당 분야에서 전문적 수준의 능력을 쌓은 사람들도 있다. 구체적인 분석, 각자에게 맡겨진 임무는 현장의 전문가들이 더 잘할 수 있다. 그러나 미래에 대한 비전은 리더의 몫이다. 누가 대신해줄 수 없다.

설사 다른 누군가가 더 멋진 미래를 그릴 수 있지만, 그건 그 사람의 것일 뿐 조직의 미래가 아니다. 리더만이 조직의 내일을 고민할 수 있으며, 조직 구성원에 대한 설득도 리더만이 할 수 있다.

조직의 비전은 조직이 가진 핵심가치와 장차 조직이 추구해야 할 높은 목표를 함께 고려해야 한다.[121] 이 두 가지는 상반된 것이라 볼 수도 있지만, 조직의 핵심가치를 고려하지 않는 경우는 조직의 사명과 조직이 나아가야 할 방향성을 잃는 것이며, 담대한 목표가 없다면 조직의 발전은 정체될 수밖에 없다. 따라서 조직을 책임지는 최고경영자는 이 둘을 동시에 고려해야 한다.

나에게는 꿈이 있습니다(I have a dream)

나에게는 꿈이 있습니다. 언젠가 이 나라가 모든 인간은 평등하게 태어났다는 것을 자명한 진실로 받아들이고, 그 진정한 의미를 신조로 살아가게 되는 날이 오리라는 꿈입니다.

언젠가는 조지아의 붉은 언덕 위에 예전에 노예였던 부모의 자식과 그 노예의 주인이었던 부모의 자식들이 형제애의 식탁에 함께 둘러앉는 날이 오리라는 꿈입니다.

나의 네 명의 자녀가 피부색이 아니라 인격에 따라 평가받는 그런 나라에 살게 되는 날이 오리라는 꿈입니다.

오늘 나에게는 꿈이 있습니다. 주지사가 늘 연방정부의 조처에 반대할 수 있다느니, 연방법의 실시를 거부한다느니 하는 말만 하는 앨라배마주가 변하여 흑인 소년소녀들이 백인 소년소녀들과 손을 잡고 형제자매처럼 함께 걸어갈 수 있는 상황이 되는 꿈입니다.

자유가 울려 퍼질 때, 모든 마을, 모든 부락, 모든 주와 도시에서 자유가 울려 퍼질 때, 우리는 더 빨리 그날을 향해 갈 수 있을 것입니다. 신의 모든 자손들, 흑인과 백인, 유태인과 이교도, 개신교도와 가톨릭 교도가 손에 손을 잡고, 옛 흑인 영가를 함께 부르는 그날이 말입니다.

드디어 자유, 드디어 자유, 전지전능하신 하나님, 우리가 마침내 자유로워졌나이다!

출처: 마틴 루터 킹 연설, "나에게는 꿈이 있습니다"에서

멀리 본다는 것은 또 어떤 경우를 말하는 것일까? 노량해전을 앞둔 이순신 장군의 생각이 그러한 경우가 아닐까 한다. 공께서는 도요토미 히데요시의 죽음으로 철군을 하게 되는 일본군을 대상으로 마지막 전투를 계획한다.

선조는 일본군을 그대로 돌려보내려 하였고, 고니시에게 뇌물을 받은 명의 진린 역시 더 이상의 충돌 없이 일본군을 순순히 보내려 했다. 이순신 장군의 휘하 장수들까지 마지막 전투는 피하는 것이 좋겠다고 진언했지만, 공께서는 그 뜻을 굽히지 않았다.

전략을 조금이라도 아는 사람이라면 궁지에 몰린 적을 공격하는 것은 위험하고, 실제로 전쟁을 끝마치는 즈음에 치러지는 전투는 불필요한 희생을 가져올 수도 있었다. 공께서 이를 몰랐을까? 아니다. 전쟁의 신은 더 멀리 내다보고 있었다. 공께서는 왜군은 한 놈도 살려 보내지 않아야 한다고 생각했다. 이유는 분명했다. 지금 이대로 왜군을 돌려보낸다면 필시 그들은 우리를 업신여기고 후에 또다시 조선을 넘볼 것이 확실했

고, 우리의 후손들이 또다시 왜군의 침략으로 고통받을 것이 분명하다고 생각했다.

그러므로 다시는 왜국이 조선을 넘보지 못하도록 그 싹을 확실히 제거하기 위함이었다. 남들은 불필요한 전투라고 했지만, 역사는 이순신 장군의 생각이 옳았음을 증명하고 있다. 노량해전 이후 왜군은 한동안 조선의 바다를 감히 넘보지 못했다. 그것을 위해 공께서는 자신의 목숨과 맞바꾸었다.

관점 2. 전략가는 더 높이 생각한다

전략가는 이상적 가치를 추구해야 하며, 최고를 지향해야 한다. 조직의 미래를 그릴 때 자칫 실수하는 경우가 있는데, 이는 조직이 추구하는 가치와 상반될 경우다. 그럴 경우 조직의 비전은 방향성을 잃는다.

조직 가치는 조직이 탄생할 때부터 있었던 조직의 사명이다. 왜 조직이 생겨났고, 여기는 무엇을 하는 곳이며, 어떻게 일해야 하는 것인지 시간이 흐르면서 조직의 역사를 만들어가면서 사람들의 마음속에 자리잡고 있다.

물론 전략가는 이상주의자가 아니다. 지나친 이상주의자는 균형감각을 잃을 가능성이 높다. 이상주의자들은 때로는 현실을 부정하고, 부하들에게 현실과 투쟁하는 삶을 강요한다. 때로는 맹목적일 수 있다. 불가능을 가능케 하는 의지, 하고자 하는 일에 대한 당위성과 명분을 중요시하는 태도, 간혹 명분이 없으면 눈앞에 이익이 있어도 움직이지 않는 성향은 부하들을 고생시키기도 한다. 현실을 결코 도외시해서는 안 된다.

조직은 개인의 인생관, 가치관이 서로 다른 사람들이 모여 있는 곳이다. 그러므로 리더 개인의 철학과 가치관을 부하들에게 강요해서는 절대로 안 될 일이다. 서로 다른 생각들을 모아 조직발전을 위한 동력으로 활용할 줄 아는 사람이 전략가다.

그럼에도 전략가는 더 높은 가치를 추구해야 한다. 높은 가치를 추구한다는 것은 손에 잡히지 않는 비현실적인 것을 추구하는 것만은 아니다. 비록 발은 땅에 있음에도 저 높은 곳을 바라본다는 것은 현실 속에서도 최고를 추구하는 것이다.

최고를 추구한다는 것은 성과에서도 최고를 추구한다는 의미다. 모든 분야에서 최고를 추구하는 것이고, 구성원들에게도 최고의 직원이 되도록 격려하며, 전략가 본인도 최고가 되기 위해 노력해야 한다.

적당한 수준에서의 타협도 필요하지만, 그 역시 최고를 위한 전략적 선택이어야 한다. 타협의 수준에서 머무는 것이 아니라 잠시 쉬어가는 것이며, 그 위치가 베이스캠프가 되어 다음 도약의 출발점이 되어야 한다. 모름지기 리더는 결코 최고의 수준을 잊지 말고 그 수준에 이르는 목표를 포기해서는 안 된다.

또한 최고경영자가 조직의 사명과 핵심가치에 집중하면 조직이 직면한 극도의 혼란을 극복하는 방향타가 될 수 있으며, 미래를 분명하게 바라볼 수 있다. 칠흑같이 어둡고 내가 있는 곳이 어딘지 모르는 상황에서 조직과 구성원들이 바라보는 등대는 바로 왜 우리가 존재하는가에 대한 이유와 그동안 조직 구성원들이 추구했던 가치관에 집중하는 일이다.

조직 연구자들이 말하는 미션-비전-전략의 체계를 이해하는 것이 이와 관련된다. 조직의 환경들은 장기적이거나 단기적인 환경, 조직에 직접적이거나 간접적인 요소로 구별되며, 조직의 전략은 미션과 비전의 관

저 높은 곳을 향해 달린 한국의 스포츠맨들

한국이 '코리아(KOREA)'라는 이름을 내걸고 처음 출전한 올림픽은 1948년 2월 생모리츠 동계올림픽과 같은 해 8월 런던 하계올림픽이었다. 런던 올림픽은 1948년 8월 14일 폐막했는데, 다음날인 1948년 8월 15일 대한민국 정부의 수립이 선포되었으니 우리의 첫 올림픽 출전은 정부 수립 전에 참가하게 된 것이다. 어떻게 이런 일이 가능했을까? 이 배경에 몽양 여운형 체육회장을 비롯한 한국 스포츠맨들의 노력과 희생이 있었다.

1945년 해방 후 한국의 체육계 인사들은 독립국인 조선을 국제무대에 알리기 위해 올림픽에 참가해야 한다는 데 뜻을 모았다. 일제강점기에 일장기를 달고 올림픽에 출전한 설움도 씻어야 했다. 일장기를 달고 1932년 로스앤젤레스 올림픽, 1936년 베를린 올림픽에 참가했고, 베를린 올림픽에서는 손기정과 남승룡이 마라톤 금메달, 동메달을 획득하며 민족적 가능성을 확인한 바 있었다. 베를린 올림픽 메달로 불거진 '일장기 말소사건'에서 보여주듯이 당시 한국 체육인들에게 올림픽은 단순한 체육인의 대회를 넘어서 한국인의 우수성을 과시하는 자리였다. 신생국으로 올림픽 출전에 힘을 모은 배경이다.

여운형은 1946년 7월 15일 조선올림픽위원회(현 대한올림픽위원회·KOC)를 결성하고 초대 회장을 맡으면서 올림픽에 참가하고자 힘썼다.

올림픽위원회가 만들어진 지 1년 후인 1947년 5월 15일, 주둔군 사령관 하지 중장은 브런디지 IOC 위원장으로부터 이상백을 도와 조선의 올림픽 참가에 힘써 달라는 서한을 받는다.

하지 중장은 다음날 KOC 부위원장인 이상백과 오찬을 함께한 자리에서 브런디지의 편지를 공개하며 "시일이 얼마 남지 않았으니 조선의 IOC 가입 문제를 서둘러 달라"라고 당부했다. 일에 착수한 이상백은 1936년 베를린 올림픽 때 처음 대면한 후 서신 왕래 등으로 우정을 나누었던 브런디지의 서신에 감사하면서 당시 KOC 부위원장 전경무를 파견하기로 결정한다.

　전경무는 어릴 적 부모를 따라 하와이에 이주한 성공한 재미사업가로, 재미한족연합위원회를 통해 임시정부를 지원하는 등 독립운동에 공헌했고, 해방 후 미국과 한국을 오가며 한국의 올림픽 참가를 위해 노력했다.

　스포츠 행정뿐 아니라 현장의 선수들도 올림픽 참가에 힘을 보탰다. 손기정 감독의 지도하에 서윤복 선수가 1947년 4월 제51회 보스턴 마라톤 대회에서 1등을 한 것이다. 비용이 없어 미 군정에서 지원해준 여비와 미 군용기를 타고 하와이로 그리고 다시 배로 천신만고 끝에 도착한 그들은 보란 듯이 1등을 하면서 대한민국을 만방에 알렸다.

　(후에 한국 마라톤은 1950년 제54회 보스턴 마라톤에서 함기용 1위, 송길윤 2위, 최윤칠 3위로 보스턴 대회를 휩쓴다.)

　그에 힘입어 올림픽 참가 지원 연설을 위해 전경무가 IOC 총회에 파견되는데, 안타깝게도 그는 총회에 가는 도중 일본 상공에서 항공기 사고로 순직했다. 이에 이상백은 미국에서 IOC 인준을 돕던 사업가 이원순을 6월 20일 스톡홀름에서 열린 제40차 IOC 총회에 급파했고, KOC의 IOC 가입을 정식으로 승인받고 한국의 올림픽 참가 결정이라는 선물을 얻게 된다.

　비록 정부 수립 전이었지만 국제법상으로 정부 수립이 보장되어있는 상태였고, 미 군정 역시 대한민국의 IOC 인준을 적극적으로 지원하였기에 정부 수립 전이라도 올림픽에 출전할 수 있었다.

　정부가 출범하기도 전에 IOC 인준을 받은 건 한국이 최초였다.

　이원순 자전『세기를 넘어서』(1989)에서 그는 "미 군정 하지 중장으로부터 올림픽 대책위원회 대표로 IOC 총회에 참석해 달라는 연락을 받은 것은 전 씨(전경무) 사망 소식을 들은 지 3일이 지난 때였다. 여운형 씨도 곧이어 별도 전문을 보내왔다. 모두 올림픽위원회가 IOC에 가입되도록 최선을 다해 달라는 부탁이었다"라고 긴박했던 당시를 회고하고 있다. 그는 일제강점기에 미국으로 건너갔고, 아직 대한민국 정부가 수립되기 전이었으므로 여권과 비자가 없어서 해외에 나갈 수 없었다. 궁여지책으로 그는 스스로 개인 여행증명서를 만들어 영국대사관에 여행 신청을 하면서 그간의 사정을 얘기하고 도움을 요청하여 다행히 비자를 받게 된다.

　IOC 인준 후 올림픽 참가를 기념하는 종합경기대회가 1947년 7월 19일 동대문운동장에서 열렸다. 기념 대회 참가차 길을 나섰던 여운형은 피살된다.

　이렇듯 불가능한 일이라고 생각되었지만 뜻을 가진 사람들의 지칠 줄 모르는 노력과 숭고한 희생은 우리 대한민국을 국제무대에 알릴 수 있는 길을 열어주었다. 1948년 제14회 런던 하계올림픽에서 대한민국은 김성집 (역도), 한수안(복싱)이 동메달 2개를 획득하면서 59개국 중 39위라는 성적을 거두게 된다.

출처 1: 오마이뉴스(2020.7.19), http://www.ohmynews.com
출처 2: 페르시안(2013.6.14), https://www.pressian.com
출처 3: KBS 특집기획「한국의 스포츠맨들」

계 속에서 구체화된다. 아울러 조직이 지니고 있는 내부 역량은 핵심가치, 그리고 조직의 능력을 고려한 원대하고 꿈같은 목표 등이 있다. 이러한 것들이 상호작용하면서 조직의 현재와 미래의 가치체계를 구성한다.[122]

　리더의 가치는 조직의 사명을 통해 구성원들과 함께 어울리면서 조직의 문화로 내재화된다. 사명은 조직이 왜 만들어졌는지 알 수 있는 역사자료다. 대체로 사명은 조직이 태동하는 시기에 만들어진다. 사명은 조직의 핵심적 임무이며, 존재이유 자체다.

　전략가는 조직 가치의 변화에 주목해야 한다. 대체로 리더 교체기에 발생하는 조직 가치의 변화는 구성원들을 혼란에 빠뜨리는 경우가 종종 있다. 사명의 변화는 조직 발전기에 새로운 분야로 진출하거나 추가적인 임무를 고려하면서 본래 태동기 때의 모습을 잃어버리기도 한다.

그러나 가치의 혼란보다는 충격이 그리 크지 않다.

어제까지 옳다고 철석같이 믿었던 가치관이 오늘 잘못되었다고 새로운 누군가에게서 듣게 된다면 조직원들은 혼란스러울 수밖에 없다. 조직 구성원들의 가치관은 오랜 세월에 걸쳐 축적되며, 문화로 내재화되므로 이를 변화시키기는 무척이나 어렵다.

따라서 가치체계를 변화시키려면 치밀한 계획과 꾸준한 노력, 의지가 뒷받침되어야 가능한 일이다. 따라서 짐 콜린스는 가급적이면 이 가치관은 보호해야 하는 것이라고 한다. 목표가 변하고 비전도 바뀔 수 있지만, 가치관은 바뀌지 말아야 하는 것이라고 주장한다.

세상이 아무리 변해도 결단코 사수해야 할 가치가 있다. 이 두 가지는 항상 갈등을 수반한다. 옳고 그름을 떠나 전략적 사고가 필요한 상황이다. 전략적 관점은 특히나 딜레마적 상황 속에서 빛을 발휘하게 된다.

관점 3. 전략가는 더 넓게 보아야 한다

전략가는 조직을 전체적이고도 거시적 관점에서 조망해야 한다. 조직 일부의 문제를 전체의 것으로 확대해석해서는 안 되며, 조직 전체의 입장에서 판단하고 결정해야 한다.[123] 왜냐하면 특정한 부분이나 특별히 어떤 한 직원의 리더가 아니라 조직 구성원 모두의 리더이기 때문이다. 그러므로 리더는 조직의 문제에 직면해서는 전체적인 관점을 항상 유지해야 한다.

리더가 조직을 전체적으로 조망할 때 가장 조심해야 할 것은 조직 내에 팽배해 있는 이기주의다. 이는 인간 본성이라지만 적어도 조직인이라면 적절한 균형을 유지해야 한다. 그러나 리더가 앞장서서 직원들에게 조직을 위해 무조건적인 헌신을 강요하는 것도 조심해야 한다.

삼성의 핵심가치 '최고지향(最高指向, Excellence)'

삼성의 이건희 회장은 말한다.

"삼성을 항상 1위로 생각하는 것이 삼성의 장점이자 단점이다. 항상 1위로 착각하는 것이 단점이고, 항상 1위로 가야 한다는 정신이 장점이다."

'내가 일등이다'라는 자만심을 버리고 장점인 '일등정신'을 살려나가야 함을 강조한 말이다.

삼성전자 권오현 부회장은 최고, 일등, 일류가 되겠다는 것이 삼성 철학의 핵심이라고 말한다.

"삼성은 최고, 일등이 되기 위해 인재를 중시하고 기술을 중시하고 일하는 분위기를 만들어 내고 철저하게 관리하고 깨끗한 조직을 만들고 공정한 인사와 교육시스템을 만들었다."

최고지향(最高指向, Excellence)은 "끊임없는 열정과 도전정신으로 모든 면에서 세계 최고가 되기 위해 최선을 다한다"라는 의미다. 사람들은 최고를 좋아한다. 기업 역시 최고를 선호한다. 그러나 선호하는 것과 실현하는 것은 다른 차원이다.

삼성은 최고를 선호하며 최고를 실현한다. 삼성(三星)에서 '三'은 '큰 것, 많은 것, 강한 것'을 나타내며, '星'은 '밝고 높고 영원하며 깨끗이 빛나는 것'을 뜻한다. 삼성은 이같이 창업에서부터 '크고 강하고 높고 영원한 것'을 열망했다.

삼성에서 '최고지향'은 '경영이념, 삼성정신, 핵심가치이며 달성해야 할 비전이자 목표'다.

삼성은 최고(最高)를 상징하는 '제일(第一), 초일류(超一流)' 등의 단어를 좋아한다. 삼성은 '인재제일, 제일주의, 최고의 제품과 서비스 창출, 21세기 세계 초일류 기업 실현' 등을 내세우며 최고지향을 실현하고 있다.

삼성에서 사내용으로 발간한 『삼성인의 용어: 한 방향으로 가자』에는 '0.01초론'이 있다.

"바르셀로나 올림픽 100m 경기에서 우승한 영국 선수 크리스티의 기록은 2등과 불과 0.01초의 차이밖에 나지 않았습니다.

그런데도 그때까지 한물간 선수로 이름이 없던 그는 영국의 영웅이 되었고 전 세계 언론의 스포트라이트를 한 몸에 받았습니다.

불과 0.01초의 차이가 한 사람을 영웅으로 만들고 한 사람은 기억조차 나지 않게 만든 것입니다.

두 선수가 골인한 시간의 차이는 0.01초에 불과하지만 1등과 2등의 차이는 그처럼 엄청난 것입니다. 기업의 세계에서도 마찬가지입니다. 같은 물건을 만들더라도 세계적인 명품을 만드는 일류 회사와 그저 평범한 수준의 물건밖에 만들지 못하는 2류 회사 사이에는 엄청난 차이가 존재합니다. 기술력의 작은 차이, 디자인 능력의 작은 차이가 모이면 일류와 2류의 차이는 엄청나게 커집니다.

이처럼 작은 차이라도 경쟁자에게 뒤지면 2류에 불과한 것입니다. 경제 전쟁으로 일컬어지는 세계 시장에서 살아남는 길은 오직 세계 일류가 되는 길뿐입니다. 많은 사람이 오랫동안 노력하여 신제품을 개발해도 경쟁사보다 조금 늦게 개발하거나 품질이나 디자인이 조금만 뒤져도 그 상품은 일류상품이 되지 못합니다.

그 조금의 차이를 뛰어넘어서 일류가 되는 것, 그것이 바로 전 삼성인의 지혜와 노력을 모아 이룩할 과제입니다"라는 내용이다.

글로벌 경쟁 시대에서 1등과 2등의 엄청난 차이를 인식하고 삼성인의 머릿속에 각인시킨 것이다.

출처: 네이버 블로그
https://blog.naver.com/changsinbang/220942494881

또한 구성원들에 대해 부정적으로 말하는 것도 삼가야 한다. 그런 발언들은 조직 구성원들의 마음을 다치게 할 수 있기 때문이다. 직원들 입장에서 생각해보면 나름 조직을 위해 애쓰고 있는데 이기주의자라는 평가를 들으면 매우 언짢을 것이며, 실제로 이기적인 마음을 갖고 있었다 하더라도 듣기 거북한 말이기 때문이다. 그러므로 리더는 직원들에게 상처를 주는 말보다는 더 격려하고, 나아가 개인의 이기심에 기초한 개인주의를 적절히 활용하여 조직에 공헌토록 유도해야 한다.

물론 자신의 야망과 욕심을 위해 조직을 이용하려는 자들을 경계해야 한다. 때로는 개인의 이기심과 야망이 조직에 부담이 되기도 한다. 그러나 이들 야심 있는 조직 구성원들도 조직에 공헌하도록 방책을 고심해야 한다.

<표 4> 충돌하는 가치관의 제 유형

 딜레마(Dilemma)	• 경쟁적인 선택 상황 • 선택에 따라 장점과 단점이 존재하며, 하나를 선택하는 것은 일시적이고 그럼에 따라 갈등(tension)이 다시 발생함
패러독스(Paradox)	• 모순적이지만 병존함 • 통합된 하나의 원 안에 각각 상반된 상태로 존재 • 내부에서는 상반된 것으로 보이지만, 외부 시각에서는 두 개념이 통합되어 시너지로 보임
변증법(Dialectic)	• 상반된 것을 통합하여 더욱 발전시킴 • 통합을 강조하고 차이를 무시하면 부족함 발생 • 부족함을 채우기 위해 또 다른 요소와 결합해야 하는 과정 발생

전략가는 관료주의로 팽배한 조직의 각 부문 간 긴장과 갈등을 조정하는 역할을 수행해야 한다. 수평적으로는 각 부문 간의 경쟁과 갈등의 문제이며, 수직적으로 볼 때는 위아래 직원들 간에 내재된 갈등을 해소하는 일이다. 어느 한쪽이 잘못할 수도 있지만 대개는 둘 다 문제일 수 있으며, 둘 다 문제가 아닐 수도 있다. 조직이 본래부터 지니고 있는 태생적 문제일 수도 있다.

그러니 최고경영자나 전략가는 조직의 갈등과 긴장을 해소하는 방법이 반드시 조직 내에 존재하는 상반된 것들(가치관, 이데올로기, 관점 등) 중에서 하나만을 선택해야 하는 문제로 보아서는 안된다. 딜레마적 상황이 있을 수도 있고, 패러독스적인 측면도 볼 수 있으며, 변증법적 관점에서 접근해야 할 문제도 있다. 그러니 반드시 양자택일의 문제만으로 생각해서는 안 된다.[124]

조직의 내재하는 갈등적 요소들은 패러독스처럼 공존하면서 시너지를 발생할 수 있고, 상반된 것을 통합하고 조종해가면서 더욱 발전할 수 있다는 거시적인 관점을 가지고 접근해야 한다.

해방 후 미 군정 기간 조선체육회(현 대한체육회)의 초대 회장직을 역임한 독립운동가 여운형 선생은 이념적으로 좌우로 나뉜 당시의 상황에 안타까워하며 다음과 같이 말했다고 한다.

"생각의 차이를 갈등의 도구로 이용하면 민족이 둘로 나뉠 수밖에 없고, 그러면 전쟁이 날 수밖에 없다."

실제로 당시 여운형 선생은 성향상 좌익 쪽에 가까웠지만, 우익인 사들과도 친분을 유지했으며, 더 큰 이데올로기인 조국을 위해 모두 하나가 되기를 원했다.

그러므로 전략가는 거시적이고 전체적 관점을 가지고 접근해야 한다. 조직 내에 존재하는 소규모 부서 단위 리더들의 갈등과 구성원들의 소아적인 행동 관행을 방치하면 조직은 관료주의적 병폐가 만연하게 된다.

물론 지나치게 조직을 강조하면서 개인의 희생을 당연시해서도 안 된다. 대를 위해 소를 희생할 때는 분명한 이유와 명분이 있어야 한다. 조직의 이익에 쉽사리 희생양으로 삼으면 결국 개인들은 돌아선다.

다음으로 더 넓게 보라는 것은 국면 전체를 보라는 것이다. 전략가는 나무를 보되 숲 전체를 볼 수 있어야 한다. 하나의 전투에 매몰된 나머지 전황 전체를 보지 못하는 우를 범하지 말라는 뜻이다. 실제로 전사를 보면 전투에는 승리했지만, 전쟁에는 실패한 사례들이 종종 발견된다. 반대로 전투에서는 졌지만, 전쟁에서는 이긴 경우도 있다.

한니발은 그가 나선 모든 전투에서 로마군을 벌벌 떨게 했지만, 결국 카르타고는 로마에 점령당하고 만다. 남북전쟁에서 북군의 리 장군과 남군의 그랜트 장군의 대결에서도 개별 전투에서는 그랜트의 승리가 많았지만 결국 남북전쟁에서 남군이 패배했다. 20세기 베트남 전쟁에서도 그랬다. 미군은 월등한 화력과 파상적인 물량 공세를 통해 국소적인 전투에서 승리를 거두었지만, 결국은 베트남에서 철수하는 수모를 겪었다.

반면 이순신 장군은 전황 전체를 읽는 시각을 가지고 있었다. 공의 호남 땅에 대한 다음의 생각을 보면 해전뿐 아니라 임진왜란 당시의 전황 전체를 고려하고 있음을 알 수 있다.

"가만히 생각해보면 호남은 나라의 울타리이므로 만약 호남이 없다면 나라도 없을 것이다. 그래서 어제 한산도에 나아가 진을 치고 바닷길을 가로막을 계획을 세웠다."

공께서는 적을 막으면서 백성을 보호하는 역할을 동시에 수행했다. 난리 통에 전라좌수영으로 가면 목숨을 부지할 수 있다는 소문을 듣고 백성들이 몰려들었고, 공께서는 이들을 모두 거두어 구휼했다. 이처럼 전략가는 전황 전체를 조망할 수 있어야 하며, 큰 그림을 그릴 줄 알아야 한다.

그러면 클라우제비츠의 시각은 잘못된 것인가? 분명히 클라우제비츠는 개별 전투의 중요성을 강조했다. 그는 전쟁의 승리는 결국 개별 전투의 합이라는 메시지를 분명히 했다.

이 단호한 메시지 때문에 현대의 전략가들은 클라우제비츠의 한계를 지적하기도 한다. 그러나 필자가 보기에 이는 클라우제비츠의 단견이라기보다는 당시 그가 속한 프로이센의 군대 지휘관들에게 보내는 메시지였을 것이라고 보는 것이 타당한 해석이다.

왜냐하면 당시 프로이센군 지휘관들의 형식주의, 전투 의지와 용맹성 부족으로 나폴레옹에게 패했다고 생각한 클라우제비츠는 프로이센의 장교단에게 분명한 메시지를 던져야 했기 때문이다. 전체를 위해 소를 희생한답시고 쉽사리 전투를 포기하는 행태에 경종을 울리기 위한 것일 수도 있었다. 또한 당시의 전투는 황제들이 직접 참여했고, 그렇기에 전쟁 전체를 보기보다는 황제가 참여한 개별 전투에서의 활약상에 초점을 맞추었기 때문이기도 하다.

어찌 되었든 우리는 이쯤에서 클라우제비츠를 놓아주어야 한다. 전쟁을 한다면 전황 전체를 보아야 한다는 점에는 의문의 여지가 없다. 그래야 일부 실패한 부분을 만회할 여지도 찾을 수 있다.

흔히 조직 전체를 고려할 때 팀처럼 움직이기를 희망한다. 팀제로 운영될 때 수평적인 구조로 즐겁게 소통하고 함께 문제를 해결해나갈 수 있기 때문이다. 그러나 팀들이 모두 다 똑같을 것이라는 착각은 금물이다. 팀도 특성에 따라 다양하다.

스포츠팀의 예를 보자. 골프처럼 팀 경쟁을 하는 경우가 있고, 릴레이 달리기 경주팀도 있다. 또한 축구나 야구팀도 있다. 모두가 합심하여 최고의 성과를 내는 것은 동일하지만, 신경 써야 할 것은 완전히 다르다.

먼저 골프팀의 경우는 모두가 다 잘해야 한다. 어느 한 선수라도 제 기량을 발휘하지 못하면 팀은 승리하기 어렵다. 그러므로 감독과 코치는 선수 하나하나의 실력을 기르는 데 집중해야 한다. 반면 릴레이 경주팀의 경우는 다르다. 상대의 릴레이 순서와 우리 팀 선수들의 릴레이 순서가 승리에 중요하게 고려된다. 따라서 계주에 참여하는 선수의 특성을 고려한 배치가 중요하다.

축구팀의 경우는 또 다르다. 잘하는 사람도 있고, 못하는 사람도 있다. 약점은 보완하고 강점을 강화하면서 다양한 전략을 구사할 수 있다. 전체를 보는 눈도 상황에 따라, 즉 조직의 유형과 일의 특성에 따라 다르게 접근해야 한다.

이번 코로나19 팬데믹 상황에서 우리 국민의 성숙한 행동은 세계 여러 나라의 주목을 받고 있다. 우리는 더 큰 것을 생각할 줄 아는 국민이다. 물론 전체를 생각하지 않고 일부 이기주의적인 행동을 하는 사람들도 있지만, 국민 대다수는 다른 나라들과 비교할 때 한결 성숙된 모습을 보여주고 있다.

그러므로 이런 국민의 리더가 되고자 하는 사람은 그들보다 더 큰 공공의 선을 추구하는 자세와 열린 마음을 가져야 할 것이다.

관점 4. 전략가는 본질에 집중한다

전략가는 본질에 집중해야 한다. 조직에서 본질이란 무엇인가? 조직에서
가장 중요한 문제는 무엇인가? 그것은 바로 조직의 생존과 영속이다. 조
직의 생존과 관련된 문제는 그 어떤 것보다 중요하고 시급하다.

전략가는 어떠한 상황에서도 조직을 살려야 하며, 다른 조직과의
경쟁에서 반드시 이겨야 한다. 우리 회사와 조직에는 소중한 직원들이
함께 삶을 영위하고 있다. 그러니 조직의 생존은 단순히 조직 하나만의
문제가 아니라 리더와 조직 구성원들, 그리고 그들의 가족, 협력업체와
그 직원들 모두의 삶의 문제다. 관련된 모든 사람의 삶이 녹아들어 있는
것이 바로 조직이다. 어떠한 일이 있더라도 생존해야 하는 이유가 여기에
있다.

거창한 논리를 떠나 조직은 유기체이며 생명체다. 모든 생명체는 탄
생, 성장, 사멸의 길을 걷는다. 그리고 생명체의 궁극적 목적은 생존과 번
영이다.[125] 조직이 다른 유기체와 차별화된 특징은 비록 삶의 여정은 똑
같지만, 잘하면 수천 년 이상 지탱할 수 있다는 점이다.[126] 그렇다면 오
래도록 조직의 생명을 유지해야 하며, 조직과 함께 구성원들도 오래도록
삶을 이어나갈 수 있게 해야 하지 않겠는가?

그러므로 조직을 책임져야 할 전략가라면 조직의 궁극적 목적, 즉
지속 가능한 생존과 발전을 늘 고민해야 한다. 조직을 둘러싼 제반 환경
속에서 경쟁자의 도전에 맞서서 싸워 이겨야 하며, 치열한 환경 속에서
살아남는 방책을 모색해야 한다. 이 고민은 그 어떤 것보다 사활적이며,
전략가들이 반드시 떠맡아야 할 본질적 문제다.

요즘은 세상이 너무 정신없이 복잡하고 변화무쌍하여 중요한 일에 집중하려 해도 시간이 너무 없다. 아이젠하워 시절만 해도 여유로운 시절이었나 보다. 그는 '많은 일을 어찌 다 처리하느냐?'라는 질문을 받았을 때 자신은 "중요한 일에 집중하고 나머지는 위임한다"라고 했다. 흔히 '아이젠하워의 4D 매트릭스'라고 알려진 것을 보면 다음과 같다.

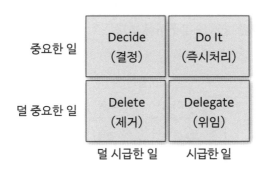

<그림 11> 아이젠하워의 4D 매트릭스

즉, 중요하고 긴급한 일은 즉시 처리한다(Do it). 다음으로 중요하지만 긴급하지 않은 일은 계획을 세워 처리한다(Decide). 그리고 중요하지 않고 긴급한 일은 위임하며(Delegate), 중요하지도 않고 긴급하지도 않은 일은 제거(Delete)해야 한다는 것이다. 그러면서 아이젠하워는 최고 리더는 긴급하지는 않지만 중요한 일에 집중할 것을 강조했다. 중요한 일이 급한 경우는 거의 없으며, 급한 일이 중요한 경우도 드물다고 했다.

그러나 아이젠하워의 결정 매트릭스는 지금으로부터 거의 한 세기 전의 생각이다. 당시는 그리 급한 일이 없었고, 급한 것이라 해봤자 실무자가 처리할 수 있는 일이 대부분이었다. 그래서 아이젠하워 시대의 전략가는 시급한 것은 부하에게 맡기고 본인은 장기적인 것에 중점을 둘 수 있었다.

그러나 이후 세상은 비약적으로 발전했고 또 복잡해졌다. 중요한 문제들이 시시각각 발생하고 있으며, 그중 촌각을 다투는 문제들도 한두 개가 아니라는 것을 전략가 대부분이 체험하고 있다.

그러므로 전략가는 중요하고도 시급한 문제를 즉각적으로 처리할 수 있도록 평소에 훈련되어야 하며, 이러한 문제를 부하에게 맡기지 말고 앞장서서 해결할 능력을 갖추어야 한다.

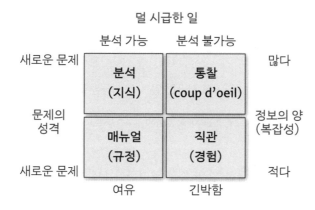

<그림 12> 전략가의 통찰 영역

앞서 제시한 전략가의 통찰 영역을 보면 정보의 질과 양에서 분석이 불가능한 영역, 정보가 많은 영역에서 전략의 통찰이 요구되며, 새로운 문제와 긴박한 경우에서도 전략가의 통찰에 요구되는 영역이라고 언급한 이유도 이 때문이다.

다음으로 조직에서 중요한 것은 무엇일까? 본질에 집중한다는 것은 핵심에 집중하는 것이다. 조직에서 핵심적으로 고민해야 할 일은, 사업의 영역이고, 가치이며, 그리고 비전일 수 있다. 여기서는 조직의 사명, 즉 사업에서의 핵심에 대해 언급하고자 한다.

특히 사업을 확장하고자 하는 기업이 진퇴의 기로에 있을 때(go or no go) 그 기준이 되는 것이 바로 현재 우리가 하는 업의 본질을 보아야 한다. 이것이 핵심에 집중하는 것이다.

크리스 주크Cris Zook와 제임스 앨런James Allen은 그들의 저서 『핵심에 집중하라』에서 성공적으로 지속적인 성장을 하는 기업은 대부분 하나 또는 2개의 강력한 핵심 사업을 중심으로 인접 영역을 조금씩 확장함으로써 성공했다고 한다.[127] 다시 말하면 핵심 사업을 근간으로 잠재력이 있고 가능성 있는 인접 영역으로 확장기회를 노려야 한다는 것이다.

필자도 『성공의 재발견』이라는 책에서 '조심스러운 가지 뻗기 전략'을 소개했는데, 여기서 기업이나 개인이 새로운 영역으로 뻗어나가려 할 때는 현재의 능력, 즉 현재의 사업을 기반으로 해서 확장하라고 권고한 바 있다.

이는 준비가 없는 상태에서의 무리한 욕심은 반드시 화를 부르기 때문이다. 그럼에도 확장하고 싶다면 절대로 핵심에서 벗어나지 말고 핵심을 중심으로 확장하라는 메시지다.

난파선을 구한 34세 컨설턴트

"우리의 토대가 무너지고 있습니다."

2003년 6월 덴마크 빌룬에 있는 본사에서 열린 레고 이사회에 도발적이고 단호한 내용의 보고서가 제출됐다. 당시 레고는 꾸준히 이익을 내고 있었지만, 기회비용을 감안하면 사실상 적자 기업이나 다름없었다.

보고서는 2003년 매출이 30% 감소할 판인데도 운영 비용으로만 2억 5천만 달러를 들여야 한다는 점, 2004년에는 순손실이 두 배로 늘어날 것이라는 점을 지적했다. 보고서를 쓴 사람은 2001년 9월 레고의 전략 개발 책임자로 입사한 34세의 컨설턴트 크누스토르프Joergen Vig Knudstorp였다.

크누스토르프가 CEO로 취임할 당시 레고는 성장은커녕 생존을 고민해야 할 시기였다. 바비인형 제조사인 마텔에 인수당할 뻔한 시기도 있었다. 크엘 키르크 크리스티안센 당시 회장은 2004년 2월 텔레그래프와의 인터뷰에서 "우리의 올해 목표는 손익분기점을 되찾는 것"이라고 털어놓기도 했다.

젊은 CEO가 내놓은 생존 계획은 핵심에 집중하자는 것이었다. 비용을 줄이고 사업을 매각하는 등 회사의 몸집을 가볍게 하는 것이 우선이었다. 그는 레고랜드의 지분 70%를 사모펀드 운용사인 블랙스톤에 팔고 이익이 나지 않는 제품을 폐기하는 등 비주력 사업을 정리했다. 전체 인원의 3분의 1을 구조조정하고 인건비가 많이 드는 공장은 다른 지역으로 이전했다.

자체 유통망인 레고 스토어를 확장하는 대신 기존의 유통 채널을 살리는 데 힘썼다.

또 중복되거나 불필요한 블록 생산을 중단하면서 1997~2004년 6천 종에서 1만 4,200종으로 불어난 블록 종류를 절반 수준으로 줄였다.

비용 절감과 레고의 본질 회복을 동시에 추구하는 전략이었다.

이 과정에서 레고 놀이에 주로 사용되는 표준 블록 비중을 70% 수준으로 늘렸다.

크누스토르프의 혁신은 무너져가던 레고를 세계 1위 장난감 기업의 반열에 올려놓았다. 2004년 67억 크로네까지 줄어들었던 매출액은 12년 연속 증가하면서 2016년에는 379억 크로네(6조 6,700억 원)까지 늘어났다. 혹독한 구조조정으로 2007년 4,199명까지 감소했던 직원 수도 지난해 1만 6,480명으로 불어났다.

출처: 한국일보(2018.4.7), http://www.hankookilbo.com

적과 대치하고 있을 때 이기고 지는 것은
아주 짧은 순간에 결정된다.
장수가 되어 죽지 않는 한 조금도 느슨하게 할 수 없다.
- 『이충무공 행장』에서 -

(2) 전략가의 지성

승리하는 군대는
먼저 성공할 수 있는 여건을 조성한 후
적과 싸우고
패배하는 군대는 먼저 싸우고
이후 승리를 찾는다.
- 손자 -

클라우제비츠는 '전쟁의 신' 혹은 '군사적 천재'의 개념을 제시하면서 그들이 갖추어야 할 역량으로 지성과 용기를 제시했다. 지성은 모든 전략가가 지녀야 할 필수적 자질이다. 특히 전쟁을 지도하는 사람에게 지성은 사활적 역량이다.

국가와 기업 그리고 조직의 안위를 고민하는 지성은 위기 상황을 잘 극복하고 국가이익과 자신이 속한 조직의 이익을 극대화하는 데 활용되어야 한다. 그러기 위해서는 전략구상에 필요한 기본적 역량으로 상황분석과 전략을 수립하는 능력이 필요하다.

상황분석은 적·아에 대한 능력 비교와 전투상황에 대한 냉철한 분석을 말한다. 이는 환경이 자신에게 유리한가 불리한가를 판단하는 일이며, 적에 비해 우세한가 열세인가를 판단하는 일이다. 지성은 냉철함을 토대로 활용되어야 한다. 자만은 금물이며, 걱정과 불안도 배제해야 할 일이다.

이를 토대로 전략가는 조직의 전략을 구상하고 행동 방향을 결정한다. 수많은 방책이 제시되었고, 고려해야 할 요소들은 너무도 많다. 따라서 여기서는 전략가로서 핵심적으로 고려해야 할 네 가지 원칙만을 기술하고자 한다.

전략가가 생존의 경쟁에서 이기기 위해 반드시 고려해야 하는 지성 네 가지는 다음과 같다. 이는 싸움을 준비하고 진행하는 과정에서 우선적으로 고려해야 할 요소들이며, 여러 가지 전략 개념들을 포괄하는 최상위 전략 개념이자 원칙들이라 할 수 있다. 구체적으로 다음과 같다.

원칙 1. 싸우지 않고 이기는 방법을 찾아라

현명한 사람들의 특징은 잘 싸우지 않는다는 것이다. 얄밉게도 그들이 코피를 흘리는 모습을 보기는 쉽지 않으며, 더욱이 그들의 손에 피를 거의 묻히지 않는다. 이들이 모두 평화주의자들이라서 그런 것이 아니다. 승산이 없는 싸움은 시작하지 않기 때문이라는 말이 적절하다. 이런 모습이 비겁하게 보일지는 몰라도 그들은 불필요하게 힘을 들여 무의미한 승리를 도모하지 않는다.

손자는 최고의 병법은 싸우지 않고 이기는 것이라고 분명히 말했다. 더 나아가 전투를 통해 이기는 방법은 하수나 하는 짓이라고까지 했다.[128]

왕건이 고려를 건국하는 과정을 보면 싸우지 않고 승리를 취하는 방법에 대해 알 수 있다. 사실 견훤은 왕건보다 먼저 신라를 정복했다. 견훤은 신라를 무력으로 점령하였으며 함락당한 왕성에서 악행을 일삼아 신라 사람들에게 씻을 수 없는 치욕을 안겨주었다. 신라 경애왕은 후궁으로 몸을 피하였지만 남아있던 귀족, 관료 등을 무차별적으로 살육했고, 경애왕에게는 자살을 강요하고 왕비를 능욕했다.

이날은 신라 사람들에게 잊을 수 없는 치욕의 날로 기억되었고, 영원한 증오를 낳았다.

그러나 왕건의 방식은 달랐다. 그는 신라와 우호적인 외교 관계를 맺고 있던 동안에도 신라의 장수와 주변 호족들을 포섭·회유하는 방식으로 신라를 압박했다. 즉 항복하면 기득권과 생존을 보장해주겠지만, 받아들이지 않으면 무력을 행사하겠다는 메시지를 퍼뜨렸다.

그리고 신라의 민심과 국론이 자신에게 기울고 있다고 생각한 왕건은 고작 기병 50여 명을 데리고 경순왕을 찾아가 신라의 민심이 자신에게 기울도록 했다. 견훤과 함께 공포의 대상이었지만 왕건은 호의와 배려를 지닌 인물로 기억되어 5년 후 경순왕이 나라를 온전히 왕건에게 바쳤을 때 신라 사람들은 아무런 저항 없이 그의 백성이 되었다.

나의 능력을 생각하지 않고 강한 상대에게 도전하는 것은 현명하지 못하다. 아군의 병력이 열세이면 후퇴하고, 승산이 서지 않으면 싸움을 피하여야 한다. 싸움에서 비록 승리가 눈앞에 보여도 승리를 통해 얻을 이익이 적다면 불필요한 희생과 낭비는 무의미하다. 싸움의 과정에서 조직구성원과 부하들의 희생도 크며, 동맹과 친구도 잃고 결국은 본인도 지쳐 나가떨어진다.

개인이라면 성향으로 치부할 일이지만, 그가 조직의 책임자라면 위험하기 짝이 없다. 이는 모든 전략가가 반드시 기억해야 할 경구다.

『손자병법』제1편 「시계」를 보면 전쟁을 시작하되 과연 현재의 능력으로 가능한가를 점검해보는 내용으로 채워져 있으며, 제2편 「작전」은 만일 전쟁을 하게 되면 얼마만큼 돈과 물자가 드는가를 따져보고 오래 끌면 나라가 피폐해지니 가능하면 단기전을 통한 전쟁을 강조하고 있다.

『손자병법』의 핵심적인 사상인 싸우지 않고 이긴다는 부전승 사상도 따지고 보면 전쟁을 하지 않겠다는 것이 아니라, 어떻게 하면 나의 희생과 피해를 최소화하면서 뜻을 이룰 수 있을까 하는 방법을 가르쳐준

『손자병법』의 5사(事) 7계(計)

손자는 "전쟁이란 국가의 존망이 걸려 있는 중대사이며, 백성의 생사와 나라의 존망이 달린 기로이니 신중히 살피지 않으면 안 된다"라고 했다. 그리고 전쟁을 하기 전에 다음 다섯 가지 영역에서 일곱 가지를 비교 검토하라고 했다.

　살펴야 할 5개 부문은 아래와 같다.
　도(道)는 군주의 통치력이고,
　천(天)은 시기에 관한 것이며,
　지(地)는 지형에 관한 것이고,
　장(將)은 장수에 관한 것이며,
　법(法)은 군제와 법질서에 관한 것이다.

　그리고 구체적으로 비교 검토해야 할 7계(計)는 다음과 같다.
　1. 주숙유도(主孰有道), 군주는 어느 쪽이 더 정치를 잘하는가?
　2. 장숙유능(將孰有能), 장군의 작전능력은 어느 쪽이 더 뛰어난가?
　3. 천지숙득(天地孰得), 천지의 이점은 어느 쪽이 더 유리한가?
　4. 법령숙행(法令孰行), 군법이나 명령은 어느 쪽이 더 철저한가?
　5. 병중숙강(兵衆孰强), 군대는 어느 쪽이 더 강한가?
　6. 사졸숙련(士卒孰練), 병사들은 어느 쪽이 더 잘 훈련되었는가?
　7. 상벌숙명(賞罰孰明), 상벌은 어느 쪽이 더 분명한가?

　이렇게 피·아의 우열을 구체적으로 비교 검토하면 전쟁을 시작하기 전에 이미 승패를 알 수 있다고 했다.

출처:『손자병법』,「시계」편에서

다.[129]

　오기가 말하기를 "전쟁에서 연전연승한 나라치고 천하를 얻은 경우는 극히 드물다"라고 했다. 그는 계속해서 "다섯 번 싸워 모두 이긴 나라는 스스로 멸망의 화를 초래하고, 네 번 싸워 모두 이긴 나라는 스스로 피폐할 것이며, 세 번 싸워 모두 이긴 나라는 제후들의 패자가 되고, 두 번 싸워 모두 이긴 나라는 제후들의 임금이 되며, 단 한 번의 결전에서 승리한 나라는 제왕이 될 것이다"라고 했다.[130]

　그러니 전쟁은 항상 신중하게 생각하고 결정해야 한다. 손자는 모든 것의 이해득실을 따져보아야 하며, 절대로 일시적인 기분이나 감정에 편승하여 경거망동해서는 안 된다고 경고했다. 그리고 그 기준을 다음과 같이 제시했다.

　첫째, 유리하지 않으면 싸우지 않는다. 이는 전쟁이라는 수단을 쓸 경우 이익을 지상 최고의 목표로 삼고, 효과를 최우선으로 해야 한다는 것이다. 즉, 밑천보다 이득이 많은 것을 추구하는 사업과 마찬가지로 얻는 게 분명해야 전쟁을 할 수 있다는 뜻이다.

　둘째, 승리의 확신이 없으면 군대를 출동시키지 않는다. 설사 전쟁을 통해 문제를 해결할 수 있고 전쟁의 결과가 괜찮다 해도 이길 자신이 없으면 전쟁을 포기하는 것이 좋다.

　셋째, 위태롭지 않으면 싸우지 않는다. 즉, 전쟁은 최후의 순간에 쓰는 수단이라는 것이다. 웬만해서는 싸우지 않는 것이 나라를 안전하게 하고 군대를 온전히 보전하는 길이라고 했다.[131]

적을 조용히 몰아낸 사무라이

한 사무라이가 칼을 이리저리 휘두르며 자신의 무용담을 자랑하고 있었다. 모두들 불편했지만 두려워서 아무 말도 하지 못하고 있었다.

그런데 한 노인만이 그를 무시했다. 그 노인도 칼을 소지하고 있는 것으로 보아 사무라이가 틀림없었다. 물론 그는 당대 최고의 검객인 쓰가하라 보쿠텐이었다. 그는 신분을 숨긴 채 혼자 여행 중이었다.

자신의 무용담을 자랑하던 사무라이는 이 노인의 태도가 마음에 들지 않았다.

"당신, 이런 이야기를 싫어하나? 당신은 검을 어떻게 쓰는지도 모르는 모양이군. 늙은이, 그렇지 않은가?"

그러자 보쿠텐이 대답했다.

"물론 아주 잘 알지, 하지만 내 방식은 이런 하찮은 일로 칼을 휘두르는 게 아닐세. 검을 쓰지 않는 것도 검을 쓰는 방법 중 하나지."

(중략)

젊은 사무라이는 화가 나서 대결을 신청했다. 보구텐은 섬에서 하자고 했다. 그리고 뱃사공에게 섬으로 가자고 부탁했다. 섬이 가까워지자 젊은 사무라이는 큰소리를 치며 배에서 내려 해변에 섰다. 보구텐은 뜸을 들여 젊은 사무라이의 화를 더욱 돋우었다. 그는 이제 욕설을 퍼붓기 시작했다. 마침내 보쿠텐은 사공에게 자기 칼을 맡기며 말했다.

"내 유파는 무수승류(無手勝流, 검을 사용하거나 싸우지 않고 이기는 유파)요. 그러니 칼이 필요 없소."

그러고는 사공의 손에서 노를 받아 쥐고서는 힘껏 강변을 밀었다.

나룻배는 빠르게 강 한가운데로 나오면서 섬에서 멀어졌다. 사무라이는 배를 돌리라고 소리를 질렀다. 보쿠텐은 이렇게 응수했다.

"이게 바로 싸우지 않고 이기는 법이다."

출처: 로버트 그린, 안진환·이수경 옮김, 『전쟁의 기술』, 웅진지식하우스, 2007.

원칙 2. 희미한 진리의 불빛을 찾아라

겨울 러시아의 끊임없이 날리는 눈을 보고
거기서 불어대는 살을 도려내는 듯한 바람을
피부로 느껴본 자만이 진정한 판단을 내릴 수 있다.
- 구데리안 -

전략가는 상황에 대한 이해가 정확해야 한다. 상황이해는 자료와 데이터에 근거한 분석과 함께, 그 상황 속에 배태된 다양한 요소의 관계와 그로 인한 결과도 예측할 수 있어야 한다.

그러기 위해서는 가장 기초적인 데이터에 대한 접근이 우선이다. 데이터는 현 상황을 객관적으로 이해하는 데 필요한 자료로 활용된다. 그러나 데이터는 상황에 대한 여러 가지 자료를 종합하고, 다양한 분석과정을 거쳐 보고서 등으로 변환된다. 보고서는 또한 연구자의 성향과 연구기관의 정책에 따라 다양한 방법으로 해석되어 제시된다.

통찰의 첫 번째 과정은 관찰에서 시작된다.[132] 우리는 뉴스나 제반 주변 환경변화를 통해 상황에 대한 기본적인 데이터들을 축적한다. 이를 통해 징후를 발견하고 발견된 징후를 통해 이러한 문제에 대처하기 위해 영역을 한정하거나 특정 이슈에 집중한다.

이를 경영학에서는 '구조화 필터링'이라 하고, 군사 부문에서는 '방향성을 가진 망원경'이라고 한다. 특정 문제에 집중하고 이후 그 문제를 해결하기 위해서 해당 분야에 대한 세밀한 분석과 관련 변수들 간의 연결 관계를 찾는 것이 중요하다.

상호연결성은 문제뿐만 아니라 해결방안의 연결성도 포함해야 한다. 그래야 이를 통해 미래를 예측할 수 있다. 다가올 위험, 그리고 그 속

예기적 사후가정과 프리모텀 테스트

불리한 정보를 의도적으로 찾아내는 것도 잘못된 의사결정을 막는 데 도움이 된다. 데버러 미첼 와튼스쿨 교수 등은 프로젝트 등이 이미 실패했다고 가정하고 그 원인을 찾는 '예기적 사후 가정'이 의사결정의 성공 확률을 30% 이상 끌어올린다고 진단했다.

또한 세계적인 인지과학자 게리 클라인 박사는 '프리모텀(Premortem) 테스트'를 고안했다. 'A에 실패했다고 하자. 그렇다면 왜 실패했을까?'라고 묻는 것이다.

이 테스트는 리더 혼자 하는 것이 아니다. 조직원들이 함께해야 효과를 발휘한다. 모든 팀원이 브레인스토밍을 하듯 답을 작성한다. 리더는 팀원마다 답을 읽게 한 후 기록한다. 팀원들은 '우리가 지금 하려는 프로젝트에 어떤 문제가 있을까'라는 질문에는 차마 대답할 수 없었던 것들도 프리모텀 테스트에서는 쉽게 말할 수 있다. '이미 실패했다'라는 가정 덕분이다. 리더는 팀원들이 낸 답을 활용해 프로젝트를 더욱 효과적으로 추진할 수 있다.

출처: 매경(2013.10.24), 박인혜 기자

에서 발견할 기회 요소 등을 시나리오로 구체화할 수 있다. 이러한 과정을 통해 우리는 상황을 이해하고 최적의 결론에 이르게 된다.

그러나 이러한 이상적인 서술과는 별도로 실제 데이터를 통해 현상을 이해하는 것에는 한계가 있을 수밖에 없다. 자료의 제한으로 사건과 문제 상황 전반을 살펴볼 수 없다. 빙하의 구조와 마찬가지다. "보이는 것이 전부가 아니다"라는 경구는 반드시 기억해야 할 것이다.

클라우제비츠는 희미한 진리의 불빛을 언급할 때 지성을 특히 강조했다. 우리가 찾는 정답은 분명하지 않다. 복잡하고 불확실하며 정신없이 변화하는 전장 상황에서 확실한 방책을 마련하기란 쉬운 일이 아니다. 그렇지만 한 줄기 희미한 희망의 빛이라도 찾을 수만 있다면 이 얼마나 다행스러운 일인가.

그러면 그 희망의 빛을 찾는 방법은 어디에 있는가? 전장에 속하면서도 극심한 전쟁터에서 자신을 분리시키고 고요한 평정심을 갖는 것, 3인칭 관찰자 시점으로 전장을 바라보는 마인드가 중요하다. 그럴 때 우리는 적의 중심을 찾을 수 있으며, 중요지점과 결정적 지점을 구별할 수 있다.[133]

그럼에도 희미한 진리의 빛을 찾는 데 몇 가지 장애 요인이 있다. 통상적으로 고위급 리더들은 문제를 해결하는 데 있어서 낙관적 기대를 가지고 접근하는 경향이 있다. 왜냐하면 그들 자신의 성공이 긍정적 사고에 뿌리를 둔 경우가 많았기 때문이다. 난관에 부딪힐 때 긍정적 마인드는 우리를 격려한다. 그러나 심각한 문제들은 늘 그렇듯이 우리의 기대와는 반대로 보답한다. 최악의 상황으로 전개되는 경우가 허다하기 때문이다.

따라서 우리는 긍정적 상황일 때보다는 부정적 상황이 전개될 가능성도 염두에 두어야 한다. 반드시 최악을 가정하고 상황을 분석하고 문제해결에 임하여야 한다. 최악의 상황이 이미 벌어질 일이라고 상상만 하더라도 원인이 무엇이며, 그 문제를 해결하는 필요한 자원과 방법들이 떠오를 것이다. 이를 '예기적 사후가정', 또는 '정신적 시간여행'이라고 한다. 타임머신을 타고 미래에 가본다고 생각하고 그림을 그리면 그 상황에 대한 분석과 이해에 훨씬 도움이 될 것이다.

리더는 남이 보지 못하는 것을 보아야 한다. 특히 전략가는 더욱 그렇다. 사실은 눈에 보이지만, 전략은 눈에 보이지 않는 것이다. 전략가는 사실에서 수집된 데이터를 가지고 데이터의 배후에 숨어있는 참된 의미나 메커니즘을 읽는 통찰이 요구된다.[134] 안개 속에서 희미한 진리의 불빛을 발견하는 몇 가지 방법을 제시한다.

수많은 소음에서 신호를 발견하기란 쉬운 일이 아니다. 산업 분야에서는 환경에 적응하기 위해 신호를 감지하기 위한 안테나를 세워서 외부환경으로부터 발산되는 변화의 신호를 탐지, 해석하여 신속하게 행동으로 옮길 수 있도록 기업이 필요한 신호로 재정의하거나, 새로운 사업 모델로 혁신하기 위해 새로운 정보로 재창출하고 있다.

넘쳐나는 정보와 복잡하고 다양한 신호가 존재하는 시대에서 모든 행위자는 동시다발적인 변수들에 의해 전달되는 신호를 감지해야 하고, 그중에서 올바른 정보획득을 보장받을 수 있도록 오늘날의 진보된 기술들을 발전적으로 채택하는 것도 매우 중요하다.

정보에 대한 적절한 패턴을 인식하기 위해 진보된 데이터마이닝 기술이나 신경 네트워크 등을 활용하고, 실시간 대처가 필요한 부분에서는 의사결정을 간소화, 분권화하여 현장에서 즉각적으로 대응이 가능하도록 유지하는 것도 도움이 될 것이다.[135]

눈앞에서 펼쳐지는 상황이 복잡하고 전개되는 양상이 예측 불가능하다는 것은 이 상황과 관련된 변수들이 무수히 많고, 이들이 서로 뒤엉켜서 끊임없이 상호작용하고 있기 때문이다. 그럼에도 잘 살펴보면 상황에 영향을 미치는 원인들(영향변수들)은 그리 많지 않음을 직감적으로 알 수 있다. 전략가는 이런 것들을 볼 수 있어야 한다. 그리고 이 변수들만을 가지고 관계를 따져본다면 현상의 배후를 추적하기는 훨씬 더 쉬워진다. 즉, 이 모델에 관여되는 변수들을 찾아보고 정말 중요한 몇 가지

변수들만 추려서 모델링을 해보는 것이다.

2×2 매트릭스가 현상을 설명하는 모델링에 종종 활용되는데, 이 단순함이 의외로 강력한 설명력을 지닌다. 2×2 매트릭스는 어떤 현상에 대해 그 현상에 내재된 중요한 요인(또는 변수) 두 개를 가지고 설명하는 방법이다. 모델이 단순한 것처럼 현상도 단순화해서 이해하기 쉽고 가장 중요한 변수를 통해 더욱 본질적인 문제에 접근할 수 있는 장점이 있다. 좀 더 복잡한 문제는 2×2×2나 3×3이 활용되기도 한다. 필자도 자주 활용하는 방법이다.

파레토 법칙도 세상을 이해하는 데 매우 유용한 도구다. 흔히 80:20 법칙으로 이해되며, 이는 전체 결과의 80%는 그중 20%가 주도적으로 관계되어 나타나는 현상이라는 것이다.[136] 즉, 어떤 현상에 관련된 전체 변수 중 20%의 핵심 변수가 전체 현상의 대부분의 원인일 수 있다는 관점이다. 이 말을 경영학에 처음으로 사용한 사람은 조셉 주란Josep M. Juran 인데 이탈리아 인구의 20%가 이탈리아 전체 부의 80%를 가지고 있다고 주장한 경제학자 빌프레도 파레토Vilfredo F. D. Pareto의 이름에서 따왔다.

임진왜란 당시 류성룡은 이를 정확히 활용할 줄 안 사람이었다. 조선조 최대의 국난 위기 상황에서 전시 재상으로서 보여준 류성룡의 혜안에 놀라지 않을 수 없다. 그는 임진왜란을 전후로 하여 국난극복을 위한 탁월한 방책들을 제시하였고, 이를 실행에 옮겼다.

특히 그중에서도 필자가 주목한 정책은 면천법과 관병편오책이었다. 우리는 임진왜란 중에 관군보다는 전국적으로 의병의 활동이 일어나 왜군을 괴롭힌 내용을 자주 접한다. 그러나 실상은 조금 다르다.[137] 전란 초기만 해도 왜군에 대한 일반 백성들의 저항은 많지 않았을 뿐만 아니라 오히려 왜군의 향도 역할을 하였으며, 선조가 도성을 버리고 피난길에 오르자 백성은 도성을 불태우고, 심지어는 왕자를 잡아 왜군에게 넘기기까지 했다.

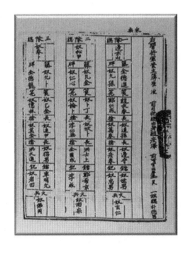

류성룡이 만든
속오군의 '관병편오책'.

소대장에 해당하는
대총에 노(奴: 종)
송이(松伊)·춘복(春卜) 등의
이름이 보인다.

노비들의 신분 상승이
이루어졌음을 알 수 있다.

이렇게 된 이유는 여러 가지가 있는데, 특별히 조선의 병역제도 때문이기도 했다. 양반에게는 병역이 면제되고 양인들에게는 병역을 부과했으며, 나이가 들거나 병역을 이행할 수 없는 사람들에게는 다양한 형태로 수탈이 자행되었다. 관군의 능력이 보잘것없는 상황에서 백성마저 등을 돌린다면 결과는 불 보듯 뻔한 것이었다.

따라서 류성룡은 핵심적인 두 가지에 주목했다. 전란에서 공을 세운 자는 면천해주고, 능력 있는 자는 비록 노비라 해도 지휘관 자리에 앉히는 관병편오책을 시행했다. 이 정책이 시행되자마자 전국에서 의병이 구름처럼 몰려들었다. 그는 민심을 바꿀 핵심적인 사항들을 알고 있었다. 문제가 실타래처럼 꼬여도 이를 풀 수 있는 실마리는 그리 많지 않다. 핵심을 보는 혜안이 중요하다.

지금까지는 상황을 파악하는 데 있어 정적인 신호를 포착하는 것을 언급했는데, 이제는 움직이는 신호를 포착하는 방법을 읽어야 한다. 핵심은 판세가 바뀌는 시점, 즉 변화가 일어나는 경계점을 파악하는 것이다. 그러기 위해서는 상전이(相轉移)를 찾을 수 있어야 한다. 상전이란 물질의 성질 가운데 일부가 급격하게 변하는 현상을 말한다.

대체로 상전이 현상은 어떤 변화가 일어나기 전 그 상황 안에서 어떤 문제나 작은 현상들이 수없이 발생하여 경계 밖으로 흘러 넘쳐나기 직전인 상황이다.[138]

실제로 복잡계에서 세상 모습들은 무질서해 보인다. 각 요소 간 상호작용이 우리가 예측할 수 없는 형태로 진행되기 때문이다. 이를 '비선형'이라 하는데, 비선형 세계에서는 초기에 발생하는 작은 변화 때문에 나중에 상상할 수 없는 엄청난 변화가 발생한다. 오죽하면 혼돈, 즉 카오스라 했을까? 중국에 있는 나비의 날갯짓이 태평양을 건너 미국의 허리케인을 일으킬 수 있다는 설과 더불어, 복잡계 이론은 오늘날 변동성이 큰 주식 시장·정치·사회·문화의 대변혁 등을 설명하는 이론으로 활용한다.

그러나 이 이론의 핵심은 복잡계에서도 질서를 발견할 수 있다는 데 있다. 즉, 복잡계는 여러 요인이 밀접한 상호 관계 속에서 카오스에 빠지지 않고 어떤 형태나 상황으로든 질서를 형성해낸다는 것이다.[139]

그러므로 전략가는 혼돈 속에서도 질서의 모습을 발견해야 한다. 복잡한 무질서 속에 스스로를 내동댕이치지 말고 혼돈과 균형의 중간, 즉 혼돈의 가장자리에서 변화들의 방향을 읽을 수 있어야 한다. 그 지점이 변화를 통해 새로운 질서를 만들어내는 지점이기 때문이다.

흔히 위기관리 영역에서 인용되는 하인리히 법칙도 통찰을 가진 사람이라면 위험의 징후를 발견할 수 있다는 것이다. 한 번의 큰 사고가 발생했다면 반드시 29회의 중간규모의 사건들이 발생하였고, 그전에 300여 건의 소소한 문제들이 발생했다는 원리다.[140] 따라서 사전에 발생한 작은 문제들을 소홀히 여기지 않고 눈여겨보는 자세가 필요하다.

원칙 3. 제1전은 반드시 이긴다

제1전을 이긴다는 것은 이후 전개되는 전황 전반을 장악할 수 있기에 더욱 중요하다. 그러나 상대 역시 철저히 준비할 것이다. 따라서 이길 수 있을 때 싸워야 한다. 제1전을 이기기 위해서는 절대적으로 유리한 상황을 조성해야 한다. 내게 유리한 시간과 장소에서 나의 강한 힘을 적의 취약한 부분에 집중시키는 것이다.

리델 하트는 간접접근전략을 제시하면서 모든 전쟁에서 승리는 전면전을 통해 이룩한 것보다는 우회를 통해 승리를 거두었다고 말했다. 즉 우리의 강한 능력으로 적의 최소 예상선과 최소 저항선을 지향할 때 승리한다고 했다.[141] 전사를 보면 불리한 여건임에도 승리를 가져온 국가나 군대가 구사한 전략이 여기에 있으며, 사실 이는 손자의 핵심 메시지다.

제1전을 이기기 위한 방법은 첫째로, 유리한 위치에서 싸우는 것이다. 즉, 고지에서 싸우는 것이다. 전략의 기본은 적에 불리하고 내게 유리한 환경을 조성하는 데 있다. 일찍이 손자와 군사전문가인 리델 하트 그리고 노나카 교수 등 많은 전략가가 이를 지적했다.

전략은 시간과 공간의 제약 속에서 힘을 효과적이고 효율적으로 발휘하는 역동적 관계 속에서 구체화된다. 노나카는 제4차 중동전 사례를 제시하면서 이집트 사다트의 전략적 통찰에 주목했다.[142]

이 전쟁은 이집트와 시리아 등 중동국가들이 이스라엘에 대항하여

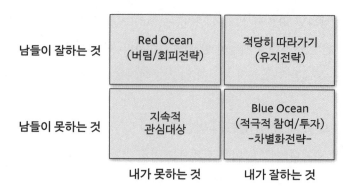

<그림 13> 전략적 포지셔닝

일으킨 전쟁이다. 불리한 여건 속에서 이집트의 사다트 대통령은 이를 극복하는 탁월한 전략적 혜안을 발휘했다.

사다트는 이집트군에 유리한 공간을 선택했다. 어차피 이스라엘 중심 깊숙이 진격하는 것은 무모한 도박이고, 제한전이라는 전제하에 특정 지역에서 힘의 우세를 확보하는 방안을 마련했다. 즉, 이집트에 가까운 지역인 수에즈운하 동쪽에 킬체인을 만들어 이 지역에서의 힘의 우세를 확보했다.

다음은 수단의 선택이다. 이집트군은 이스라엘의 전투기와 폭격기에 대응하기 위한 전력으로 대공포를, 이스라엘 탱크를 공격할 전력으로 휴대용 대전차미사일을, 수에즈운하의 제방을 무너뜨리기 위해 고압의 방수 펌프를 사용하는 창의성을 발휘했다. 이 모두 자신에게 유리한 상황을 조성하는 전략적 지성의 완벽한 구현이었다.

둘째로, 제1전을 이기기 위한 방법은 시간을 선택하는 것이다. 첫 전투에서 이기려면 적이 대비하지 않은 곳을 쳐야 한다. 그러기 위해서는 적을 속여야 하며, 예측하지 못한 시간을 이용해야 한다. 내게 유리한 시간이란 적이 전쟁하는 데 불리한 시간이며, 그것을 찾는 것이 먼저이고 없다면 만드는 데 있다. 적의 허를 찌르는 기만과 기습이 여기에 해당한다.

사다트는 전쟁 개시일을 이스라엘의 속죄절로 선택했으며, 실제 전쟁과 같은 연습을 계속함으로써 이스라엘이 전쟁 당일에도 이집트군의 움직임을 통상적인 군사훈련이라고 여길 정도로 시간을 유리하게 조성했다.

셋째로, 제1전을 승리로 이끌기 위해서는 적보다 우수한 능력으로 대결해야 한다. 적보다 숫자가 많아야 하며, 적의 약한 곳을 우리의 강한 능력으로 공략해야 한다. 결론적으로 첫 싸움에서는 모든 면에서 적보다 유리해야 한다. 이는 『손자병법』에서 나오는 피실격허(避實擊虛)의 현대판 해석이다. 즉, 적의 강한 곳을 피하고 허약한 곳을 공격하는 것이다.

이순신 장군의 23전 23승의 신화는 미스터리라고 하지만, 사실은 충무공과 조선 수군은 그들의 강점을 극대화하여 싸웠다. 유사 이래 전통적으로 해전의 기본적인 전술은 세 가지다. 즉 상대의 함선에 승선해서 싸우기(boarding), 다음으로 배와 배끼리 부딪히기(beating), 마지막으로 포격(shooting)이다.

왜군은 조총으로 무장했으나 사거리와 파괴력에서 조선 수군의 화포에 미치지 못했고 왜군의 전함은 속도는 빠르지만 튼튼하지 못한 반면, 조선 수군의 판옥선은 조수간만에 적용할 수 있도록 평저선에 느리지만 튼튼했기에 충돌에 강했다.

또한, 왜군은 전통적으로 근접전인 칼 사용에 능했으나 거북선에 철갑을 씌우고 못을 박아 애초부터 근접전을 허용하지 않음으로써 이길 수 있는 완벽한 조건을 갖추었다. 이렇게 조선 수군은 일본 수군에 강점을 가지고 대항했다. 조선 수군은 자신들만이 가지고 있는 장점을 극대화하여 임진왜란을 승리로 이끌었다.

넷째는 차별화다. 차별화는 적과 동일한 방식으로 상대하지 않는다는 것을 의미한다. 즉, 총에는 총, 탱크에는 탱크로의 대결을 고려하지 않는 것이다. 상대보다 강력하고, 내가 가진 것이 독특해서 상대가 대비하기 어려운 것을 들고 나서야 한다.

이를 경영학에서는 VRIN이라는 용어로 제시하고 있는데 가치 있고(Valuable), 희귀하며(Rare), 모방(Inimitable)과 대체가 불가능한(Non substitute) 역량이어야 한다.[143] 이는 통상적인 비대칭 대응이다. 동일한 대응이 아닌 적의 예측을 벗어난 대응이다. 예측을 벗어난 반격일 때 상대방은 이에 대해 대비하기가 쉽지 않다.

차별화는 달라야 한다. 그러나 무조건 상대와 다른 것만으로는 한계가 있다. 상대에게는 무척이나 생소하고 까다로운 것이지만, 내게는 익숙한 것들을 골라야 한다. 그래야 상대가 당황한다. 그러므로 차별화는 상대적으로 비대칭적이다.

기본적으로 상대는 나와 겨루기에 앞서 그가 가진 능력을 토대로 숙고한다. 그리고 상대는 그가 갖고 있는 능력과 견줄 만한 나의 능력을 신경 쓰지 않을 수 없다. 그러므로 내가 이러한 대칭 구조에서 벗어나야 적이 당황한다. 바로 이 점이 비대칭 대응이 갖는 이점이다.

피카소의 사례가 대표적인 경우다. 20세기 입체파를 창시한 그는 어릴 적부터 미술의 신동이었다. 그래서인지 자신의 미술 실력을 자신하여 중도에 학업을 포기하고 일찍이 전문 화가로서의 길을 걷기 시작했다.

그러나 미술 시장에는 그림을 잘 그리는 사람이 너무도 많았다. 그

제야 피카소는 그 많은 화가와 자신이 별 차이가 없다는 것을 알았다. 아니 그들보다 자신이 뛰어나다고 말할 수 있는 특별한 것이 하나도 없어 보였다. 그래서 그는 남이 가지 않은 새로운 길을 가기로 했고, 수많은 고민과 시도 끝에 20세기의 대표적 예술 사조인 큐비즘을 만들 수 있었다. 피카소의 성공은 남들과 다른 차별화 전략의 구현이었다.[144]

원칙 4. 주도권을 유지하라

바둑을 두면 흑백을 나누는데, 먼저 두게 되는 흑의 유리함 때문에 나중에 두는 백에게 몇 집을 덤으로 얹어주어 계산한다. 바둑의 덤 계산에서 다섯 집 반을 주어야 하는가, 여덟 집을 더 주어야 하는가의 논쟁의 핵심은 흑의 선착이 갖는 유리함 때문이다.[145] 이른바 '선빵의 유리함'은 대국 내내 주도권을 유지한다. 특별한 국면의 전환이 없다면 백을 쥔 사람은 대국 내내 흑을 쥔 사람에게 끌려다닌다.

바둑만이 아니라 전쟁도 그렇다. 주도권을 지속적으로 확보하는 것은 전략의 사활적 과제다. 주도권을 유지하는 방법이 세 가지 있다. 먼저 시간을 내 편으로 만들어야 하며, 그러기 위해서 나만의 것으로 승부를 걸어야 한다.

『손자병법』을 현대적으로 설명하여 유명해진 중국학자 마쥔은 "주도권이란 군대가 전쟁을 벌이는 과정에서 적에 대해 갖추어야 할 자주적인 행동능력"이라고 했다. 군사적 싸움이란 유리한 조건을 쟁탈하는 싸움이고, 작전의 주도권을 쟁탈하는 겨룸이다.

또한 몰트케는 "주도권은 신속히 장악하고 있으면 적의 독립적인 의지를 제한할 수 있다"라고 하였고, 이러한 가운데 우연을 최소화하는 방법은 가장 강할 수 있는 곳에서 소극적인 태도를 버리고 적극적인 태도를 갖는 것이라고 했다. 손자는 "전쟁을 잘하는 장군은 적을 의도대로 끌고 다니며 적의 의도에 끌려다니지 않는다"라고 했다.

모두가 주도권에 대하여 언급한 내용이며, 주도권이 전쟁 승리의 결정적 요소라고 주장한 것이다. 주도권을 잡기 위해서는 적의 방식이 아닌 나의 방식으로 승부해야 한다. 즉, 나만의 강점으로 승부해야 한다.

존 보이드에 의해 제시된 OODA(Observe, Orient, Decide, and Act)

루프는 관찰과 행동 사이에 일련의 과정을 제시하면서 이 루프의 핵심은 스피드에 있다고 지적한다. 즉, 적보다 빠르게 관찰하고 행동 방향을 설정하며 결정하고 행동하는 과정을 신속히 할 것을 주문한다.[146]

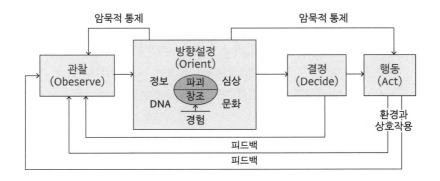

<그림 14> OODA 루프(관찰-방향설정-결정-행동의 의사결정과정)

이 과정에서 잘못된 관찰과 방향설정, 하다못해 잘못된 결정과 행동이 있어도 이 과정이 빠르게 진행된다면 수정도 빠를 것이고 그러면 적보다 승산이 있다고 한다. 결국 속도가 생명이다. '$F = ma$ 또는 $E = mc^2$'이라는 고전물리학 공식은 질량과 함께 속도의 중요성을 제시한 것이다. 경쟁하는 둘의 질량이 같다면 결국은 속도에 달려 있다. 그리고 속도와 가속도는 모두 시간의 함수다. 시간을 지배하여 속도를 증가시키는 노력이 힘을 결정한다.

물론 때로는 완급을 조절해야 할 때가 있다. 이른바 '템포tempo'라고 하는데, 이는 느리거나 빠르게 하면서 적의 호흡을 차단한다. 즉, 적의 일정한 패턴과 안정을 파괴하고 자신의 패턴과 의도를 예측하기 어렵게 한다. 템포는 빠른 자만이 주도할 수 있다. 느린 자는 빠를 수 없지만, 빠

광개토대왕의 속전속결

손자는 "일단 전쟁을 개시했다면 절대로 시간을 끌지 말라"라고 강조했다. 속도전의 핵심은 상대방이 미처 생각하고 준비하기 전에 놀랄 만한 기동력으로 갑작스럽게 기습공격을 가하는 것이다.

광개토대왕은 18세의 어린 나이에 왕위에 올라(374년) 즉위한 지 두 달 만에 4만 명의 군사를 거느리고 백제로 쳐들어가 10개의 성을 함락하고 한강 유역까지 진격했다. 또한 북쪽으로는 거란을 공격하여 포로 500명과 잡혀간 고구려 백성 1만여 명을 데리고 돌아왔다.

이후 북쪽으로 정복활동을 하기 전 백제로부터 항복을 받은 이후 10여 년 만에 숙신과 후연, 그리고 동부여를 정벌하고 신라를 신하국으로 복속시켜 만주 일대와 한반도를 호령하는 대제국 고구려를 세웠다.

광개토대왕이 이러한 업적을 이룰 수 있었던 것은 적군이 예측한 속도보다 빠르게 움직이고 예상하지 못한 지점을 공격했기 때문이다.

그렇다면 어떻게 광개토대왕은 적군보다 빠르게 행동하고 예상할 수 없는 방향으로 공격해 들어갈 수 있었을까? 그 원천은 고구려 기마군단의 기동력과 기습작전이었다.

광개토대왕은 기마군단의 속도와 기습 공격을 십분 활용하여 많을 때는 4~5만, 적을 때는 5~7천 명의 병사만 거느리고 다니면서 모든 전투에서 승리를 거두었다.

광개토대왕은 백제 정벌 시 일부 병사는 백제로, 일부는 거란으로 진군시켰다. 이 전장은 500리나 떨어져 있었기 때문에 백제는 교란작전에 속아 아무런 대비를 하지 못했고, 기습공격으로 한강 북쪽의 10여 개 성과 수많은 마을을 빼앗겼다.

속도전과 기습공격은 적군이 아군의 진로와 속도, 그리고 공격 방향을 예측할 수 없을 때 큰 효과를 발휘한다.

출처: 한정주, 『한국사 전쟁의 기술』, 다산초당, 2010.

른 자는 느리게 행동할 수 있기 때문이다.

미래를 예측하는 것은 쉬운 일이 아니며 어차피 미래는 아무도 모른다. 따라서 먼저 행동하는 자가 승리한다. 특별히 적의 약한 부분을 나의 강점으로 두들기는 것이다.

그러므로 조직은 기민하게 움직여야 한다. 변화하는 상황에서 신속히 대처해야 한다. 이러한 당위성에도 조직은 환경변화를 따라가지 못한다.

그래서 최근 경영학자들 간에는 '민첩성(agility)'이 화두다. 환경변화에 신속히 대처하는 능력을 말한다. 불확실하고 복잡한 환경 속에서 기회와 위협을 재빨리 포착하는 능력, 신속한 의사결정 등이 필요한 능력이다.

어떻게 하면 조직과 조직원들을 기민하게 만들 것인가라는 생각이 들 때가 있을 것이다. 기민성, 즉 민첩한 조직을 만드는 방법에 대한 해법을 네 가지로 정리해보았다.

첫째는 조직 상하층에 이르는 결심단계를 줄이는 일이다. 몇 겹으로 층층이 거쳐야 하는 보고체계는 관료조직이 태생적으로 가지는 어쩔 수 없는 숙명이지만, 조직의 말단에서 최고결정권자에 이르는 보고와 결심단계를 거치는 시간이 문제다. 일주일에서 심지어 한 달이 걸리기도 한다. 나폴레옹이 지휘한 프랑스군이 대단했던 이유 중 하나는 그가 결심하고 지시한 명령이 하급제대 지휘관에게까지 도달하는 데 3~4시간에 불과했다는 것이다.[147] 오늘날 우리도 따라가기 쉽지 않은 속도다. 승리하는 군대는 다 이유가 있다.

둘째는 분권화를 통해 권한을 위임하는 것이다. 모든 문제를 중앙에 보고하고 중앙에서 결정하는 것은 문제가 있다. 예하 부대 지휘관이 현장에서 적시에 대처해야 할 일들이 많다. 모든 것을 일일이 보고받고 지시하는 것은 비효율적이다. 예하 부대 지휘관에게 권한을 위임하는 것이 필요하다.

셋째는 구성원들을 능력 있는 직원으로 만드는 일이다. 능력 있는 직원들은 자기 일에 책임 있게 일한다. 능력이 있기에 일을 어떻게 수행하고 처리해야 하는지 안다. 현장에서 접하는 사소한 문제들까지 상부에 불필요하게 보고하는 일은 시간을 헛되게 쓰는 것이다.

마지막으로 자율적이고도 유연한 조직을 만드는 것이다. 이런 조직은 소통이 원활하며, 제반 문제 발생에 적극적으로 대처한다.

이런 조직은 경직된 조직에 비해 발생하는 문제에 침묵하지 않는다. 적극적으로 대처하고 함께 문제를 해결하기 위해 노력한다. 조직 전체가 움직인다. 민첩한 조직은 대체로 전쟁 초기에 첫 전투에서 승기를 잡을 가능성이 높다. 그리고 이는 전황 전체를 지배할 수 있다. 한국의 코로나 19 바이러스에 대한 대응에서 이를 확인할 수 있다.

주도권을 유지하는 마지막 방법은 늘 새로운 방식으로 대응하는 것이다. 흔히 이순신의 조선 수군이 23전 23승 전승의 기록을 거두었다는 것은 기적에 가까운 일이고, 이순신 장군의 군사적 천재성을 강조하는 것으로 한정 지으려 한다. 그러나 전승을 가져오는 군사적 천재의 비책은 바로 늘 새로운 방식으로 왜군을 대했다는 데 있다.

왜군이 아무리 무지하고 생각이 없다손 치더라도 이순신과 격전을 치를 때면 늘 대비하게 마련이다. 지난 전투에서 왜 패했는지 어떻게 공략해야 하는지 전술적인 분석과 대응책을 가지고 나오는 것이 상례다. 그런데도 그들은 이순신과 붙을 때마다 졌다.

핵심은 이순신 장군이 똑같은 방식을 고집하지 않았다는 점이다.

싸움에 임할 때마다 새로운 방식을 들고 나왔다는 것이다. 어떨 때는 조수 간만의 차이를 이용해 기동의 유리함을 택했고, 또 어떨 때는 적 함선을 갯벌에서 기동 자체를 못하게도 만들었으며, 어떨 때는 거북선을 등장시켜 적의 혼을 빼놓기도 했고, 어떨 때는 탁월한 전술적 방책을 구사했다. 그러니 왜군이 속수무책으로 당할 수밖에 없었다. 과거 성공했던 전투방식을 고집하지 않고 늘 새로운 방식으로 임할 때 지속적으로 전쟁의 주도권을 잡을 수 있다.

전략가의 지성 종합

지금까지 싸움에서 이기기 위해 전략가가 발휘해야 할 지성에 대해 언급했다. 전략의 여러 가지 원칙 중에서 전략가로서 우선적으로 고려해야 할 전략의 원칙들을 고민하고 발휘하는 내용을 중심으로 제시했다. 그럼에도 전략은 상황이 유리하거나 불리함을 분석해야 하며, 아군의 능력이 적보다 우세한가 열세한가를 냉철하게 분석해야 한다. 똑같은 전략의 원칙이라도 적용에 융통성이 따른다는 말이다. 그리고 우세하지만 방어해야 할 때가 있고, 열세임에도 공격해야 할 때가 있다. 이럴 때 전략의 원칙들을 어떻게 적용할 것인가? 그 답을 다음의 표로 제시하고자 한다.

먼저 평시에 전쟁을 하기 전이라면 싸우지 않고 이기는 방법을 고민해야 한다. 왜냐하면 전쟁에서 이긴다 한들 아군의 피해도 상당할 것이 예상되기 때문이다. 따라서 상대의 전쟁의지를 무력화하고, 싸우지 않고도 소기의 목적을 달성할 방법을 찾아야 한다.

<표 5> 전략가의 지성, 상황에 따른 전략 원칙의 적용

구분		평시	전쟁 직전	개전 초	전쟁 경과
전략원칙		싸우지 않고 이기는 방법을 찾아라	희미한 진리의 불빛을 찾아라	제1전은 반드시 이겨라	주도권을 유지하라
우세	공세	강한 능력을 보여 상대의 전쟁 의지를 무력화시킨다	전쟁 명분 축적	체계적·누적적 공격, 물리적 마비	병행/동시공격
	방어		적의 의도 파악 아군 약점 보강	적의 약점 공격 응징보복	소모전·지구전 공격으로 전환
열세	공세	평시에는 화친 강한 국가와 동맹 유사시 보복 의지를 천명한다	선제공격/제한전 적의 약점에 집중	기습을 통한 심리적 마비 유도	제한적 주도권 적 반격에 대비
	방어		전쟁 회피/ 동맹확보적 부도덕성 부각	희생의 최소화 게릴라전	게릴라전 전개 심리전

그런데 우세할 경우가 있고 열세인 상황에 처할 때도 있다. 우세할 경우는 나의 강한 능력을 보여 상대의 전쟁 의지를 무력화시키는 방법을 선택한다. 전력이 열세인 경우 평시에는 강한 국가와 화친하고 동맹을 맺어 안전을 유지하고, 유사시 보복 의지를 천명함으로써 상대도 도발할 경우 적지 않은 피해가 발생할 수 있다는 점을 분명히 심어줘야 할 것이다.

다음으로 어쩔 수 없이 전쟁에 돌입해야 하는 상황이라면 이길 수 있는 방책을 찾아야 한다. 우세한 경우 선제공격이 유리하나 어디까지나 선제공격에는 명분이 필요하다. 우세하지만 방어를 선택해야 할 경우는 적의 의도를 파악하고 아군의 약점을 보강하는 데 중점을 두는 것이 좋다.

열세인 경우는 조금 복잡한데, 공격을 통해 상황을 바꿔보려 한다면 반드시 제한전에 국한해야 한다. 선제공격이라 하더라도 제한전에 초점을 두고 적의 약점을 타격하여 효과를 극대화한다.

열세는 대체로 방어하게 되는 경우가 많은데 가급적이면 전쟁을 회피하고 동맹관계를 공고히 하며, 적의 부도덕성을 부각하는 데 역점을 두는 것이 필요하다.

전쟁이 시작되면 무조건 제1전은 반드시 승리하는 방책을 구사해야 한다. 전력이 우세한 경우는 파상공세를 통해 적을 체계적·누적적으로 파괴하고 물리적 마비를 유도한다. 방어를 선택할 경우 응징보복을 위해 적의 취약점을 집중공격하거나 적 지휘부의 직접적 타격도 고려한다.

전력이 열세인 경우 선제공격을 선택할 때는 반드시 기습을 노려야 한다. 적이 예측하지 못한 곳, 예측하지 못한 시간을 선택하여 공격함으로써 적의 심리적 마비를 도모할 수 있어야 한다. 전력이 상대적으로 열세인 경우는 방어를 선택할 수밖에 없는데, 이럴 때는 희생을 최소화하고 게릴라전으로 적을 괴롭힌다.

전쟁이 발발하고 일정 기간이 지났을 때는 주도권을 지속적으로 유지하는 것이 핵심이다. 우세한 경우 공격을 통해 주도권을 유지하려면 병행공격, 동시공격을 통해 적 타격을 극대화한다. 방어를 선택할 경우는 지구전으로 전환하여 적 전력을 소모토록 유지하고, 일정 기간이 지난 후 공세적으로 전환한다.

열세의 전략일 경우 공세를 택하려면 주도권을 행사하되 전쟁이 제한적이고 일시적으로 진행되도록 유도하고 적의 반격에 대비해야 할 것이다. 반면 방어를 지속하는 경우는 게릴라전, 심리전 등에 초점을 두어야 한다.

그러면 이제 전사를 통해 이러한 가설들을 살펴보자. 다음 페이지의 그림에서 X축은 전력의 우세냐 열세냐, Y축은 공격이냐 방어냐의 선택문제를 고려했다.

이를 보면 가장 이상적인 상황은 전력의 우세를 기반으로 공격을 선택하는 것이다. 대표적인 예가 미국의 이라크전 수행이라 할 것이다. 미국은 이 전쟁의 전반에 걸쳐 위에서 제시한 전략 원칙에 충실했다. 즉, 전쟁 전에는 미국 군사력 행사에 대한 강한 의지를 천명하였고, 이라크의 철군과 쿠웨이트의 원상회복을 강조했다. 그러나 이라크는 무시했으며, 미국은 인내심을 가지고 전쟁을 위한 명분을 차근차근 축적했다. 전쟁이 발발하면서 최대의 효과를 거두기 위해 체계적·누적적으로 적의 물리적 파괴를 철저히 도모했다. 그리고 전쟁이 끝날 때까지 병행공격, 동시공격을 통해 주도권을 지속적으로 유지했다.

임진왜란 시 조선의 경우는 명과 동맹 관계를 맺고 있었다. 왜의 전면적 침략에 앞서 산발적인 도발을 함에도 조선은 강력한 보복을 천명하기보다는 왜를 달래거나 무시하는 모습을 보였다.

세종 집권기에 강력했던 모습은 찾기 어려웠다. 전쟁이 시작되는 상황에서 명의 참전을 유도한 것은 그나마 다행으로 여겨진다. 전쟁이 시작되면서 조선의 정규군이 힘도 못 쓰고 패퇴하는 상황이 전개되자 조선은 전국 각지에서 유생과 백성이 의병 활동을 전개했다. 이는 왜를 상당히 당황하게 만들었다. 또한, 조선 수군은 전면전을 피하면서도 일련의 소규모 전투를 승리로 이끌면서 제해권을 장악할 수 있었다.

반면 4차 중동전에서 이집트는 전력의 열세에도 공세적인 전략을 채택했다. 아랍의 맹주로서 이집트는 이스라엘을 상대로 아랍 문명의 자존심을 회복하려는 시도였으나 여러 가지 정황을 종합할 때 전면전으로 가기에는 무리였다. 그래서 제한전을 선택할 수밖에 없었고, 그러니 단

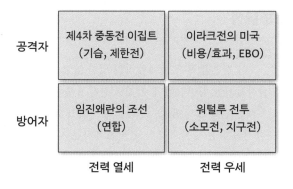

	전력 열세	전력 우세
공격자	제4차 중동전 이집트 (기습, 제한전)	이라크전의 미국 (비용/효과, EBO)
방어자	임진왜란의 조선 (연합)	워털루 전투 (소모전, 지구전)

<그림 15> 전쟁 원칙의 적용과 주요 전쟁 사례

기 결전 승부를 노렸던 것이다. 결과적으로 그들의 기습은 성공했다. 후
에 이스라엘이 전열을 가다듬어 군사적 승리를 거두었으나, 사다트가 노
린 국제 정치 외교적 시도는 성공했다는 평가를 얻는다.

나폴레옹의 워털루 전투는 웰링턴 장군이 이끄는 연합군이 나폴레
옹과 겨룬 마지막 전투였다. 나폴레옹의 능력을 아는 연합군 장군들은
수적 우세에도 섣불리 공격하지 않으면서 적의 전력을 소모하는 형태의
전투를 택했다. 이는 잔존 전력이 다시는 회복할 수 없는 상태까지 고려
한 전투의 모습이었다.

(3) 전략가의 품성

이 잔혹한 투쟁 속에서 상처 입지 않고
살아남기를 바란다면 두 가지 기질이 요구된다.
첫째는 암흑기 속에서도 진리를 추구하기 위해
내부에서 빛나는 일부 희미한 빛을 보유하는 지성이며,
둘째는 처음의 빛이 이끄는 방향으로 따라갈 수 있는 용기이다.
전자는 혜안이고, 후자는 결단력이다.
- 클라우제비츠 -

전략가의 감정은 품성으로 발현되어야 한다. 감정은 타고나는 것이지만, 품성은 노력을 통해 습득되는 제2의 천성이다. 전략가는 타고난 감정과 기질에 좌우되어서는 안 된다. 끊임없이 개발하여 전략가에 걸맞은 품성으로 내면화시켜야 한다.

『육도삼략』은 장군이 갖추어야 할 성격을 다섯 가지로 제시하고 있다. 지혜, 인자함, 용기, 신뢰, 그리고 충성이다. 그러면서 열 가지 주의해야 할 성격에 대해서도 분명히 하고 있다.

첫째, 용감하여 죽음을 가벼이 여기는 것으로 이는 적장을 포악하게 만들어 이성을 잃게 하면 쉽게 공략할 수 있다. 둘째는 성격이 급한 사람인데, 이 경우 대응법은 천천히 오래 끌면 승산이 있다. 셋째는 이익을 탐하는 자인데, 이러한 자에게는 뇌물로 망하게 만든다. 넷째는 지나치게 인자한 사람의 경우인데, 이 사람에게는 많은 일을 만들어 피곤하게 하는 방법이 좋다. 다섯째로 지혜는 있지만 겁이 많은 자는 궁지에 몰아넣어야 하며, 여섯째로 남을 잘 믿는 자는 속임수로 제압이 가능하다고 했다. 일곱째는 청렴결백하나 사랑이 부족한 사람은 모욕을 주어 성

五材: 智 · 仁 · 勇 · 信 · 忠, 十禍: (五危)	공략방법
1. 용감하여 죽음을 가벼이 하는 것, 勇	1. 포악하게 만든다
2. 급하여 마음이 빠른 것	2. 천천히 오래 끌어야 한다
3. 이익을 탐하는 것	3. 뇌물을 줘라
4. 인자하여 남에게 차마 못 시키는 것, 仁	4. 수고롭게 만든다
5. 지혜는 있지만 겁이 많은 것, 智	5. 궁지에 몰아 넣는다
6. 선의가 있어 남을 잘 믿는 것, 信	6. 속임수를 써라
7. 청렴결백하지만 사람을 사랑하지 않는 것	7. 모욕하여 성나게 하라
8. 지혜는 있지만 마음이 이완되어 있는 것, 智	8. 갑자기 습격하라
9. 지나치게 강직하여 자기 뜻대로 하는 것	9. 번거롭게, 피곤하게 하라
10. 나약하여 남에게 맡기기를 좋아하는 것	10. 속여라

출처: 『육도삼략』중 「용도」편에서

<그림 16> 장수의 다섯 가지 자질과 열 가지 조심할 것

내게 하라 했고, 여덟째로 지혜는 있으나 마음이 이완된 자는 기습으로 공격했다. 아홉째는 지나치게 강직하여 자기 뜻대로 하는 자는 번거롭고 피곤하게 하라고 했고, 열째로 나약하여 남에게 맡기기를 좋아하는 자는 속임수로 제압할 수 있다고 조언했다.

또한 『손자병법』에서도 "장수가 죽기로 싸우려 들면 쉽게 죽을 수 있고, 목숨을 아까워하면 포획될 수 있으며, 화를 잘 내면 후회할 일을 만들 것이고, 청렴결백하면 모욕을 당할 수 있다고 했으며, 백성을 사랑하면 번민에 빠질 수 있다"라고 했다. 이렇듯 장수가 갖추어야 할 능력과 자질들도 그것마다 약점이 있으니 늘 조심하라는 경구다.

한편 클라우제비츠는 '전쟁의 신'이 가지는 성격으로 격렬함에 굴복하지 않는 의지, 뜻하는 바를 굽히지 않는 내적 자신감, 마음의 평정과 냉철함을 유지하는 침착함을 제시했다. 많은 연구자들은 의사결정 연구에 있어 전략적 리더의 성격이 의사결정의 효과성에 직접적인 영향을 준

장유오위

- 必死可殺也(필사가살야): 죽기로 싸우면 살해될 수 있으며
- 必生可虜也(필생가로야): 목숨을 아까워하면 사로잡히며
- 忿速可侮也(분속가모야): 화를 잘 내면 후회할 것이며
- 廉潔可辱也(염결가욕야): 청렴결백하면 모욕을 당할 수 있으며
- 愛民可煩也(애민가번야): 백성을 사랑하면 번민에 빠질 수 있다

출처: 『손자병법』 중 「구변」 편에서

<그림 17> 장수가 주의해야 할 다섯 가지 성격

다고 강조하고 있다. 전략가는 특별한 품성을 통해 그 능력이 발휘된다.

아무리 뛰어난 지적능력을 지녔어도 품성이 뒷받침되지 못하면 실패한 인물이 될 수밖에 없다. 전략가의 훌륭한 품성은 그들의 지성과 전략적 혜안을 더욱 빛나게 해주는 원동력이다. 필자는 전략가들이 갖추어야 할 품성으로 승부사로서의 냉철함, 고결한 야망, 균형감각, 그리고 새로운 것에 대한 호기심을 제시한다.

품성 1. 승부사로서의 냉철함을 가져라

전략가는 기본적으로 승부사로서의 기질이 있어야 한다. 싸움에 능한 자라야 하고, 검투사로서의 피가 끓어야 한다. 그러나 이기는 자는 검투사의 기질과 함께 냉철함을 지닌 자다.

동물의 세계에서도 승부사들은 남다름이 있다. 이른바 포식자들은 먹잇감에 다가갈 때, 폭발하는 자신의 심장 박동 소리를 들으면서도 흥분하지 않고 조심성 있게 은밀히 다가간다. 그래야 먹잇감을 포획할 확률이 높다. 포식자와 먹잇감은 기질에도 차이가 난다. 포식자들은 근처 숲에서 부스럭거리는 소리를 들으면 호기심으로 소리가 나는 쪽을 응시

하는 반면, 대부분의 먹잇감은 불안에 떨며 이리 뛰고 저리 뛰기 일쑤다. 승부사로서의 기질은 바로 이런 것이다. 쿵쾅거리는 심장의 박동을 느끼면서도 냉철함으로 은밀히 먹잇감에 다가가는 포식자들의 기질이 승부사가 지녀야 할 핵심적 자질이다.

대표적인 사람이 유명우다. 그는 1980년대 한국의 전설적인 복서다. 프로 통산 39전 38승 1패, 17차 연속 방어 성공. 다시 도전하여 챔피언이 되고 1차 방어 후 타이틀을 반납할 때까지 그는 탁월한 승부사로 이름을 떨쳤다. 그의 전성기인 1980년대, 복싱은 '헝그리 스포츠'의 대명사였다. 가진 것 없고 배고픈 이들이 맨주먹으로 성공을 꿈꾸며 도전하는 종목이었다. 그러나 유명우는 달랐다. 먹고살기 위해서가 아니라 '좋아서' 복싱을 시작했다. 그는 어릴 때부터 레슬링과 권투 등 격투기에 관심이 있었다. 그는 맞는 것을 두려워하지 않았다. 복싱이라는 멋진 경기, 그리고 남자다운 운동. 그는 세계 최고가 되고 싶었다.

그는 챔피언이 되어서도 경기 상대가 결정되면 상대를 철저히 분석하고 경기에 임하기 전에 자신의 몸을 만드는 것으로 유명했다. 냉철한 승부사로서의 기질을 가진 전형이었다.

대부분의 승부사는 의지가 강하다. 웬만한 사람들은 쉽게 나가떨어져도 승부사라면 결코 포기하지 않는다. 한번 물면 놔주지 않는 불독 같은 성향을 보인다. 승부사는 그래야 한다. 강한 정신력과 의지만이 전투에 임하는 사람들이 직면하는 다양한 장애를 극복해낼 수 있으며, 한번 포착한 사냥감을 놓치면 다시는 그 같은 기회가 온다는 보장이 없기 때문이다. 그러니 절대로 그 기회를 놓칠 수 없다.

어떠한 어려움도 극복할 수 있는 긍정적 동기, 꼭 해낼 수 있다는 자신감 등이 의지를 만들고 결국은 큰 성취를 거머쥔다. 그런 관점에서 자

승부사로서의 냉철함을 지닌 유명우

"1977년도에 홍수환 선수의 '4전 5기'를 본 게 결정적이었어요. 그걸 보고서 '아, 내가 할 운동은 저거다. 나도 저렇게 챔피언이 되어야겠다'라는 마음을 먹었습니다."

그는 복싱을 다음과 같이 평한다.

"멋있잖아요. 복싱은 정말 남자다운 운동입니다. 일대일로 주먹만 갖고 승부하고, 쓰러진 사람은 공격하지 않아요. 팔꿈치 가격도 안 되고, 머리로 들이받는 것도 안 되죠. 멋지지 않습니까?"

(중략)

예술이잖아요. 복싱이 힘만 갖고 하는 게 아니란 걸 알았어요. 그 당시 레너드 선수가 자기보다 더 힘세고 체격 좋은 선수들을 때려눕힐 때 보면, 힘으로 맞서는 게 아니라 순간순간 재치있게 기술이나 작전으로 상대하더군요. 상대의 힘을 역이용해서 누르는 걸 보고 나도 저렇게 해야겠다 생각했죠.

어차피 전 키가 작고 체구가 왜소해서 상대의 안쪽으로 파고들어 공략해야 해요. 한 방에 펀치로 상대를 제압할 수 없으니까, 여러 방 연타로 상대를 힘들게 하고 진을 빼놓은 뒤 끝내는 스타일이었어요. '소나기 펀치'라는 말도 그래서 나왔죠. 강펀치가 없으니까 연타로 가야 한다는 생각으로 손을 빠르게 내는 훈련을 많이 했습니다.

(중략)

사실 어릴 적엔 내가 잘하는 줄 알고 아마추어 경기에 나갔는데, 안 되더군요. 나만큼 하는 선수, 그 이상 잘하는 선수가 수두룩했어요. 우물 안 개구리였던 거죠. 그때 정신이 들었습니다. 이렇게 운동해선 안 되겠다, 정말 더 열심히 해야겠다고 결심한 거죠.

훈련도 열심히 하고, 문화체육관이나 장충체육관에서 열리는 경기도 현장에 가서 직접 보면서 연구했어요. 특히 다른 선수들이 레프트로 배를 가격하는 걸 보고서 깨달은 바가 있었죠.

내 몸에 맞게끔 나만의 펀치를 개발했습니다. 아무리 얼굴을 때려도 쓰러지지 않는 선수가 배를 쳤더니 쓰러지더군요. 복서들은 주먹이 날아오는 걸 눈으로 보잖아요. 웬만한 펀치는 보고 맞으면 견딜 수 있어요. 정말 강펀치가 아니면 안 쓰러지거든요. 그런데 배는 맞으면 못 견뎌요. 그걸 알고서 어릴 때부터 배를 공략하는 걸 집중적으로 연습했죠.

출처: 엠스플 레전드(2003.3.25), 배지현 기자

발적 동기는 강한 의지를 생성하는 원천이다.[148] 전략가는 다른 사람들에 비해 더욱 잘하고자 하는 의지가 특별하다. 성과에 대한 강한 집착은 긍정적 동기에 기인한다. 다시 말해 의지가 강하다는 것은 어떠한 일을 해내고야 말겠다는 동기도 강하다는 것이며, 최대한의 성과를 내는 방향으로 행동한다는 것이다.[149]

강한 의지는 강한 정신력의 다른 표현이다. 모름지기 지휘관은 강한 정신력을 지녀야 하며, 그의 강한 정신만이 전쟁의 장애를 극복할 수 있다. 클라우제비츠는 아비규환의 전쟁터에서 부하들이 공포, 불안, 탈진 등으로 의지를 상실하고 용기를 잃을 때 이들에게 다시 전투의지와 충성심을 불러일으키게 하는 것은 지휘관의 강한 의지만이 할 수 있는 것이라고 설파하고 있다.[150]

충무공은 백의종군의 상황에서도, 수적으로 불리한 전투에서도, 또 수군을 폐하고 육군과 함께 싸우라는 군왕의 명령에도 자신의 신념과 의지를 굽히지 않았다. 많은 희생과 주변의 도움이 없어도 옳은 것이라면 강한 의지로 돌파하는 정신이 필요하다.

구데리안은 독일의 전격전을 개발한 사람이다. 그는 전차만으로 구성된 기갑사단의 필요성을 역설하였으나 시기상조라는 육군의 반대에

부딪히게 된다. 그는 여기서 포기하지 않고 국방장관에게 다시 자신의 의견을 피력한다. 그러나 역시 그의 의견은 묵살된다. 하지만 그는 끝까지 포기하지 않고 히틀러에게 자신의 생각을 주장했고, 결국 히틀러의 후원으로 탱크만으로 구성된 부대를 창설하게 된다. 하고자 하는 일이 옳은 것이라면 자리를 내걸고 자신의 신념을 주장하는 의지도 필요하다. 클라우제비츠는 그것이 정신적 용기라고 강조하고 있다.

강한 의지는 승부사의 기질이지만, 반드시 냉철함을 함께 갖춰야만 빛을 발한다. 무조건적인 도전, 항명은 오히려 일을 그르치기 십상이다. 승부사들은 오히려 냉철하게 상황을 분석하고 상대를 연구하여 승리할 방법을 모색하는 자들이다. 이는 냉정한 마음으로 바라볼 때만 가능한 일이다. 그런 자가 진정한 승부사다.

품성 2. 고결한 야망을 품어라

고결한 품성을 가진 사람들의 특성은 치열한 경쟁에서 한발 물러서서 상황을 조망하고, 오물이 튀는 난장판에 끼어들지 않으며, 고고한 자태를 유지하려 한다. 사람들은 그들을 '선비'라 칭송한다. 그러나 그토록 멋진 선비들이 즐비했음에도 조선은 두 차례나 큰 전란을 맞이했으며, 결국은 일본에 의해 강제합병 당하면서 역사의 막을 내렸다.

현실은 냉혹하며, 고결한 사람들이 이른바 '속세를 등진다' 한들 문제가 해결되는 것도 아니다. 오히려 그들이 떠났기에 세상은 더 어지러워졌는지도 모른다. 고결함을 가장한 무책임한 도피에 지나지 않는다. 더구나 조직을 책임지는 위치에 있는 자라면 이러저러한 이유로 자신에게 부여된 사명을 포기해서는 안 된다. 그런 모습은 비겁할 뿐이다.

명예욕은 인간의 욕망 중에 가장 큰 것 같다. 돈을 주고 명예를 사는 사람들도 있으며, 명예를 얻기 위해 때로는 목숨도 기꺼이 던지는 것을 보면 그렇다.

한편으로 명예를 탐하는 것을 가장 경계해야 할 욕심이라고들 한다. 그래서인지 어떤 사람들은 직장에서의 출세와 성공을 위한 경쟁이 추하다고 하면서 홀로 고고한 척, 이 대열에서 벗어나 있다.

그러나 조직의 입장에서 이런 사람들이 많다면 그 조직에 미래는 없다. 조직 구성원들이 출세와 성공을 위해 서로 열심히 노력하고 공정한 경쟁을 할 때 조직은 발전한다. 그러므로 공정한 경쟁을 통해 조직에서 성공하고자 하는 욕심은 건강한 욕심이고, 인정받아야 할 야망이며, 그런 사람에게 명예가 주어져야 한다. 그렇지않으면 무사안일, 무책임, 패배감과 냉소적인 분위기가 조직에 엄습한다. 그래서 클라우제비츠가 모름지기 장군이라면 야망을 가져야 한다고 하지 않았는가? 그가 말하기를 "어느 국가든 영웅이라 칭송받는 사람 중에 야망이 없는 인물은 없었다"라고 한다.

잠깐 여기서 생각해볼 점이 있다. 리더가 갖는 야망이 명예롭고 숭고하다고 인정받으려면, 개인적 야망보다 조직을 생각하는 마인드가 앞서야 한다는 점이다.

짐 콜린스는 레벨 5 리더십을 제시하면서 진정한 리더가 갖추어야 할 자질들을 보여주고 있다.[151] 그에 의하면 '레벨 1 리더'란 재능과 지식, 기술 등을 통해 성과를 내는 뛰어난 능력을 가진 사람이고, '레벨 2 리더'는 집단의 목표를 위해 함께 협력하여 효율적으로 성과를 가져오는 리더이며, '레벨 3 리더'는 조직의 다양한 자원을 활용하여 설정된 조직의 목적을 달성시키는 리더이고, '레벨 4 리더'는 스스로 확실하고도 강력한 비전을 설정하고 자신과 구성원들이 혼신의 힘을 다하도록 이끌고 격려하는 리더이며, '레벨 5 리더'는 이 모든 것과 함께 인격적 겸손과 직업적 의지를 발휘하려는 리더라고 설명하고 있다. 레벨 5 리더는 자기를 드러내지 않으면서도 조직을 위해서는 모든 것을 바칠 준비가 되어 있는 리더라고 했다. 이들은 자신의 자아 욕구를 자기 자신한테서 분리하여 더 큰 조직을 만드는 데 목표를 둔다. 그렇다고 해서 이 레벨 5 리더들에게 자아나 이기심이 없는 것이 아니다. 그들의 야심은 자기 자신보다는 조직을 최우선으로 여기기 때문에 조직에 헌신하는 것이다. 전략가는 조직을 위해 헌신하는 사람이어야 한다.

상해 임시정부의 수반인 김구는 조선이 해방되면 본인은 그 조선의 문지기가 되어도 좋다고 했다. 그리고 그는 좌우를 떠나 조국이 둘로 나뉘는 것을 무척이나 안타까워하며 남북을 오가면서 통합에 애쓴 지도자였다. 당시 국내외 정세로 인해 그의 뜻이 이루어지지 못했으나 그의 노력까지 폄훼해서는 안 될 일이다.

그의 성정을 알 수 있는 또 하나의 일화가 있다. 1947년 보스턴 마라톤 대회에서 서윤복 선수가 우승했을 때 다음과 같이 극찬했다.

"내가 조국의 광복을 위해서 했던 일보다 서윤복 선수가 한 일이 더 크다."

그는 조국을 위해서라면 기꺼이 자신을 낮출 수 있는 분이었다. 충무공 역시 그 큰 공적에도 전혀 자신을 내세우지 않았다. 그는 『난중일기』에 다음과 같이 언급했다.

"사직의 위엄과 영험에 힘입어 겨우 조그마한 공로를 세웠을 뿐인

데, 임금의 총애와 영광이 너무 커서 분에 넘친다. 장수의 직책을 지닌 몸으로 티끌만 한 공로도 바치지 못했으니, 입으로는 교서를 읽지만 얼굴에는 군사들에 대한 부끄러움이 있다."

또한, 먼저 간 부하의 혼을 달래는 축문에서 다음과 같이 위로하고, 스스로를 자책했다.

"윗사람을 따르고 상관을 섬기는 데 있어서 그대들은 직책을 다했지만, 부하를 위로하고 사랑하는 데 있어서 나는 그 덕이 모자랐다."

조직의 리더는 조직을 위해 헌신하는 사람이다. 경우에 따라서는 내가 사랑하는 조직과 그 구성원들을 위해 희생도 각오해야 한다. 개인적인 야망과 명예를 버리라는 것이 아니다. 이기적인 태도에서 벗어나 조직의 운명과 관련된 일에 몰두할 때 그 사람이 갖는 야망과 명예가 고결한 것이 된다. 그것은 리더 한 사람의 성공을 위한 몸짓이 아니라 조직과 그에 속한 모두를 살리는 일이기 때문이다.

조직의 리더가 추구하는 고결함은 조직의 가치와 결부된 것일 때 고고하다. 그것은 바로 임무에 대한 사명감이며, 조직에 대한 충성심이다.

백의종군하면서도 나라를 걱정한 이순신과 이토 히로부미를 척살한 안중근 장군의 모습은 과거나 현재, 그리고 미래에도 대한민국에서 살아가는 모든 사람에게 숭고한 희생으로 영원히 기억될 것이다.

모든 국가의 영웅들이 가진 품성의 근원을 찾아보면 충성심과 사명

유럽통합의 기초를 놓은 장 모네(Jean Monnet, 1888-1978)

프랑스의 경제학자이자 외교관인 그는 두 차례에 걸친 세계대전 후 프랑스 재건을 위해 중요한 역할을 수행했다. 대서양 연안 국가들의 주요 정·재계 인물들과 친분이 두터웠던 그는 샤를 드골의 민족주의적 경향에 맞서 세계주의자로서의 역할을 자처했다.

반세기에 걸쳐 유럽 민주국가들을 단합시키고자 한 노력 덕분에 그는 유럽공동체 건설의 주역으로 평가받고 있다.

그는 포도주 판매업을 하는 부유한 가문에서 태어났다. 전통을 중히 여기는 집안 출신이고 여유와 예절을 강조하는 선조의 생활방식을 버린 적이 없지만, 젊은 시절 여행하면서 접한 이국 사람들의 색다른 생활양식과 사고방식에 큰 영향을 받았다. 제1차 세계대전이 발발했을 때는 자원의 공동관리를 할 수 있는 새로운 형태의 연결대차대조표를 개발했다. 이를 통해 당사국들이 공평한 몫을 얻어낼 수 있는 구체적인 경제계획을 공동으로 추진한다면 동맹 관계가 강화될 수 있다는 점을 배웠다.

모네는 자신이 국제외교 분야에 소질이 있으며, 다양한 사람 간의 관계를 맺어주고 유지해주는 능력이 있음을 깨닫게 되었다. 또 그런 면을 인정받게 된다. 모네는 거의 평생 동안 국가 간의 관계를 증진시키는 데 정열을 바쳤다.

1918년 모든 민주국가의 단합을 촉구하는 연설을 했고, 1919년부터 1923년까지 국제연맹의 사무차장을 지냈다.

히틀러의 등장으로 또 다른 세계대전을 감지하고 1940년 6월에는 이중국적, 단일통화, 모든 자원의 공동관리 등을 포함한 국가연합을 제의하기도 했다.

제2차 세계대전의 종식으로 모네는 더욱 영향력을 발휘했다. 그는 제1차 세계대전 말기에 발생한 외교·경제적 실책을 잘 알고 있었던 만큼 이를 미연에 방지하고자 노력했다.

바로 유럽재건과 항구적인 평화를 위한 아이디어였다. 이는 마셜이 제안한 유럽 재건의 청사진과 일맥상통하는 것이었다.

1950년 모네는 '슈만 플랜'이라고 알려진 유럽 최초의 초국가적인 기구인 '유럽석탄철강공동체'를 탄생시킨다. 이 기구는 정치적, 경제적으로 독일을 유럽의 일원으로 자연스럽게 포용하는 것이었다. 모네는 이 공동체가 단지 석탄과 철강 사업에만 관련된 것이 아닌 새로운 유럽의 시작을 의미한다는 것을 알았다.

그는 계속해서 유럽연합실행위원회를 조직했는데, 이는 훗날 서유럽의 경제 판도를 바꾸게 될 '유럽경제공동체'의 전신이 되었다.

민족주의자인 드골과 마찰을 빚었지만, 결국은 유럽공동시장이 현실화되고 단일한 유럽공동체가 발전하여 1993년 마스트리히트 조약에 의해 유럽연합으로 거듭나는 데 초석을 세운 사람이 바로 모네였다.

출처: 하워드 가드너, 송기동 옮김, 『Leading Minds(통찰과 포용)』, 북스넛, 2006.

감이라는 것을 발견하게 된다. 이것이 기적을 만들었고, 그들을 영웅의 반열에 올려놓게 된 근간이다. 이들의 충성심과 책임감은 부하들의 자발적 충성을 연쇄적으로 불러일으키는 횃불이었다. 전략가는 일신의 영달을 구하는 것에서 벗어나 조직에 헌신하여 자신들의 이름을 조직의 역사에 기록하길 원한다.

고결한 야망은 국가에 대한 충성만이 아니다. 사람마다 가치관이 다르고 추구하는 바가 상이하다. 전략가는 웅대하고 숭고한 야망을 품은 자들이다. 그들이 추구하는 가치가 사람들의 안전과 평화, 그리고 행복을 가져오는 것이라면 그 가치는 존중받아 마땅하다.

그리고 그러한 가치를 구현하기 위해 열정을 다하는 모습에서 인류의 밝은 미래를 볼 수 있다. 이런 사람들의 고결한 야망이 새로운 세계를 만든다.

장 모네Jean Monnet가 바로 그런 사람이었다. 그는 하나의 유럽을 만들 겠다는 젊은 시절의 거대한 야망을 현실화시킨 사람이다.[152]

품성 3. 균형감각을 유지하라

균형감각은 모든 리더가 지녀야 할 중요한 성품이다. 리더는 위엄과 자애로움을 겸비해야 하며, 신상과 필벌을 적절히 활용할 때 부하들이 따른다. 때로는 부하들을 믿으면서도 또 부하들이 실수할 수 있음을 염두에 두어야 하며, 능력 있는 부하 리더에게는 자율성을 인정하여 위임해도 되지만, 부족한 리더들에게는 일정한 수준에 이를 때까지 가르쳐야 할 때도 있다.

고위급 리더가 주의할 점이 있는데, 그중 하나가 편견과 고정관념이다. 그리고 그로 인해 남의 말을 듣지 않으려는 성향이다. 물론 누구나 고정관념은 있지만, 그것으로 인해 일을 그르치면 큰일이다.

고위급 리더들은 능력 있는 사람들이며 그 능력으로 현재에 이르렀다. 자기의 능력, 자신만의 성공 때문에 자신감으로 충만하다. 자신들의 성공을 과신한 나머지 다른 면을 보지 않고 한쪽으로 지나치게 경도되어 있다는 것을 본인만 모른다.

높은 사람일수록 그에게 직언하는 사람은 많지 않기에 더욱 그렇다. 그러나 이러한 성향도 균형감각을 갖추면 완화될 수 있다. 높은 직급의 사람일수록 중용의 미덕을 갖추어야 한다. 대부분 리더가 실패한 이유를 보면 균형감각을 잃어버리는 데 그 원인이 있다.

통상 의사결정자가 확신에 찬 결정을 할 경우, 그렇지 않은 사람에 비해 더 좋은 성과를 낸다고 알려져 있다. 실제로 불모의 여건과 힘든 상황에서도 불도저 같은 신념으로 한강의 기적을 만들어 낸 대한민국의 산업화 과정의 경영자들이 좋은 예다.

그러나 우리는 이들의 지나친 자기 확신과 편향 때문에 일을 그르친 경우도 종종 보아 왔다. 그렇기에 동양의 여러 고전에서는 이러한 맹점을 지적하고, 자기절제와 균형감각을 갖는 중용의 미를 일찍이 강조해 왔다. 과거와 달리 요즘은 지속 가능한 성과를 내는 경영자들이 주목받고 있다. 그리고 이들의 공통적인 특징은 균형감각을 가진 사람들이며, 이 덕목은 고요함과 침착함 그리고 절제에서 나온다.

그들은 잘될 수 있다는 희망으로 일에 임하되, 잘못될 수 있다는 최악의 상황에 대비하면서 늘 점검하고 조심하는 사람들이다. 즉, 최선을 다하되 최악에 대비하는 사람들이다.

고위직으로 갈수록 의사결정과정에 다양한 이해관계자가 참여하고, 이들의 갈등을 적절히 조정하는 것이 매우 중요한 것임을 체감할 것이다. 때로는 최선의 답이 있음에도 여러 이해관계의 충돌로 인해 절충점을 찾아가는 과정에서 차선이 선택될 수도 있다. 그것이 결정의 미학이다.

전략가는 폭넓은 시야를 가져야 한다. 다양성을 인정해야 하며, 그 다양성을 조직의 발전에 적극적으로 활용해야 한다. 그러므로 전략가는 숲과 나무를 동시에 볼 수 있어야 한다. 전체를 조망하되 세부를 놓치지 않는 균형미를 갖추어야 한다.

이를 위해 전략가는 절제와 자제력이 있어야 한다. 자제력은 무조건 참는 것이 아니라 상대가 옳을 수도 있음을 인정하는 것이다. 흔히 리더는 어떤 사안에 대해 본인 스스로 '참는다' 또는 '참아야 한다'라고 말하지만, 실제로는 리더가 참아야 할 문제가 아니다.

이 문제의 본질은 본인이 틀릴 수도 있다는 점을 생각하지 않은 것이며, 다른 사람들이 맞을 수 있다는 점을 간과한 표현이다. 즉, 정답은 참는 것이 아니라 무조건 상대의 말을 들어야 하는 것이다.

어쩌면 자제한다는 말 자체가 오만의 표현이며 '갑' 입장에서의 표현이다. 균형감각은 자기에 대한 처절한 인식에서 출발해야 한다. 독선은 자기기만과 완고함에서 비롯되며, 그런 사람들일수록 균형감각을 유지하지 못한다.

참는다는 말이 나온 김에 부언하고자 한다. 높은 직급으로 갈수록 참을성이 없어지는 것은 분명한 것 같다. 그도 그럴 것이 최고경영자에게는 조직과 관련되어 많은 양의 정보와 질적으로 수준 높은 정보들이 집중된다. 그러니 참모나 직원이 일부분의 정보만 가지고 보고할 때 리더가 하는 판단에 이의를 제기하기란 쉽지 않다. 그들이 알지 못하는 지식, 경험 그리고 더 많은 정보를 가지고 있기 때문이다.

높은 직급에 있는 사람보다 해당 조직에 대해 더 잘 알 수 있는 사람은 그리 많지 않다. 그러나 그 이점이 독이 될 수도 있다. 많은 것을 알기에 자신만이 최고의 판단을 내릴 것이라는 착각에 빠져서는 결코 안 될 일이다.

리더의 기다림의 미학은 창의성 영역에서도 필요하다. 직원들이 창의성을 발휘하기 위해서는 리더가 참을성이 있어야 한다. 리더는 늘 정확한 정보를 찾기 때문에 특정 사안에 대해 정확하지 않고 불확실하고 모호한 상태를 참아내기가 쉽지 않다. 정확한 판단을 내려야 하는데 정보가 명확하지 않으니 얼마나 답답한 노릇인가?

그러나 답답하기는 부하들도 마찬가지다. 닦달한다고 상황이 바뀌지 않는다. 그들도 상황을 파악하기 위해 다양한 방법으로 애쓰고 있다.

조금만 기다리면 직원들이 문제의 상황을 파악하고 해답을 들고 올 것이다.

조급하면 일을 그르친다. 아무리 바빠도 바늘허리에 실을 꿰어 바느질할 수는 없다. 기다려야 할 때가 있다. 다만 이 상황에서 리더는 어떤 정보가 더 필요한지를 알 필요가 있다. 특정 사안에 대한 추가적인 정보, 즉 '방향성 있는 망원경'을 갖는 것이 중요하다. 망원경은 멀리 있는 사물은 잘 볼 수 있지만, 전체를 모두 잘 볼 수는 없다. 시야가 좁아지기 때문이다.

따라서 보고자 하는 부분을 보려다가 방향을 잘못 정하면 엉뚱한 것만 본다. 보고자 하는 것을 제대로 세밀하게 보는 것이 필요하지만 모든 정보를 다 그렇게 세부적으로 보고자 한다면, 어쩌면 리더가 현재 직면한 상황에 대해 잘 모른다는 것이며 감각이 없다는 뜻이다.

균형감각은 조정능력이 있다는 뜻이며, 어느 한 부분으로 치우치지 않고 조직 전체를 위해 판단을 하라는 의미다. 명분과 실리를 동시에 고려하는 것은 균형적 시각의 전형이다. 명분만 강조하는 것, 실리만 쫓는 것 모두 전략가가 취할 태도가 아니다. 실리에 명분이 있어야 하며, 명분을 추구하는 것에 실리가 따라올 수 있어야 한다. 원칙만을 강조하여 상황에 따른 융통성을 발휘하지 못하는 것도 전략가의 모습은 아니다.

전략의 성패는 균형감각에 있다. 즉, '기'와 '정'의 배합에 따라 전략이 성공하거나 실패한다. 손자는 '기정지술(奇正之術)'에 대해 『손자병법』「세」편에서 다음과 같이 언급하고 있다.

"무릇 전쟁이란 정병으로 적과 맞서 싸우되, 기병으로 결정적인 승리를 쟁취하는 것이다."

여기서 정병이란 정공법을 말하고, 기병이란 형세에 따라 임기응변과 융통성을 발휘하여 적이 예상하지 못한 방식으로 군대를 운용하여 결정적 승리를 거두는 형태를 말한다.[153]

손자는 계속해서 다음과 같이 말한다.

"비정규 전술을 능숙하게 구사하는 장수의 전법은 그 변화가 천지의 운행처럼 무궁무진하고 강물의 흐름처럼 고갈되지 않는다. 또 해와 달이 뜨고 지듯, 사계절이 바뀌듯, 시작과 끝이 구별되지 않는다."

'기정지술'은 적을 극복하고 승리를 얻는 전법이다. 모든 전법은 '기'와 '정' 이 두 가지를 배합하는 것에서 시작한다. 기와 정의 배합능력은 균형감각을 가진 자가 발휘할 수 있는 최고의 능력이다. 조선시대 황희 정승에 대한 일화를 잘 알 것이다.

어느 날 한 여종이 황희를 찾아와 "다른 여종과 다투었는데, 사실이 이러저러하니 그 여종을 꾸짖어주십시오"라고 말했다. 그 말을 들은 정승은 "그래, 네 말이 옳다" 하고 여종을 달래어 보냈다.

잠시 후 그 여종과 다툰 상대방 여종이 "그게 제 잘못이 아니라 이러저러하여 그 여종의 잘못인데, 왜 저를 꾸짖으십니까?"라고 항의하자 정승은 "그래, 네 말도 옳다"라고 말했다.

옆에서 지켜보던 조카가 "아니, 숙부님. 시비가 있으면 옳고 그름을 밝혀야지 둘 다 옳다 하시면 어찌합니까?"라고 말하자, 정승은 "그래, 네 말 또한 옳다"라고 했다는 일화다.

잘 아는 얘기지만 경영자라면 마음에 새겨들어야 할 얘기다. 혹자는 '뭐 이런 말이 어디 있지? 아마 귀찮았겠지, 아니면 책임지기 싫어서 그랬던 것'이라고 생각할지도 모른다. 그리고 황희의 처세술이 대단하다고 여겼을 것이다.

그러나 분명히 그 당시 황희는 이들에게 처세술을 부릴 만한 위치는 아니다. 지위가 높은 사람이 아랫사람에게 처세술을 발휘한다는 것은 이치에 맞지 않는다. 그러므로 황희가 그렇게 말한 것은 분명히 세 사람 말이 모두 일리가 있다고 생각했기 때문일 것이다.

사실 우리는 이 상황에서 솔로몬의 지혜처럼 현명하고 명쾌한 판결을 기대했지만, 세상에 흑과 백으로 분명히 나누어지는 일은 그다지 많지 않다. 그러니 흑백을 가려달라는 상황에서, 어느 한쪽이 옳다고 평가하지 않고 모두를 수용하는 황희의 지혜가 부러울 뿐이다. 균형된 시각을 갖는다는 것은 편견 없이 바라본다는 것이며, 모두를 아우르는 포용력을 가졌다는 것이다.

매사에 쉽게 판단하지 않고 이쪽저쪽 얘기를 들어보고 서로를 이해하려는 노력이 황희의 '너도 옳고, 그도 옳다'는 품성으로 정착되었으며, 그의 그런 품성은 고위직을 수행하기에 적합한 품성이었다. 그러니 영의정 직을 무려 18년간이나 수행할 수 있었던 게 아닐까?

사실 따지고 보면 세상에 '절대'란 존재하지 않는다. "안방에서는 시어머니 말이 옳고, 부엌에서는 며느리 말이 옳다"라는 속담처럼 각자의 입장이나 처한 상황에 따라 사물의 해석은 다를 수밖에 없다.[154]

사회과학에서는 신뢰도와 타당도를 고려하는 것에서부터 연구를 시작한다. 신뢰도는 어떤 주장을 믿을 수 있느냐를 생각할 때 고려되는 기준이다. 이는 대체로 그가 주장한 것들을 과거로부터 고려했을 때 대체로 60~70% 정도 맞으면 그 사람의 주장이 신뢰성이 있다고 본다는 것이다.

한편으로 타당성도 같이 고려되는데, 이는 옳고 그름을 떠나 말하는 것이 논리적이냐 또는 말이 되느냐의 문제로 이는 통상 40%의 확률만을 가지고 있어도 그 사람의 주장을 타당하게 받아들일 수 있다는 기준이다.

하기야 지방자치단체장, 지방의회 의원, 국회의원, 그리고 심지어는 대통령 선거를 할 때 과반수가 되지 않아도 당선된다. 그래도 그를 국민, 시민의 대표로 인정한다. 절대적으로 옳은 것은 없다.

품성 4. 새로운 것에 대한 호기심을 지녀라

타고난 싸움꾼은 없다. 무림의 고수가 되기 위해서는 끊임없는 자기수련이 필요하다. 스승을 찾아가 무림의 비법을 전수받아야 하고, 자기보다 수가 높은 사람들과 겨루면서 기량을 발전시켜야 한다. 끊임없는 성장발전의 욕구가 없으면 고수가 되기 어렵다.

그러기 위해서는 새로운 분야에 대한 호기심, 즉 다른 사람들은 어떻게 하고 있는지 열린 마음으로 탐색과 관찰을 해야 한다.

이런 특성은 앞서 언급한 정글 포식자들의 특성과 비슷하다. 포식자는 부스럭 소리에 호기심 어린 눈으로 주변을 살핀다. 절대강자에게 필요한 것은 호기심이다. 끊임없이 도전하려는 마음, 새로운 영역에 대한 관심에서 강자의 품성이 형성된다.

역사 속에서 강국을 만든 사람들을 보면 그들은 모두 자기의 틀을 깨고 새로운 것을 받아들인 사람들이다.

　로마는 건국 초기부터 정복한 부족을 죽이지 않고 능력 있는 자에게 원로원 의석을 제공해 로마의 지배계급으로 편입시키는 전통이 있었다. 실제로 로마는 기원전 326년부터 284년까지 40년 동안 산악부족 삼니움족과 격전을 벌였는데, 한때 로마 병사가 무장해제당하고 적병들의 창 사이로 지나가는 굴욕을 감수하고 가까스로 휴전하는 불명예를 겪기도 하였지만, 20년 후에는 삼니움족 평민 출신인 오타틸리우스를 집정관으로 선출해 제1차 포에니 전쟁의 지휘를 맡긴다. 로마의 명문가 클라우디우스 가문도 로마로 이주한 가문이었다. 서기 1세기 중엽 클라우디우스 황제가 원로원 의석을 갈리아인으로 채우려 하자 기존 의원들이 반대했을 때 한 연설이 유명하다.[155]

　“내 조상도 사비니족 출신이었다. 로마인은 다른 부족 출신을 서민으로 받아들이고 원로원 의석을 주어 귀족의 반열에 올려놓았다. 이탈리아반도 전역에서 로마에 패배한 과거와는 관계없이 우수한 인재들이 로마로 모여들어 원로원 의석을 차지해온 것이 우리의 역사다. 스파르타인도 아테네인도 전쟁터에서는 그토록 강했지만, 짧은 번영밖에 누리지 못했다. 이는 과거의 적을 동화시키려 하지 않고 따돌리는 방식을 계속했기 때문이다. 하지만 우리 로마는 오랜 적도 일단 무찌른 뒤에는 로마 시민으로 받아들였다.

　우리가 전통으로 여기는 일도 처음 이뤄졌을 때는 새로운 것이었다. 국가 요직도 예전에는 귀족이 독점해왔지만 평민에게 개방됐고, 이어서 로마 밖에 사는 라티움인에게 개방됐으며, 다음에는 이탈리아반도에 사는 사람들에게 개방되는 식으로 문호개방의 물결이 확대되어왔다. 갈리아인에 대한 문호개방도 지금은 우리의 결정을 기다리고 있지만 언젠가는 로마의 전통이 될 것이다."

몽골도 마찬가지다. 흔히 몽골의 무시무시한 전쟁방식만을 기억하지만, 그들이 진정으로 세계를 정복한 방식은 잘 알려져 있지 않다. 세계 무대에 혜성같이 등장하여 유럽에까지 위세를 떨친 당시의 몽골을 자세히 보면 놀라지 않을 수 없다. 몽골의 수도에는 이슬람교, 기독교, 불교, 힌두교 등 당시 세계 종교 모두를 수용하는 마을이 있었으며, 이들은 몽골제국의 통치 아래 평화롭고 조화로운 삶을 영위했다고 한다.

한 프랑스 선교사는 "황제 궁에는 세계 모든 나라의 최고급 기술들이 다양한 예술 작품으로 전시된 그야말로 신천지였다"라고 회고했다.

강대국들의 공통점은 외부 세계에 대한 호기심, 그리고 이를 수용하는 개방성에 있었다. 이는 후에 영국, 미국 등 모든 선진 나라에서 발견할 수 있는 공통된 특징이었다.[156]

군 지휘관에게도 호기심은 매우 중요한 덕목이다. 이순신 장군은 당시 최고의 기술을 해전에 적용했다. 뛰어난 조함 기술과 강력한 화포의 활용은 조선을 구하는 결정적 혜안이었다. 풀러는 탱크가 적을 심리적으로 마비시킬 정도의 능력을 가지고 있다고 보았다. 그러나 정작 이를 활용한 사람들은 독일의 지휘관들이었다. 그리하여 그들은 전격전의 신화를 만들어냈다.

라이트 형제가 동력비행에 성공하면서 항공기는 단지 수송수단뿐 아니라 전투에서 활용할 수 있음을 일찍이 간파한 선각자들, 즉 두헤Giulio Douhet, 트렌차드Hugh Trenchard, 미첼William L. Mitchell과 세바스키Alexander de Seversky는 지금으로 얘기하면 모두 얼리어답터들이었다. 그들의 호기심

일론 머스크의 호기심

잊을 만하면 깜짝 발표로 전 세계인을 놀라게 하는 일론 머스크. 이번엔 인간의 뇌를 '실'로 컴퓨터에 연결한다는 계획이다. 이 남자가 그리는 미래의 끝은 어디까지일까?

전기자동차 업체 테슬라의 CEO이자 우주개발기업 스페이스X의 CEO 일론 머스크가 최근 국제우주정거장(ISS)에 민간 기업 최초 유인 우주선을 쏘아 올린 데 이어 올해 안에 완전한 자율주행 기술을 완성한다며 전 세계의 이목을 끌더니, 이번에는 사람 뇌를 컴퓨터에 연결하는 기술로 또다시 집중 관심을 받고 있다.

일론 머스크는 올해 7월 9일 트위터를 통해 본인이 창업한 뇌 연구 스타트업 뉴럴링크가 오는 8월 28일 사업 진척 상황을 발표할 예정이라고 밝혔다. 구체적인 내용에 대해서는 아직 언급하지 않았지만, 인간 두뇌에 초미세 전극을 심어 컴퓨터에 연결하는 기술 개발의 성과에 대한 것으로 기대된다.

약 1년 전인 지난해 7월 뉴럴링크는 쥐와 원숭이를 대상으로 실험하는 데 성공했으며, 2020년 내에 사람을 대상으로 할 것이라고 발표한 바 있기 때문이다.

향후 기술이 고도화되면 의료용뿐 아니라 활용 분야는 무궁무진해진다. 생각만으로 사물을 움직이는 '염력'을 IT로 구현해 일반인도 초능력자가 부럽지 않은 세상이 오는 셈이다.

출처: 비즈한국(2020.7.14), http://www.bizhankook.com

가득한 혜안이 오늘날 항공력의 토대가 되었다. 이제 각국의 공군은 항공 전력의 대안으로 무인기와 드론의 활용에 주목하고 있다.

앞서 언급했던 인공지능 역시 군사 분야에 그 활용이 자못 기대된다. 모든 군사적 혁신은 이런 호기심에서 출발한다. 군 고위급 지휘관들은 과거의 기술, 경영방식에 머물지 말고, 새로 출현한 것들이 전쟁에 어떻게 활용될 수 있을 것인지에 대해 끊임없는 관심을 기울여야 할 것이다.

개방성과 호기심은 방향성을 가지고, 자신의 능력과 자산을 발전시키기 위해 관계된 것들을 탐색하고 개발하는 능력이다. 무조건적인 확장이 아니라 현재 나의 것과 관계된 탐색이어야 한다. 그것은 본인만이 안다. 남들이 보기에는 나와 관계없는 것이라고 보일 수 있지만, 먼 미래를 염두에 둔 것이라면 모든 것이 호기심의 대상이다. 이 관점에서 머스크 Elon R. Musk의 호기심이 향후 어떻게 발전할지 자못 궁금해진다.

개방은 두 가지 방향성을 갖는다. 하나는 수용을 통한 내부로의 방향이고, 또 다른 하나는 자신을 외부에 개방하는 외부화의 방향이다. 첫 번째 개방성의 경우는 수용력에 관한 것이며, 두 번째 개방성의 경우는 남이 내 것을 가져가는 것에 대한 관대함을 의미한다.

스티브 잡스의 애플은 남의 것을 받아들이는 데 집중했다. 애플은 늘 새로운 세계를 열었지만, 그들이 개척한 새로운 세계는 애플만의 독자적인 기술로 성취한 것은 아니었다. 애플의 대명사 매킨토시 컴퓨터의 혁명은 당시 개발된 휴렛패커드연구소의 기술 중 하나를 채용한 것이었고, 아이팟도 한국이 먼저 개발한 음원 저장 장치들의 연장선이었다.

세계인의 사랑을 받는 아이폰 역시 당시 이미 대중적으로 확산된 기술들을 발전적으로 수용한 결과였다. 다만 애플은 자기들의 기술을 개방하기보다는 폐쇄적인 방식을 택했다. 물론 필요한 영역에서는 그들과 관련된 밴더들과 안정적인 네트워크를 구성하여 그들만의 생태계를 유지하고 있다.

상대가 진짜 똑똑한지 허풍인지 구별하는 방법

미국 경제매체인 「Inc」에 아마존의 CEO 제프 베조스는 자신과 같이 일하고자 하는 똑똑한 사람의 기준을 다음과 같이 제시했다.

가장 똑똑한 사람들은 끊임없이 자신의 이해를 수정한다. 그들은 이미 해결한 문제들에 대해서도 다시 고려해본다. 그들은 기존 사고에 대항하는 새로운 관점, 정보, 생각, 모순, 도전 등에 대해 열려있다. 자신의 예전 생각이 잘못되었다면 언제든 바꾼다.

그런데 많은 리더가 새로운 정보가 들어왔음에도 자신의 기존 의견을 잘 바꾸지 않는다. 왜일까? 자신의 의사결정을 바꾸는 것은 '자신이 틀렸고 패배했고 어리석었다'라는 것을 인정하는 것이라고 생각하기 때문이다. 설령 새로운 증거가 나타나서 과거 의견이 잘못된 것이 명백함에도 의견을 바꾸지 않는다. 특히 하위 직위의 구성원들이 자신의 의견과 다른 증거를 가져온다면 더더욱 그러하다.

물론 반드시 지켜야 할 가치와 원칙은 흔들리지 않고 고집스럽게 지켜나가는 것이 필요하다. 자신의 의견을 바꾸라는 것은 생각이나 줏대도 없이 남의 말에 혹해서 정신없이 이랬다저랬다 하라는 의미가 아니다. 자신의 의견은 가지고 있되 가정이나 사실, 환경이 바뀌면 과감히 변경하라는 것이다.

그러나 가정이나 사실이 바뀌고, 환경이 바뀌었는데도 '일관성'을 부르짖는 것은 '만용'일 뿐이다. 디지털카메라가 세상을 휩쓸고 있는데도 필름 사업을 고집한 코닥의 경영자들을 보라. 정말 똑똑한 리더들은 일관성에 얽매이지 않는다. 자신이 틀렸음을 인정하는 것을 '나는 바보가 되었다'라고 해석하지 않는다.

연구에 의하면 지적 겸손을 가진 사람이 더 나은 의사결정을 한다고 한다. 겸손하지 않은 사람은 시시비비를 잘 가리지도 못하면서 사람들 앞에서 자기가 맞다고 주장한다. 반면 겸손한 사람은 자신의 의견을 분명히 가지기는 하지만 그것에 집착하지 않는다. 더 분명한 사실과 증거가 나오면 언제든 바꿀 수 있는 자세를 의미한다.

재미있는 예화가 있다. 어느 날 소로스와 탈레브가 주식시장의 전망을 두고 격론을 벌였다고 한다. 자기주장이 강한 소로스에게 탈레브는 반대 의견을 제시했다. 그런데 시간이 지나자 시장은 탈레브의 예측대로 움직였다. 이에 탈레브가 소로스에게 말했다.

"손해 좀 보셨겠습니다."

그러자 소로스는 이렇게 답했다.

"아니오. 나는 내 의견을 빠르게 수정해서 큰돈을 벌었죠."

이에 「Inc」의 기사는 이렇게 권고한다.

"상대가 진짜 똑똑한지, 아니면 허풍인지를 구별하는 질문이 있다. 그것은 상대가 기존 의견을 바꾼 가장 최근이 언제인지 확인하는 것이다. 상대가 자신이 틀렸음을 인정한 기억이 별로 없다면 그 사람은 진짜 똑똑한 사람이 아님에 틀림없다.

당신이 스스로 틀렸음을 인정하고 생각을 바꾼 때는 언제인가? 기억하기 어렵다면 당신은 그렇게 똑똑한 리더가 아닐 가능성이 크다."

출처: Ttimes(2020.4.30), 신수정, "신수정의 리더십 코칭"

그럼에도 진정 최고의 경지를 이룬 사람들은 개방의 대상에 차별을 두지 않는다. 최고의 실력자는 그 분야와 관계없는 사람들과도 격의 없이 소통한다. 최고는 모두에게서 배우지만, 보통은 그저 몇몇 자신과 관계된 일부에게서 배운다. 진정한 승자는 패자에게서도 배우지만, 늘 패자는 승자가 그저 원수일 뿐이다.

아인슈타인은 상대성 이론을 일반인을 대상으로 강의함으로써 본인도 상대성 이론의 본질을 더 쉽게 이해했다. 자기만의 언어에서 상대의 언어로 재해석하는 과정에서 또 다른 깨달음이 생겨난다.

그래서 실리콘밸리에 있는 기업의 신상품 개발자나 연구자들 사이에 유행처럼 번진 것이 바로 주변 지역의 고등학교, 심지어는 초등학교에 자기가 개발한 제품과 아이디어에 대해 강의하는 시간을 갖는 일이란다.

이럴 때 개발자의 전문용어와 지식으로 설명하는 것은 무의미하다. 초등학생의 언어로 설명하고 이해시킬 수 있어야 한다. 그리고 이러한 노력을 기울이는 과정을 통해 부가적으로 제품과 아이디어의 기능과 쓰임에 대한 본질을 규명할 기회를 얻게 된다.

어린 친구들과의 격의 없는 대화 속에서 그동안 던지지 않은 새롭고도 본질적인 물음에 답을 찾아갈 수 있다고 한다. 재능기부의 차원이 아니라 그 과정에서 또 다른 통찰을 얻기 때문이라고 한다. 최고는 바로 이렇게 자신을 개방한다. 그럴 때 진정한 지혜와 통찰을 경험할 수 있기 때문이다.

IBM과 MS는 PC 컴퓨터의 기본적 구조와 알고리즘을 개방함으로써 소수의 전문적 영역에서 활용되는 컴퓨터를 일반인들이 생활에 활용하는 쪽으로 방향을 바꾸었으며, 현재는 구글이 안드로이드 기반의 스마트폰에 적용되는 소프트웨어와 각종 애플리케이션을 개방적인 네트워크로 만들어 스마트폰 영역에서 후발주자임에도 큰 성취를 거두고 있다.

외부화냐 내부화냐의 문제만 있을 뿐, 중요한 것은 두 방식 모두 개방성을 추구했다는 데 의미를 두어야 할 것이다.

물론, 받아들이는 것만으로는 한계가 있다. 받아들인 것을 발전적으로 차용하여 내가 가진 것을 진정 나만의 강점으로 재구성할 때 개방성이 의미가 있다. 내 것을 오픈할 때도 그렇게 함으로써 더 큰 기술을 확보하고, 시장을 확대할 수 있을 때 내 것을 개방하는 것이 더욱 의미가 있다는 것이다.

그래서 소로스의 다음 사례가 더욱 의미 있게 다가온다. 치열하게 대립했으면서도 상대의 주장이 옳다면 자신의 투자 철학이나 방법도 바꿔가면서 그 방식을 따른 사례는 진정 그가 승부사임을 확인할 수 있다. 헛똑똑이가 되지 말자. 진짜 똑똑한 사람은 남의 똑똑한 점을 인정하고 그 능력을 내 것으로 만드는 사람이다. 더 큰 이익을 위해서는 상대방의 주장도 겸허히 받아들이는 태도가 필요하다.

대장부가 세상에 태어나 쓰이면 죽기로 자신을 바칠 것이고,
쓰이지 못하면 농사를 지어도 만족할 것이다.
만약 권세와 부귀에 아첨해 일시적인 영화를 훔치는 것이라면
나는 그것을 매우 부끄러워할 것이다.
- 이순신, 『충민사기』 -

맺으면서

1812년 나폴레옹은 60만 대군을 이끌고 러시아 원정에 나섰다가 참패한다. 이를 좋은 기회라 생각한 프로이센은 프랑스에 선전포고하며 재기를 노렸지만 패배한다. 이에 다시 여러 나라를 부추겨 결성하게 된 것이 제6차 대불대동맹이다. 오스트리아 제국과 러시아가 참여하였고, 프로이센군은 블뤼허Gebhard Leberecht von Blücher 사령관의 지휘 아래 나폴레옹의 프랑스군을 격파하고 조국을 되찾는 데 성공한다. 그리고 이듬해 1814년 동맹군은 프랑스 영토를 침공했고, 3월에 프로이센군은 파리에 입성하여 황제 나폴레옹을 퇴위시키고 엘바섬으로 유배를 보낸다.[157] 이후 나폴레옹은 엘바섬을 탈출하여 마지막 재기를 노렸지만, 블뤼허 장군의 지략과 기동에 워털루 전투에서 영웅으로서의 마지막 패배의 쓴잔을 들게 된다.

나폴레옹에게 패배하여 프로이센이 프랑스의 위성국으로 전락한 후 프로이센의 군인들은 조국의 부활과 영광을 되찾고자 절치부심했다. 샤른호르스트Gerhard Johann David von Sharnhorst와 그나이제나우August Wilhelm Antonio Graf Neidhardt von Gneisenau 등이 이끄는 군사 개혁은 프랑스 같은 징병제 도입, 장교 육성을 위한 교육기관 확충, 뛰어난 사람이라면 평민이라도 장교로 등용하는 등 여러 혁신적인 방안을 조용히 추진했다. 식민지 치하에 패배의식을 타파하고 애국심을 고양시키기 위한 노력도 병행했다.[158] 그리하여 그들은 마침내 '군사적 천재'라고 일컬어진 나폴레옹을 극복했다.

필자가 클라우제비츠가 제시한 군사적 천재에 대해 고민한 지도 어언 10년이 흘렀다. '포탄이 빗발치는 아비규환의 지옥에서 냉철한 이성으로 부하들을 지휘하는 지휘관은 어떤 자질을 가져야 하는가?'에서 시작하여 '전략가로서 갖추어야 할 역량은 어떤 것인가?'를 고민했다.

이 책은 꾸데이(coup d'oeil), 이른바 통찰을 가진 전쟁 지휘관, 즉 군사적 천재의 자질을 중심으로 기술한 것이다. 하지만 이 책이 주는 메시지는 군사 분야에만 해당하지 않는다. 비즈니스라는 전쟁터에서 선 경영자, 미래를 준비하는 인생의 전략가 등 모든 사람에게 유용한 책이다. 다만 특별히 조직을 책임지는 리더에 더 집중했을 뿐이다. 왜냐하면 그들의 결정이 조직에 있는 모든 사람의 운명을 좌우하기 때문이다.

＊＊

이 책은 전략가로서 지녀야 할 기본적인 마음가짐에 중점을 두었다.

정리하자면 전략가는 조직을 위한 철학을 지녀야 한다. 개인마다 인생관과 철학은 다를지라도 조직을 위해 전략가로서 지녀야 할 철학적 관점이 있다. 즉, 조직을 위해 근시안적 태도를 버리고 먼 미래를 바라보고, 부분이 아닌 전체를 생각하며, 조직을 위한 더 높은 이상을 추구하는 가운데 조직의 본질을 통찰해야 한다. 이것은 그의 사명이요 전략가로서의 운명이다.

전략가가 가져야 할 지성은 적과 싸워 이길 수 있는 능력이라야 의미가 있다. 그는 경쟁자와의 투쟁에 능한 사람이어야 한다. 능력의 핵심은 이기는 전략을 구상하고 승리를 실현하는 데 있다.

그러므로 승리를 향한 희미한 진리의 불빛을 보고, 이길 수 있는 시간과 장소를 선택하는 능력을 가져야 한다. 여우나 뱀 같은 지혜로움도 지녀야 한다. 승산이 없는 싸움에는 절대로 말려들지 말아야 하며, 이긴다 한들 이문이 남지 않는 전투는 분노가 끓어오르더라도 자제해야 한다. 싸움에 임해서는 반드시 첫 싸움에서 승기를 잡을 수 있어야 하며, 기선을 제압한 후 계속적인 전과 확대를 통해 주도권을 지속적으로 유지해야 한다.

이러한 전략가로의 능력을 갖추기 위해서는 또 다른 자질들이 요구된다. 바로 성격이다. 성격은 대체로 타고나는 것이지만, 전략가로서 필요한 성격은 노력을 통해 후천적으로 습득해야 할 제2의 천성이다. 그러므로 이는 품성에 가깝다.

전략가는 강한 성격이 뒷받침되어야 한다. 부단한 노력을 통해 피가 끓는 상황 속에서도 냉철함을 지녀야 하며, 조직과 함께 성공하고 영웅이 되고자 하는 고결한 야망도 가져야 한다. 그리고 균형 잡힌 시각도 가져야 한다. 그래야 혼돈 상황의 본질과 감춰진 적의 의도를 제대로 읽을 수 있으며, 승리와 조직을 위한 결정을 내려야 할 때 오류를 최대한 줄일 수 있다. 마지막으로 그는 새로운 것에 대한 호기심을 지녀야 한다. 그래야 끊임없이 노력하고 정진하면서 발전한다.

이것이 전략가가 지녀야 할 마인드이며, 통찰이 발휘될 수 있는 마음이다. 물론 철학과 지성, 그리고 품성은 상호 밀접한 관계를 가진다. 사람의 품성은 대체로 그가 지닌 철학과 맥을 같이한다. 이 둘은 떼려고 해도 뗄 수 없는 불가분의 관계다.

이상을 추구하는 그의 철학적 관점은 고결한 야망과 맥을 같이할 수밖에 없다. 조직의 목표와 가치관에 자신을 일치시키려는 노력이 뒤따라야 한다.

조직을 전체적으로 보려는 관점을 가지려면 균형감각이 병행되어야 가능하다. 나무를 보되 숲을 놓치지 않는 시각도 이러한 품성의 발현으로 가능하다.

장기적 관점을 유지한다는 것은 현재에 만족하지 않고 더 좋은 미래를 꿈꾸는 것이다. 이는 끊임없는 발전의 욕구에서 비롯된다. 성장을 위한 도전의식, 새로운 것에 대한 개방성과 호기심은 미래를 설계하는 데 기초가 된다.

조직의 생존을 위한 투쟁은 결연해야 한다. 그 결연함은 절대로 물러설 수 없다는 승부욕, 전투 의지에서 비롯된다. 이렇듯 철학은 품성에서 비롯되며, 그의 철학이 품성을 형성한다.

사람의 지적 호기심의 방향은 그 사람의 철학과 품성이 결정한다. 그가 관심을 가지는 지식, 축적하고 싶은 경험들은 그의 성격과 철학이 투영된 결과물들이다.

전략가가 지녀야 할 지성도 이와 맥을 같이한다.

희미한 진리의 불빛은 승리를 위한 지점을 찾는 일이며, 끊임없는 호기심을 가지고 관찰할 때 발견된다. 또한 승리는 단순히 눈앞에 보이는 작은 이득보다 더 멀리 전체를 조망할 때 더 정확히 볼 수 있다.

제1전을 승리로 이끌기 위해서는 포식자가 먹잇감에 달려드는 자세로 임해야 한다. 침착하게 그리고 승부사로서의 냉철함이 서전을 승리로 이끌 수 있다.

주도권을 확보한다는 것은 적과의 심리전에 능할 때 가능하다. 자신감과 자제력, 적장을 모호함 속에 빠뜨리는 담대함, 시간을 내 것으로 만드는 노련함이 필요하며, 템포로 완급을 조절하는 균형감각도 필요하다. 마지막으로 싸우지 않고 승리를 추구하려는 노력은 더 큰 가치를 고려할 때 가능하다.

글을 마치면서 클라우제비츠를 다시 생각한다. 그는 영웅은 아니었지만, 프로이센의 장교단이 나폴레옹에게 무참히 무너지는 것을 보면서 영웅을 뛰어넘고자 했다. 그리고 마침내 후배들을 통해 그 꿈을 이루었다.

프로이센 군사학교의 교정에서 외치는 그의 음성이 들리는 듯하다.

"우리는 다시 일어설 수 있다!
우리도 나폴레옹을 이길 수 있다!"

미주

1   헤밍웨이, 이윤기 옮김, 『전장의 인간』 (서울: 섬앤섬, 2010)

2   많은 사람들은 전략의 strategy가 본래 그리스어의 Stragos(장군)와 Sophia(지혜)가 합쳐져 strategia, 즉 장군의 지혜에 어원을 둔다고 한다. 그러나 또 다른 사람들은 strategia가 장군들이 통치하는 영토를 지칭할 때 쓰는 용어라고 하기도 한다.

3   육군사관학교 군사학처, 『전략개론』 (한원출판사, 1991)

4   박창희, 『군사전략론』 (플래닛미디어, 2013)

5   이민웅, 「임진왜란 해전을 통해 본 朝·明·日 삼국의 전략 전술 비교」, 『군사』, 2004, (51): 79-108.

6   Barney, J. B., 권구혁·신진교 옮김, 『전략경영과 경쟁우위』 (시그마프레스, 2002)

7   노명화, 『성공의 재발견』 (북코리아, 2011)

8   Hrebiniak L. G., Making Strategy Work: Leading Effective Execution and Change, Pearson Education, Inc. NJ, USA. 2006; AT커니 코리아 옮김, 『전략실행, CEO의 새로운 도전』 (럭스미디어, 2007)

9   Luttwak E. N., Strategy The Logic of War and Peace, 2nd press, The Belknap Press of Harvard University Press, London England, 2003.

10 노나카 이쿠지로, 임해성 옮김, 『전략의 본질』 (라이프맵, 2005)

11 네이버 표준국어대사전

12 노나카 이쿠지로(2005), 앞의 책.

13 Carl von Clausewitz, Vom Kriege, 1832; 김만수 옮김, 『전쟁론』 (갈무리, 2009)

14 허남성, 「클라우제비츠 전쟁론의 3위 일체론 소고」, 『군사』, 2005, 제57호: 305-339.

15 Harari, Yuval N., The Ultimate Experience, Palgrave Macmillan, 2008; 김희주 옮김, 『극한의 경험』 (옥당, 2017)

16 Clausewitz (1832), op. cit

17 Tompson, J. D., Organzation In Action, New York, MaGraw-Hill, 1976.

18 프로이탁 로링호벤, 정토웅 옮김, 『전쟁과 리더십』 (황금알, 2006)

19 노나카 이쿠지로(2005), 앞의 책.

20 Freedman L., Strategy: A History, First Edition, 2013; 이경식 옮김, 『전략의 역사』(비즈니스북스, 2014)

21 노나카 이쿠지로(2005), 앞의 책.

22 Hrebiniak L. G. (2006), op. cit

23 Hoefer, R. L. And Green, S. E., "A rhetorical model of institutional decision making: The role of rhetoric in the formation and change of legitimacy judgments," Academy Of Management Review, 2016, 41(1): 130-150.

24 Polanyi, M. The Tacit Dimensions, London Routledge and Kegan Paul, 1996.

25 Nonaka & Takeuchi, The Knowledge-Creating Company, Oxford Univ. Press, 1995; 장은역 옮김, 『지식창조기업』(세종서적, 1998)

26 Damasio, H. Grabowski T. Frank R. Galaburda A. M., Damasio A. R., "THe return of phines gage: clues about the brain from the skull of a famous patient," Science 1994, 264(5162): 1102-1105.

27 이재신, 「이성과 감정: 인간의 판단과정에 대한 뇌 과학과 생물학적 접근」, 『커뮤니케이션 이론』, 2014, 10(3): 161-194.

28 임마누엘 칸트, 백종현 옮김, 『판단력 비판』(아카넷, 2009)

29 Kandel E. R., "The biology of memory: A forty-year perspective," Journal of Neuroscience, 2009, 29: 12748-12756.

30 임마뉴엘 칸트, 백종현 옮김, 『순수이성비판 I, II』(아카넷, 2009)

31 주형일, 「직관의 사회학, 나의 사회학 그리고 현상학적 방법」, 『커뮤니케이션이론』, 2008, 4(1): 77-113.

32 박인철, 「현상학과 탈주체성: 현상학의 포스트 모더니즘적 성격」, 『인문학 연구』, 2006, 10: 53-80.

33 주형일(2008), 앞의 책.

34 KBS, 특별기획 다큐멘터리 「마음」, 2006.

35 Maclean P. D., The Triune brain in evolution: Role in paleocerebral function, New York: Plenum, 1990.

36 이재신(2014), 앞의 책.

37 박문호, 『뇌 과학의 모든 것』(휴머니스트, 2013)

38 박은미, 「논리를 비트는 심리, 심리를 조절하는 논리」, 『철학 실천과 상담』, 2010, 제1집: 259-282.

39 Yi, Youjae, "The effects of contextual priming in print

advertisements," Journal of Consumer Research, 1990, 17(2): 215-222.

40 Scott M., Nowlis S. M., Mandal N., and Morales A. C., "The effects of reduced food size and package size on the consumption behavior of restrained and unrestrained eaters," Journal of Consumer Research, 2008, 35(3): 391-405.

41 Chartrand T. L., Huber J., Shiv B., and Tanner. R. J., "Nonconscious goals and consumer choice," Journal of Consumer Research, 2008, 35(2): 189-201.

42 박종원, 「소비자의 기억, 정서, 판단에 관한 연구의 최신 동향」, 『소비자학 연구』, 2010, 21(2): 237-287.

43 Shafir E., "Choosing versus rejecting; Why some options are both better and worse than others," Memory & Cognition, 1993, 21: 546-556.

44 안상지 · 이영애, 「결정에서 반응 조화설의 재검증」, 『인지과학』, 2009, 20(2): 197- 223.

45 Russo J. E. & Schoemaker P. J. H., 2001; 김명언 · 최인철 옮김, 『이기는 결정』 (학지사, 2010)

46 Courtney, H., Kirkland, and Viguerie, P., Strategy under Uncertainty, Boston: Harvard Business School Publishing, 1997.

47 Ulf Pillkahn, Trends und Szenarien als Werkzeuge zur Strategieentwicklung, 2007; 박여정 옮김, 『트렌드와 시나리오』 (리더스북, 2009)

48 이종학, 『클라우제비츠와 전쟁론』 (주류성, 2004)

49 노명화, 「책상과 전쟁터: 전쟁기획자와 야전 지휘관」, 『국방리더십저널』, 2010, 47(ISSN 2005-5234), 42-46.

50 Cannon-Bowers J. A., Salsa, E., & Pruitt, J. S. "Establishing the boundaries of a pradigm for decision making research," Human Factors, 1996, 38: 193-205.

51 장경문, 「복잡하고 역동적인 의사결정과제 수행에 미치는 비인지적 요인들의 영향」, 『교육심리연구』, 2001, 15(3): 299-322.

52 함성득, 「제한된 합리성 하에서 정보, 기술, 조직의 관계; 허버트 사이먼(Herbert Simon)과의 대화」, 『계간 사회비평』, 2000, 23, 150-163.

53 Simon, H. A., "A Behavioral model of rational choice," Quarterly

Journal of Economics, 1955, 69: 99-118.

54 추휘석 · 정지용, 「경영 의사결정의 복잡성과 접근법의 전범전환」, 『경영학연구』, 2004, 33(1): 183-204.

55 Zimmermann H. J., Fuzzy set theory and its applications, Boston Mass, Kluwer Academic Publishers, 2001.

56 Klir, George J. Fussy sets: An overview of fundamentals, applications and personal views, Beijing Normal University Press, 2000.

57 Clausewitz (1832), op. cit

58 Kast & Rozensweig., Organization and Management: A Systems and Contingency Approach, 3rd ed., Mcgraw-Hill, 1979.

59 추휘석 · 정지용(2004), 앞의 책.

60 윤세준 · 채연주, 「제한된 합리성의 재해석: 생태학적 합리성과 규범적 휴리스틱」, 『연세경영연구』, 2007, 44(2), 341-365.

61 Slovic P., Finucane M. L., Peter E. and MacGregor D. G., "Risk as Analysis and Risk as Feelings: Some Thoughts about Affect, Reason, Risk, and Rationality," Risk Analysis, 2004, 24(2): 311-322.

62 김민정 · 이영애, 「목표지향적 정보처리에서 무의식적 사고의 효과」, 『인지과학』, 2011, 22(4): 405-427.

63 김민영 · 손영우 · 박수애, 「의사결정의 판단기준과 정보 선택에 있어서 경험과 맥락의 영향: 조종사를 대상으로」, 『한국심리학회지: 산업 및 조직』, 2005, 18(2): 225-246.

64 국방부 군사편찬연구소, 『한국 군사인물 연구, 조선편 I』 (국군인쇄창, 2011)

65 서애선생문집, 서애선생연보, 2권.

66 Dupuy T. N., Understanding Defeat, 1990; 최종호 · 정길현 옮김, 『패전분석』(삼우사, 2000)

67 육하원칙의 연원은 오래되었다. 고대 수사학자 헤르마고스가 '누가, 무엇을, 언제, 어디서, 왜, 어떤 방식으로, 무슨 수단으로'를 일곱 가지 논리적 수사방법으로 제시한 것을 시작이라 보며, 16세기에는 영국의 외교관이자 법률가인 토머스 윌슨이 영어 수사학을 정리하여 『수사학의 기술(The Atte of Rhetorique)』을 저술하기도 했다. 오늘날과 같은 육하원칙은 영국의 소설가이자 시인으로 노벨문학상(1907) 수상자인 키플링(Kipling)이 쓴 동화『코끼리의 아이(The Elephant's Child)』에서 유래되었다고 한다. 그는 우리에게『정글북(The Jungle Book)』으로 알려져 있다(정선화의『교실 밖 글쓰기』).

68 Richard N. Osborn, "Research Implications of Army Leadership Doctrine," Leadership on the Future Battlefield, Pergamon-Brassey's International Defense Publishers, 1985.

69 Henry E. Eccles, Military Concepts and Philosophy, Rutgers University Press, 1965; 이종학 편저, 『군사전략론』(충남대학교출판부, 2009)

70 박창희(2013), 앞의 책.

71 Max Boot, War Made New: Technology, Warfare, and the Course of History 1500 to Today, 2006; 송대범·한태영 옮김, 『Made in War, 전쟁이 만든 신세계』(플래닛미디어, 2007)

72 Smith, E. A., 권영근·정구돈·강태원 옮김, 『전승의 필수 요건: 효과기반 작전』(한국국방연구원, 2006)

73 Max Tegmark, 백우진 옮김, 『Life 3.0』(동아시아, 2017)

74 박창희(2013), 앞의 책.

75 그리스 팔랑크스의 병사들은 '사리사(sarisa)'라고 하는 2.5미터가량의 긴 창과 '호플론(hoplon)'이라는 둥근 방패를 들고 전투에 참여했다. 후에 마케도니아 병사들은 6.5미터의 긴 창을 들게 되었다.

76 모루(조공)의 역할은 저지부대로서 주로 중장보병으로 이루어진 팔랑크스가 맡고, 망치(주공)의 역할은 양익에 배치된 타격을 가하는 기병대가 맡는다. 이는 보병대가 적을 저지하는 동안 기병대가 측면과 후방을 타격하는 전술이 모루 위에 철을 얹고 망치로 때리는 행위와 비슷하다 하여 붙여진 이름이다.

77 김동렬, 전쟁의 법칙, 2010(http://gujoron.com/xe/130635)

78 Hinterhuber, Hans. H., Leadership, 2003; 박성원 옮김, 『리더십: 소크라테스부터 잭 웰치까지, 전략적 사고 따라가기』(새론북스, 2007)

79 Hall, Stephen S., Wisdom, 2010; 김소희 옮김, 『무엇이 그들을 지혜롭게 했을까』(리더스북, 2012)

80 Sternberg, Robert J., 최호영 옮김, "지혜를 이해하기", 『지혜의 탄생』(21세기북스, 2010): 13-26.

81 Robinson, Daniel N., 최호영 옮김, "지혜의 기원과 시대적 변천", 『지혜의 탄생』(21세기북스, 2010): 27-45.

82 위의 책.

83 Liew, A., "DIKIW: Data, Information, Knowledge, Intelligence, Wisdom and Their Interrelationships," Business Management Dynamics, 2013, 2(10): 49-62.

84 Hall, Stephen S. (2010), op. cit

85 Robinson, Daniel N. (2010), op. cit

86 Hall, Stephen S. (2010), op. cit

87 Kramer Deidre A., 최호영 옮김, 「지혜로운 판단을 내리게 하는 조건」, 『지혜의 탄생』(21세기북스, 2010): 400-448.

88 Birren James E. & Fisher Laurel M., 최호영 옮김, "아는 것으로부터의 자유", 『지혜의 탄생』(21세기북스, 2010): 449-473.

89 Csikszentmihalyi Mihaly & Rathunde Kevin, 최호영 옮김, 「지혜의 심리학」, 『지혜의 탄생』(21세기북스, 2010): 46-87.

90 Sternberg, Robert J., Wisdom, Intelligence, and Creativity Synthesized, NewYork: Cambridge University Press, 2003.

91 김주원, 「경영학적 관점에서의 지혜(Wisdom)연구」, 『경영교육연구』, 2015, 30(3): 183-209.

92 Yang, S. Y., "Wisdom displayed through leadership: Exploring leadership-related wisdom," The Leadership Quarterly, 2011, 22(4): 616-632.

93 김주원·박용승, 「'경영인의 지혜(Managerial Wisdom)' 학습모델 개발 연구: 근거이론을 중심으로」, 『경영교육연구』, 2019, 3(1): 241~263.

94 노명화·손승연·이지영, 『국방 창의적 리더십 함양 프로그램 개발 연구』(국방대학교 산학협력단, 2016)

95 박남규, 『전략적 사고』(트라일러앤컴퍼니, 2007)

96 Hinterhuber, Hans H. (2003), op. cit

97 신동엽·노그림, 「행동전략의 발전과 과제: 전략연구의 행동과학적 전환」, 『인사조직연구』, 2017, 25(3): 151-194.

98 Kahneman, D., Slovic P. & Tversky, A., Judgment under uncertainty: Heuristics and biases, NY: Cambridge University Press, 1982.

99 Levinthal, D. A., "A behavioral approach to strategy-what's the alternative?" Strategic Management Journal, 2011, 32(13): 1517-1523.

100 Kahneman, D. & Klein, G., "Conditions for intuitive expertise: A failure to disagree," American Psychologist, 2009, 64(6): 515-526.

101 신동엽·노그림(2017), 위의 글.

102 Bogner, W. C. & Barr, P. S., "Making sense in hypercompetitive environments: A cognitive explanation for the persistence of high

velocity competition," Organization Science, 2000, 11(2): 212-226.

103 통찰은 한자로는 洞察로 쓰고, 꿰뚫어 살피는 것, 즉 본질에 집중하려는 마음의 작용이며, 영어로는 insight를 주로 사용한다. 이 역시 안을 들여다보는 것, 즉 본질에 집중하라는 뜻이다. 한편 intuition은 주로 직관으로 해석하고 분석과 대비되는 생각의 방식으로 활용된다.

104 노나카(2005), 앞의 책.

105 신동엽 · 노그림(2017), 위의 글.

106 노나카(2005), 앞의 책.

107 허남성(2005), 앞의 글.

108 Clausewitz (1832), op. cit

109 김정한, 「지휘관의 의사결정에 영향을 미치는 요인에 관한 탐색적 연구」, 국방대학교 석사학위논문, 2011.

110 Duggan William, Strategic Intuition: The Creative Spark in Human Achievement, 2007; 윤미나 옮김, 『제7의 감각: 전략적 직관』(비즈니스맵, 2008)

111 Handel M., 박창희 옮김, 『클라우제비츠 손자 & 조미니』(평단문화사, 2001)

112 위의 책.

113 물론 상상력과 창의성은 개념상 차이가 있다. 상상력은 현재 없는 것, 막연한 상황을 미리 그려보는 것으로 다소 허구일 수도 있는 반면, 창의성은 무엇인가를 만들어내는 것으로 다분히 구체적이고 현실적일 수 있다. 그럼에도 이 책에서는 새로운 것을 만들어내는 마음의 작용으로 동일하게 쓰기로 한다.

114 Duggan William (2007), op. cit

115 Clausewitz (1832), op. cit

116 김주원(2015), 위의 글.

117 노명화, 「리더의 직관과 통찰에 관한 연구」, 『에이스 리더십』, 2009, 3: 11-31.

118 Gardner, Howard, Leading Minds, 2005; 송기동 옮김, 『통찰과 포용』(북스넛, 2007)

119 박남규, 『전략적 사고』(트라일러앤컴퍼니, 2007)

120 상식적으로 확실히 미래를 본 사람은 없다. 그런 사람은 타임머신을 타고 미래에 가보았거나, 환상을 보았거나, 또는 종교적 계시를 받은 것뿐이다. 현실적으로 미래를 보았다는 것은 단지 많은 정보에 의존하여 합리적 사고를 통해 예측할 뿐이다. 갈릴레이는 미래를 본 것이 아니라 현상을 본 것이고 단지 사회적 공감을 얻지 못한 것뿐이다. 그럼에도 필자는 극적 효과를 위해 미래를

본다고 표현했다.

121 Collins J. and Porras J., "Building your company vision," Harvard Business Review, 1996, september-october: pp. 65-77.

122 ibid.

123 Collins J. Good to Great; Why Some Companies Make the Leap and Others Don't, Harper Collins, 2001; 이무열 옮김, 『좋은 기업을 넘어 위대한 기업으로』(김영사, 2002)

124 Smith. W. K. and Lewis M. W., "Toward a theory of paradox: A dynamic equilibrium model of organizing," Academy of Management Review, 2011, 36(2): 381-403.

125 Dokins R., The Selfish Gene, 1976; 홍영남 옮김, 『이기적 유전자』(을유문화사, 2006)

126 세계에서 제일 오래된 기업은 '곤고우구미(金剛)'라는 사찰 전문 건축회사로, 백제의 후손이 설립하여 지금에 이르기까지 무려 1,400년을 이어왔다. 한편 전 세계 종교조직도 적게는 수백 년, 많게는 수천 년의 역사를 지니고 있다. 반면 같은 일, 유사한 형태를 가진 조직이라도 제대로 운영 하지 못해 수년을 버티지 못하고 사멸의 길을 걷는 조직도 있다. 그래서 최근에는 지속 가능한 성장이 화두다.

127 James, Allen and Chris, Zook, Profit from the core: Growth strategy in an ear of turbulence; 이근 · 김용열 · 진태홍 · 최경규 옮김, 『핵심에 집중하라』(청림출판, 2002)

128 김기동 · 부무길, 『손자의 병법과 사상 연구』(설암사, 1997)

129 노병천, 『손자병법 통달을 위해』(도서출판 21세기, 1996)

130 오기, 김경현 옮김, 『오자병법』(홍익출판사, 1998)

131 마쥔, 임홍빈 옮김, 『손자병법 교양강의』(돌베개, 2009)

132 Chipchase J. & Steinhardt S. Hidden In Plain Sight; 야나 마키에이라 옮김, 『관찰의 힘 평범한 일상 속에서 미래를 보다』(위너스북, 2013)

133 조미니는 결정적 지점을 공격하거나 점령함으로써 적을 심각하게 약화시키거나 위기에 빠뜨리는 지점이라고 말했지만, 현대적 해석으로는 이 지점은 특정 시간이 될 수 있고, 특정 장소도 될 수 있으며, 적의 취약점이 결정적 지점이 될 수도 있다.

134 노나카 이쿠지로(2005), 앞의 책.

135 Reeves Martin and Deimler Mike, "Adaptability: The New Competitive Advantage," Harvard Business Review, 2011.

136 Bunkley Nick., "Joseph Juran, 103, Pineer in Quality Contrle, Dies," The New York Times, 2008.3.3, Wikipedia에서 재인용

137 『선조실록』(25년, 5월 4일자)에 의하면 선조가 윤두수에게 "적병의 숫자가 얼마나 되는가? 절반이 우리나라 사람이라는데 사실인가?"라고 물었다 한다.

138 히라이 다카시, 이선희 옮김, 『1등의 통찰』(다산, 2015)

139 Kauffman Stuart A., 국형태 옮김, 『혼돈의 가장자리』(사이언스북스, 2002)

140 김민주, 『하인리히 법칙』(토네이도, 2008)

141 리델 하트는 이를 "the line of least expectation and the line of least resistance(최소방어선과 최소예측선)"으로 적이 예측하지 않는 곳을 지향하라고 표현했는데, 사실 이는 『손자병법』의 「시계」편에서 제시된 "出其不意(출기불의) 攻其無備(공기무비)", 즉 "적이 의도하지 않는 곳으로 나아가고, 대비하지 않는 곳을 공격하라"라는 영어 해석에 불과하다.

142 노나카(2005), 앞의 책.

143 Barney, J., Wright M. & Ketchen, D. J., "The resource-based view of the firm: Ten years after 1991," Journal of Management, 2001, 27: 625-641.

144 노명화(2011), 앞의 책.

145 김진호, 「프로바둑에서 덤의 크기에 관한 연구」, 『응용통계연구』, 2007, 20(2): 245-255.

146 Freedman, L., Strategy: A History, First Edition, 이경식 옮김, 『전략의 역사』(비즈니스북스, 2014)

147 Martin van Crevelt, Command in War, Harvard University Press, USA, 1985.

148 Berry Jane M. & West Robin L., "Cognitive Self-efficacy in Relation to Personal Mastery and Goal Setting across the Life Span," International Journal of Behavioral Development, 1993, 16(2): 351-379.

149 김정한(2011), 앞의 글.

150 노명화(2010), 앞의 글.

151 Collins J. (2001), op. cit

152 Gardner, H., Leading Minds; 송기동 옮김, 『통찰과 포용』(북스넛, 2007)

153 마쥔, 임홍빈 옮김, 『손자병법 교양 강의』(돌베개, 2009)

154 연합뉴스, "김중권의 기술적 분석에서", 연합인포맥스, 2013.7.1.

155 김경준,『로마인에게 배우는 경영의 지혜』(메이트북스, 2019)
156 EBS, "강대국의 비밀 6부작",「다큐프라임」, 2014.3.21~4.9.
157 스즈키 히로키, 김대일 옮김,『전략의 교실』(다산북스, 2015)
158 Martin van Creveld, The Culture of War, 2008; 이동훈 옮김,『전쟁본능』
    (살림, 2010)